新农村电商运营与推广

张 迪　孙德彩　主　编

张志东　马艳艳
韩伟伟　王小慈　副主编

清华大学出版社
北京

内 容 简 介

本书多角度、深层次地剖析了新农村电商运营与推广的策略与方法，内容涵盖新农村电商运营与推广的全过程，包括新农村电商概述、网店搭建、网店视觉设计、网店促销活动、网店引流与推广、短视频与直播推广、网店客服与物流七个项目。通过学习本书，读者可以了解新农村电商运营的基本概念、方法与技巧，掌握新农村电商的发展趋势与机遇，为新农村电商的发展提供有力的支持与保障。

本书内容新颖、注重实践，既适合各行各业电商运营人员和对新农村电商运营与推广感兴趣的读者阅读学习，也可作为中职中专、高职高专等院校电子商务类和市场营销类相关专业的教学用书。

图书在版编目(CIP)数据

新农村电商运营与推广/张迪，孙德彩主编. --北京：清华大学出版社，2025. 6.

ISBN 978-7-302-69321-5

Ⅰ. F724.6

中国国家版本馆 CIP 数据核字第 2025RP6542 号

责任编辑：张彦青
装帧设计：杨玉兰
责任校对：孙　建
责任印制：沈　露
出版发行：清华大学出版社
　　　　　网　　　址：https://www.tup.com.cn, https://www.wqxuetang.com
　　　　　地　　　址：北京清华大学学研大厦 A 座　　　邮　　编：100084
　　　　　社 总 机：010-83470000　　　　　　　　邮　　购：010-62786544
　　　　　投稿与读者服务：010-62776969, c-service@tup.tsinghua.edu.cn
　　　　　质量反馈：010-62772015, zhiliang@tup.tsinghua.edu.cn
印 装 者：三河市铭诚印务有限公司
经　　销：全国新华书店
开　　本：185mm×260mm　　　印　张：14.25　　　字　数：347 千字
版　　次：2025 年 7 月第 1 版　　　　　　　　印　次：2025 年 7 月第 1 次印刷
定　　价：52.00 元

产品编号：097677-01

前言

　　随着互联网的迅速发展，电商成为新型商业模式，给农业、农村的发展提供了新的机遇。本书旨在为广大农村电商从业者提供一份全面的指南，详细介绍新农村电商概述、网店搭建、网店视觉设计、网店促销活动、网店引流与推广、短视频与直播推广、网店客服与物流七个项目。通过本书的学习，能够帮助读者更好地把握电商发展的趋势，提高电商运营和推广的能力，推动新农村电商行业的发展。

　　本书深入贯彻了党的十九大报告和二十大报告中关于"加快农村现代化"等的重要决策部署，同时也体现了课程思政的要求。在编写过程中，我们注重引导学生树立正确的价值观和世界观，培养创新精神和实践能力，推进全面建设社会主义现代化国家的进程。希望本书能够为广大读者提供有益的帮助，促进农村电商行业的发展，推动农村经济的快速发展，实现乡村振兴战略目标。

　　本书特色突出，亮点颇多。首先，我们以最新的案例和实际经验为基础，结合市场趋势，为读者呈现电商运营与推广的最佳实践。其次，本书内容系统全面，涵盖电商平台选择、产品推广、客户服务等方方面面，旨在为读者提供全面的知识体系。最重要的是，我们强调实操性，提供大量实际操作步骤和技巧，让读者能够迅速将所学知识应用到实际工作中。

　　本书共分为七个项目，每个项目都涵盖了一个重要的主题，建议读者按照顺序学习，以便系统地掌握电商运营与推广的核心知识。每个项目都配有课后作业，帮助读者巩固所学知识，加深理解。此外，本书还附带了电子资源，包括相关文档、视频教程等，供读者在线学习和参考。

　　最后，我们衷心感谢所有为本书的编写和出版提供支持和帮助的人。感谢所有参与案例调研、撰写内容和设计排版的专家和编辑团队。同时，我们也感谢所有读者，是你们的支持和信任，让我们有动力不断改进，以为您带来更好的学习体验。在您阅读本书的过程中，如果有任何问题或建议，请随时与我们联系。希望本书能够成为您在电商领域的得力助手，为您的事业发展添砖加瓦。

编　者

目录

项目一
新农村电商概述

【项目导入】

自 2015 年 3 月《政府工作报告》提出 "互联网+" 行动计划以来，农村电子商务在全国蓬勃发展起来，淘宝村、淘宝镇等如雨后春笋般层出不穷，为农村经济的发展带来了新动力。在政府扶持政策密集出台和 "双创" 精神激励、市场一再升温、电商巨头下乡布局、草根电商顺势而为等多种因素的共同推动下，农村电商已由星星之火迅速变成燎原之势，农村流通格局发生巨大变化。

福建省宁德市霞浦县的王某有着一份能勉强养家糊口的工作，但他最近发现，在电商助农战略的背景下，许多农民不仅通过网上卖货、直播卖货销售了大量的货，而且还赚了许多钱。王某觉得这是一个好机会，自己也在农村，可以召集更多的农民一起干，并且这里有许多特产可以售卖，它们的品质也都很好，销量应该不是问题，但是最大的问题就是王某对农村电子商务的有关知识不是太了解。下面就让我们一起去了解新农村电子商务概述，分析新农村电子商务的有关知识。

【项目分析】

- 了解新农村电子商务的有关知识
- 分析新农村电子商务的发展优势及意义
- 分析新农村电子商务的发展现状和趋势
- 分析新农村电子商务的有关案例
- 引导学生建立用商业手段解决社会问题的责任意识
- 培养学生的企业家精神，增强其家国情怀和国际视野

任务一　认识新农村电子商务

自 21 世纪开始，随着科技的迅猛发展，越来越多的手机、电脑进入普通家庭，无论城市或乡村，智能手机和电脑都越来越多，会网上购物的消费者也越来越多。在这种情况下，电商相对不发达且人口众多的农村市场就成为电商企业的必争之地，农村电商应运而生。

农村电商从无到有，从没人尝试到受到欢迎，用了将近 20 年的时间，并且一步步正规化，也在我们的生活中发挥着越来越重要的作用。我们从可以在网上购物、网上缴费，到如今的网上直播推销农产品，不仅极大降低了推销费用，而且增加了经济效益，推动了经济的发展，加快了脱贫的步伐，使农村电商在打赢脱贫攻坚战中发挥了十分重要的作用。

在新冠疫情期间，网上直播带货不仅解决了农产品销售不畅的问题，而且为隔离在家的人们送去了新鲜的瓜果蔬菜，一举两得。网上直播带货更是成为一种新的潮流，各县县领导、干部纷纷参与网上直播带货。

一、了解新农村电子商务

新农村电商作为一种市场化的商业模式，对于较封闭的农村地区而言，确实带来了一些改变。虽然有的电商在 20 世纪 90 年代末就开始布局农村，但是直到最近几年才展示出迅猛的发展势头，呈现欣欣向荣的景象。

近年来，全国农村电子商务呈现强劲发展态势。据统计，2013 年，全国涉农电子商务平台达 3.1 万家，农村网民达 1.8 亿人，占我国网民的 30% 左右。电子商务与农产品的融合度越来越高，互联网向农村延伸速度加快，潜力巨大。

从某种意义上说，农村电商是一个庞大的系统工程，需要物流、金融、人才通信等方面基础设施的完善与支撑。

(一)新农村电子商务的含义

新农村电商是指利用因特网、计算机等现代信息技术，为从事涉农领域的生产经营主体提供在网上完成产品或服务的销售、购买和电子支付等业务交易的过程。这种新模式能推动农业的生产和销售，提高农产品的知名度和竞争力，是新农村建设的"催化剂"。

新农村电子商务，通过网络平台嫁接各种服务于农村的资源，拓展农村信息服务业务、服务领域，使之兼而成为遍布县、镇、村的"三农"信息服务站。作为农村电子商务平台的实体终端直接扎根于农村，服务于"三农"，真正使"三农"服务落地，使农民成为平台的最大受益者，如图 1-1 所示。

新农村电商平台通过配合密集的乡村连锁网点，以数字化、信息化的手段，通过集约化管理、市场化运作、成体系的跨区域跨行业联合，构筑紧凑而有序的商业联合体，降低农村商业成本，扩大农村商业领域，使农民成为平台的最大获利者，使商家获得新的利润增长。

图 1-1　新农村电商平台

(二)新农村电商的目的

新农村电商的目的包括以下几点：①促进新型农业经营主体、加工流通企业与电商企业全面对接融合，推动线上线下互动发展；②加快建立健全适应农产品电商发展的标准体系；③支持农产品电商平台和乡村电商服务站点建设；④推动商贸、供销、邮政、电商互联互通，加强从村到乡镇的物流体系建设，实施快递下乡工程；⑤深入实施电子商务进农村综合示范；⑥鼓励地方规范发展电商产业园，聚集品牌推广、物流集散、人才培养、技术支持、质量安全等功能服务；⑦全面实施信息进村入户工程，开展整省推进示范；⑧完善全国农产品流通骨干网络，加快构建公益性农产品市场体系，加强农产品产地预冷等冷链物流基础设施网络建设，完善鲜活农产品直供直销体系；⑨推进"互联网+"现代农业行动。

综上所述，农村电商并不是一两家企业或生产经营主体就可以完成的事情，必须要有融合的思维，发挥各自优势，整合资源，才可达到"1+1>2"的效果，如此也不会造成重复建设。

(三)新农村电子商务的特点

具体来说，农村电商的特点包括以下几个方面。

1. 农村电商将传统的商务流程电子化和数字化

农村电商将传统的商务流程电子化和数字化。一方面，以电子流、数字流代替了实物流，可以大量减少人力、物力，降低了成本；另一方面，突破了时间和空间的限制，从而极大提高了效率。农村电商重新定义了传统的流通模式，减少了中间环节，在一定程度上改变了整个社会经济运行的方式。农村电商所具有的开放性和全球性为农村、农业创造了更多的贸易机会，为农产品开辟了更多的销售渠道，促进了农业发展和农民增收。

2. 农业网络基础设施薄弱，缺乏区域性谋略

我国农业信息化建设起步晚，发展速度快，问题很突出。虽然我国的农业信息网络已具备一定的规模和基础，提供农业电子商务服务的网站为数不少，全国农业网店总数已达2200 多个，但是农村软件、硬件的缺乏，使农民不能通过直接、方便的途径参与到电子

商务中来。与发达国家相比，我国农业信息化建设相对滞后，广大农村地区与城市之间也存在明显的"数字鸿沟"，严重制约了我国农业现代化的进程。此外，我国幅员辽阔，区域地理环境差异较大，农业具有鲜明的区域性特征，这进一步促使农村电商问题复杂化。因此，农村电子商务必须深入考虑区域特点，才能更好地发展。

3. 农产品需求的不可预知性

所有影响需求的因素，如价格和收入，都适用于农产品或食品。除了这些规律之外，农产品需求还有一些特殊规律。首先是食品的需求弹性很小，其次是食品消费具有持续性，最后是食品的可替代性较强。通常来说，主食类的可替代性较低，副食类的可替代性较强，同类产品的可替代性更强。以上这些是食品需求的一般规律。此外，对于不同的消费者个体来说，具体的食品消费结构特点也各有不同。以上这些农产品需求的特殊性，孤立地看，好像也没有什么，但是如果与生产供给方面的特殊性对照起来看就会发现：两者常常对不上。而对不上的直接后果，就是市场价格波动。

4. 农村电子商务的覆盖面窄，正处于成长时期

目前，我国农村电子商务正处于成长期。东部地区已初具规模，而西部偏远地区则处于初步发展阶段，互联网覆盖面积狭小，人们对电子商务认识不全面，农村电子商务发展存在很大困难。农村流通基础设施、产地冷链设施薄弱，农村物流配送不全面，农产品进城效率在一些地区并不高。农村居民居住及生活的分散性给物流配送带来困难，物流配送已经成为农村电商发展的最大瓶颈。

5. 农村传统消费意识与消费习惯的滞后

农村居民消费意识和消费习惯较为传统，交易行为与模式习惯于传统的一手交钱、一手交货，对网上支付的钱、货在时间上的分开缺乏理解，要想改变它们绝非一朝一夕的事情。另外，我国农业基本上是以家庭为生产单位的小规模生产，单个农户无法适应农产品市场的快速变化。同时，农户分散生产的农产品标准化程度低，真假难辨，网民不敢下单；农产品本身附加值很低，赚钱不多，电商无利可图，影响其代运营的积极性。

(四)新农村电子商务的内容

新农村电子商务包含网上农贸市场、数字农家乐、特色旅游、特色经济和招商引资等内容，如图 1-2 所示。

1. 网上农贸市场

迅速传递农业、林业、牧业、渔业供求信息，帮助外商出入属地市场和属地农民开拓国内市场、走向国际市场，进行农产品市场行情和动态快递、商业机会撮合、产品信息发布等内容。

2. 数字农家乐

为属地的农家乐(有地方风情的各种餐饮娱乐设施或单元)提供网上展示和宣传的渠道。通过运用地理信息系统技术，制作全市农家乐分布情况的电子地图，同时采集农家乐

基本信息，使其风景、饮食、娱乐等各方面的特色尽在其中，一目了然。如此既方便城市百姓的出行，又让农家乐获得广泛的客源，实现城市与农村的互动，促进当地农民增收。

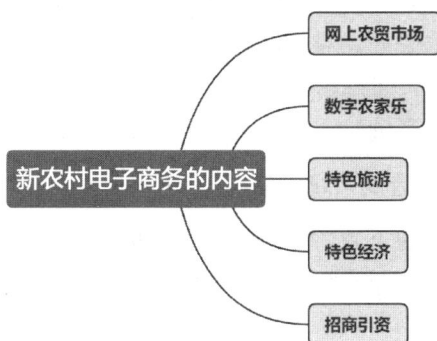

图 1-2　新农村电子商务的内容

3. 特色旅游

依托当地旅游资源，通过宣传推介扩大其对外知名度和影响力，从而全方位介绍属地旅游线路和旅游特色产品及企业等信息，发展属地旅游经济。

4. 特色经济

通过宣传、介绍各个地区的特色经济、特色产业和相关的名优企业、产品等，扩大产品销售渠道，加快地区特色经济、名优企业的迅猛发展。

5. 招商引资

搭建各级政府部门招商引资平台，介绍政府规划发展的开发区、生产基地、投资环境和招商信息，更好地吸引投资者到各地区进行投资生产经营活动。

(五)新农村电子商务的意义

1. 有利于农产品市场资源的优化配置

在农村农业生产的过程中，人们为了扩大农业生产，提高生产质量等，会购买设备、生产资料。当然，不同地区的经济发展水平不一样，当地设备、生产资料等价格也不尽相同。农村生产一般为较小的农业个体，购买生产资料、设备等投资资金也不够充足。

为了解决这一问题，农村电商网站建设应运而生。一方面，它可以为农村生产者提供较多的信息，使其了解更多不同地区的产品设备、生产资料，缓解该地区由于农业生产资料、设备短缺而引起的价格差异，有利于国内生产资料、设备的优化配置。农业生产者对于生产资料、设备选择的多样化，使他们更能购买合适自己的商品，使其降低购买成本。另一方面，降低了人们的生产成本，提高了人们的劳动生产率，增加了人们的收入。

2. 改变农村生产经营模式，节约生产成本及销售成本

农村电商的竞争阻力小，传统农产品供应链环节较长，从农业生产者到消费者环节较多，导致农产品在储运环节、加工环节和销售环节中的成本过高。而农村电子商务改变了

农村生产经营模式，节约了生产成本及销售成本。

首先，电子商务将农产品直接推向市场，拓展了传统交易方式的同时，简化了供应链环节，降低了农产品交易成本。其次，可以解决小农户的销售途径，避免因为产量小而没有经销商收购。最后，可以降低农业生产风险。农村电子商务的应用能够让农业生产者准确、实时了解市场动态信息，了解市场需求状况，为农业生产者降低了农业生产风险，使其合理组织生产，避免了因产量和价格的巨大波动而带来的效益不稳定问题。

3. 有利于提高农村经营者的市场竞争力

农业生产者是一个独立的个体，而个体在面对瞬息万变的市场时始终是一个问题，因为有些地方的经销商非常少，在遇到天灾的时候不能快速地将信息传播出去以减少损失，体现了农民生产的分散性，以及较差的抵御市场风险的能力。而新农村电子商务的出现恰恰可以弥补这些问题，提高了农村经营者的市场竞争力。

4. 有利于提高农村地区人民的生活质量

在生活方面，农村电商消费市场存在巨大的潜在需求。由于农村特殊的自然环境和社会环境，如没有超市、商场等成规模的、规范的购物场所，因此与城市相比，农民购买物品显得非常不方便，而电子商务恰好弥补了这一不足。农村相对较低的经济收入水平使人们对商品的价格更为敏感，而在线营销的商品普遍低价，可以很好地满足农村市场的需求。此外，农村在文化娱乐设施方面的缺乏，也为相关方面的电子商务企业提供了广阔的市场空间。

综上所述，发展农村电商可以很好地解决我国农业现状的"小农户与大市场"的矛盾，电商模式的优势就是能把小农户组织在一起，在销售环节实现规模化，降低市场流通成本的同时，还可以更好地满足市场的需求，增强农村经济的竞争力。

二、新农村电子商务的商业模式

随着近几年农村电商的兴起，越来越多的城镇居民会选择去各大电商平台购买农副产品。凭借天然有机、绿色环保的优势，农村电商购物方兴未艾。数据显示，中国一线城市的网购人数已达近5亿人，县级及农村的网购人数已突破9亿人，众多农产品商家纷纷大规模进军电商市场，如农村淘宝、京东的生鲜到家、抖音的农产品直播等。对于想入驻农村电商的商家来说，他们最关心的问题就是"农村电商平台怎么做？""农村电商有哪些商业模式"。目前，农村电商主要有以下3种商业模式。

(一)入驻电商分销平台

创业初期，在手头资金、货源有限的情况下，依托一些大型的电商平台，入驻相应的分销体系进行农副产品销售，是一个简单、高效的方法。如此可以省去进货、发货的流程，只需在平台上开通自己的微店，然后去货源市场上挑选相关的农产品，通过代理卖货获得佣金，如有赞微小店、微小店等。平台上精选百万好货，所有的商品均可一键上架，直接开售，店主也可以自己定价。店主只需要负责推广、销售商品即可，不需要任何操作,一切由系统自动完成,买家下单后,由供货商直接发货给买家。这种入驻分销平台最大的好处就是,不用考虑货源及配送问题,店家只需要专注于产品的营销推广即可。

电商分销平台的定位是打造垂直品类移动分销平台,实现全民通过分销平台销售创业,只需一部手机,就可以免费快速开通微店平台,成为店长。同时,通过微博、微信、QQ 等社交工具推广商品获得佣金,建立"人人是买家,人人是卖家"的微商体系。

(二)与农村电商平台合作

对于手头有一定货源的、想做农产品电商的用户,也可以选择一些比较靠谱的电商平台入驻,每年交付一定的店铺租金,就可以开通自营店铺。下面给大家介绍 3 个电商平台。

1. 淘宝网

淘宝网拥有近 5 亿的注册用户,每天有超过 6000 万的访客,是国内最大的电商平台,也是现在人们日常主流使用的电商购物平台,如图 1-3 所示。入驻淘宝的流程也十分简单,入驻门槛低。入驻之后,店家就可以在店铺上传商品和修改对应的文字信息,同时,还可以参考同品类的店铺是如何运营的。另外,农产品最好要有当地的特色包装,特色包装能更好地体现当地农产品的特色,增加用户的信任度。特色包装可以去 1688 上购买或定制,快递则要自己去联系。

图 1-3 农村淘宝首页

2. 拼多多

拼多多是电商里兴起的新贵,尤其是在农产品电商领域,目前已有不少商家入驻。拼多多的商品价格实惠,商家可以通过社交裂变的形式,实现薄利多销,对于一些滞销的农产品的销售效果很好。

3. 惠农网

惠农网是一个典型的农产品电商交易平台,店家只需注册登录,上传自己的产品,等待客户咨询和下单即可,如图 1-4 所示。惠农网集聚了全国各地的农产品信息,而且几乎全是产地供货,价格非常低廉,卖货和买货都是非常好的,可以帮助商家挖掘更多的商机。

图 1-4　惠农网首页

　　当然，除了上述 3 个，农产品电商平台还有很多，如中国水果网、中国蔬菜网等都可以进行入驻交易。

(三)自建电商平台

　　自建电商平台拥有独立的商城系统，商家可以根据自己的需要设置网站的商品上架时间。不同于电商入驻平台的只能上架十几天就得重新上架，如此避免了枯燥的重复劳动，节约了大量时间。此外，自建电商平台还可以设置多个网站管理人员，分配不同的管理权限，分工合作，便于管理。

　　以应用公园 App 在线制作平台为例，如图 1-5 所示。现在不需要编程，就能独立、快速制作一个电商类的手机 App，因为平台已经有开发好的农村电商类 App 模板供客户直接使用，让你 10 分钟就能完成 App 的制作，节约成本 90%以上。应用公园平台还提供了上百款已经开发好的 App 功能组件，诸如注册登录、商品展示、购物车订单、在线咨询、拼团配送、各种营销插件，利用这些已经开发的功能插件，可以像搭积木一样进行自由组合搭配，并生成一个农村电商 App，如图 1-6 所示。

图 1-5　应用公园平台

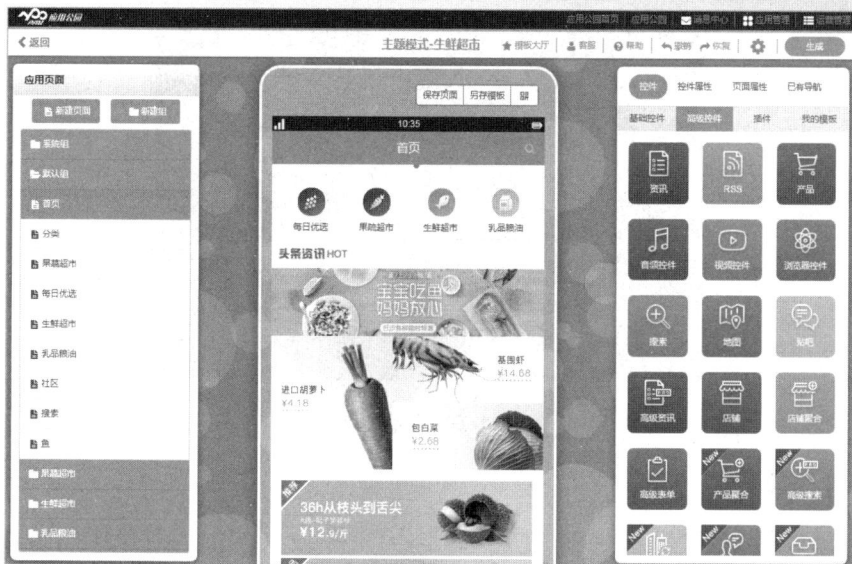

图 1-6　应用公园平台界面

除此之外，应用公园平台还提供商铺后台管理、服务器域名部署、App 应用上架申请、日常的售后技术支持，支持安卓和苹果双系统同步生成，App+小程序+H5 三大平台数据一站式打通。这种"SAAS"平台共享化的模式，凭借其低技术门槛和低成本的资金投入，深受广大商家的青睐。

三、新农村电子商务的流程及做好新农村电子商务的方法

(一)新农村电子商务的流程

1. 选择产品

无论做什么电商，有一个好的稳定货源是十分重要的。在农村做电商，首先要看自己村有哪些产品，这些产品的优势是什么。

有的商家所在的农村经济发展可能很好，不仅有农产品还有其他工业产品。无论是工业产品还是农产品，在选择上都是一样的，都需要确定这些货物是否有竞争优势和特点。以农产品为例(见图 1-7)，很多地方的产品无非就是常见的小麦、玉米、大豆、花生、红薯，以及鸡鸭鹅等家禽之类。如何选择这些农作物或者家禽作为产品来销售呢？第一，要看这些产品种植和养殖的规模是不是很大。第二，要看这些产品有没有自己的产品特点和属性。第三，要看这些产品的客群是不是足够大。

2. 分析消费群体

选择产品之后，就要分析产品对应客群的消费者群体有哪些消费特征。举例来说，如果选择以白薯作为产品进行销售，那么客群就应该是城市的一些白领人群。他们对白薯的期待应该合乎两点需求：第一是绿色健康的，第二是家乡怀念的。

图 1-7　选择产品

3. 选择电商平台

选择产品和定位客群之后，接下来就要根据产品的属性进行平台选择。现在大的平台就是淘宝、抖音和京东。其实，选择起来也没有多麻烦，这个选择其实可以简单一点，就是看谁的规模大，因为规模大、流量大的平台可以保证自己有足够多的流量。另外，新农村电子商务还有一个很麻烦的地方就是商家对平台的使用不是很熟悉。如果感觉自己不能操作，那么可以让村里的年轻人帮忙做，他们的学习能力还是很强的。

4. 学会营销

现在，即使我们选择了大平台，流量也只是相对好一点，想要获得很好的销售效果，还要学会自己做好营销。获客或者流量是营销的第一步，也是最重要的一步。农村的商家一定要学会在平台的基础上做营销的同时，还要积极拓展其他营销路径，如短视频营销等。

(二)做好新农村电子商务的方法

1. 重视农村电商平台用户的需求

目前，越来越多的人开始发展农村电商，但是问题也层出不穷，许多做农产品电商的人都忽略了平台用户的需求。从本质上讲，农村电商要在深挖用户方面做大量的工作才能维持自身的成长，要从客户需求型转向主动推送需求，细想，农村电商其实就是这种转变结果的。既满足了客户的需求，又推动了自身的发展，如此一来，才能运营好农村电商平台。

2. 实行农产品 O2O 模式

农业是很适合线上网店与线下消费融合(O2O)模式的电子商务行业，大批互联网创业公司已经开始立项操作。O2O 将线下商务机会与互联网结合在一起，让互联网成为线下交易的平台，有助于全面促进农产品销售渠道的建设和流通互联网，如图 1-8 所示。对于农业 O2O 来说，尤其要关注三个关键词：本地化、服务、坚持。只有好的产品、好的服务、好的买家相互作用才能形成 O2O 的良性循环，并由此促进农村电商平台的发展。

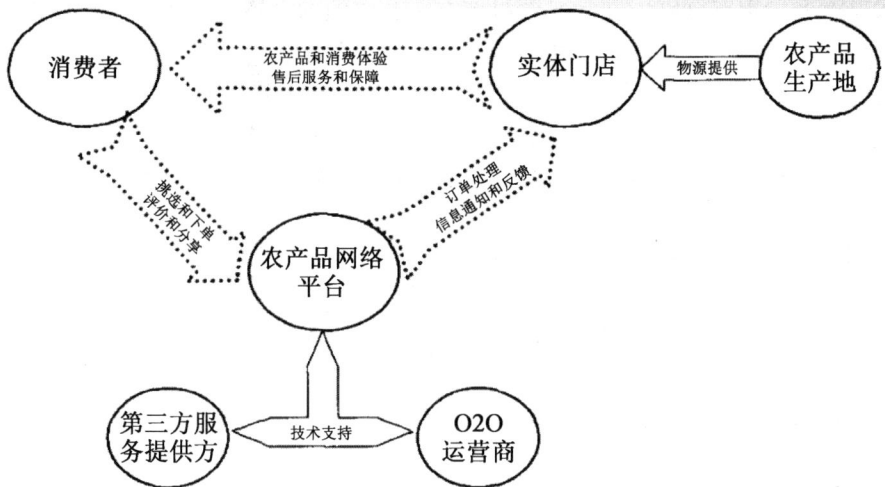

图 1-8　农产品 O2O 模式

3. 农产品品牌建设

移动互联网时代下的移动互联和社交媒体为品牌塑造提供了新工具，从而催生了全新的品牌树立方法。在互联网的趋势下，农产品品牌建设可以促进农村电商的发展，使其树立品牌形象，打造知名度。因此以全新的互联思维和方式，对农产品品牌建设做全新的尝试，对运营好农村电商平台有着推动作用。

4. 合理应用大数据

随着物联网、云计算和移动互联网等技术的飞速发展，农产品流通数据呈现海量爆发趋势，跨步迈进了大数据时代。数据是能力，是竞争力，也是战略资源，将在农产品流通中发挥不可或缺的重要作用。对于农产品流通，大数据意味着一场新的机遇。一方面，大数据使农产品流通进入全面感知时代。另一方面，大数据使认知进入多维关联时代。正因如此，合理应用大数据，可以实时掌握农村电商平台的数据和交易数据等，有利于农村电商平台的发展。

5. 跨境电商商机

跨境电商是一大热门，诸多跨境电商平台在国家对外开放、加速跨境贸易政策利好的情况下，如雨后春笋般涌现。正处于蓬勃成长期的跨境电商，未来也将呈现蓬勃发展的趋势。

任务二　新农村电子商务的发展现状

电子商务作为一种新的经济发展方式，在我国城市发展迅猛，但是在农村的发展却十分缓慢，从而导致城乡差距越来越明显。

近年来，国家不断投资农村信息化建设，提高农村电商网络覆盖率，使农村越来越多的人可以接触和使用互联网，同时，农村拥有十分广阔的市场，因此电子商务具有良好的发展潜能。另外，电子商务还可以从根本上消除城乡差距，在一定程度上解决因地理位置偏僻、交通不便利而造成的农产品滞销等问题，促进农产品的销售。

在政府的大力支持下，电子商务消费数据呈上升趋势，尤其是农村电商，有可能成为未来最具潜力的市场。对于企业而言，在农村发展电子商务有许多好处：目前大多数人口分布在农村地区，在农村发展电子商务具有足够的劳动力；农村消费水平低，企业在农村发展电商所需成本较低；等等。

一、新农村电子商务发展的优势和劣势

(一)新农村电商发展的优势

1. 使消费选择多样化，满足农村消费者需求

近年来，我国消费水平普遍提升，农村消费需求同样提升，但是没有更多的渠道获得更多的商品。而农村电商的发展正好解决了这个问题，可以满足消费者的消费需求。

2. 为农产品提供销售渠道，提高农民收入

农产品的销路一直是困扰农民的一个问题，而农村电商则为这样的农产品提供了销售渠道。通过电商平台，农民可以把农产品销售到全国，增加了收入。

3. 国家政策的大力支持

国家对农村电商的发展一直给予政策支持，包括鼓励高校毕业生、农村青年、返乡农民工等积极参与农村电商。此外，国家还投入大量资金给予支持。

(二)新农村电商发展的劣势

1. 农村基础设施落后，物流运输困难

农村电商发展面临的主要威胁之一便是农村基础设施落后，交通运输条件差。村镇的配送成本更高。过高的物流配送成本，使由电子商务发展带来的低成本效果大打折扣。

2. 缺乏电子商务专业化人才

尽管国家或者地方政府给予政策支持和优惠条件，鼓励高校毕业生等人才留在农村，但是农村艰苦的生活条件还是很难吸引大批人才停留。人才问题可以说是农村电商发展的瓶颈。

3. 支付与结算问题

在城市中，支付与结算非常便捷，然而在农村，这些新兴的支付方式则很难推广。农村现行的支付方式主要还是用邮政、信用社等农村金融机构进行资金结算。另外，农民的观念相对保守，对电子银行、手机支付等现代支付手段持有怀疑态度，担心钱财的安全问题。

二、新农村电子商务发展存在的问题及解决方案

(一)新农村电商发展存在的问题

1. 农村电商所需的资金不足，基础设施不完备

小型电商起步资金较少，而要把电商做大并推广，则需要大量的资金，因此电商在推广过程中，资金问题就成了一项很大的阻碍。

第一，开展农村电商的资金匮乏。虽然政府为促进农村电商的发展，给予一定财政补贴和政策支持，但农村地区经济发展水平较低，个体农户资金需求有限，多数金融机构在农村电商资金支持方面缺乏主动性，资金来源渠道狭窄。同时，农产品生产销售存在自然风险和市场风险，势必造成在产业发展、设施完善等方面面临巨大的资金缺口。

第二，开展农村电商的相应基础设施不完备。农村电商对信息通信、交通运输等基础设施有一定要求，但目前我国大部分农村地区相应基础设施普遍落后和匮乏，这些基础设施短板限制了物流网络的延伸，诸如快递"最后一公里"问题突出，导致农产品在储存和运输过程中存在不及时和不安全等问题。

2. 农村电商人才匮乏

第一，缺乏农村电商的专业性人才。目前，农村居民教育水平偏低，接受新技术的能力较差，因此不能很好地使用电商项目。截至2024年12月，我国农村网民规模虽达3.13亿，但精通电子商务的农民数量还是很少。涉及农村电商的整个链条，无论是与产业相关的生产、加工、管理方面的技术型人才，还是与农村电商相联系的维护、财务、营销、推广等专业型人才都比较缺乏。

第二，农户参与农村电商的能力不足。农村与城市在基础设施、公共服务、经济建设等方面存在一定的差距，因此很多年轻人都去城市寻求更好的发展，使农村人才缺失。农村地区地理位置偏远，规模较小，有一定专业技能或受过较高层次教育的人才流失严重，而留守农民受教育程度普遍较低，开展技术培训难度大，知识接受能力和熟练操作能力偏弱，严重抑制了电子商务的推广和应用。

3. 农村电商产业基础薄弱

产业基础牢固是电子商务发展和壮大的前提。农村电商需要将农产品与市场紧密结合，但农产品本身具有鲜明的特点，影响了电商效用的发挥，具体表现在以下几个方面。

一是农产品生产具有季节性和周期性，不同时间、不同地块的农作物在品质和产量上存在差异，导致农产品在销售环节存在不稳定性问题。二是农产品以传统农户家庭生产模式为主，导致产品质量参差不齐，制约了规模化和标准化生产，不利于品牌价值打造，缺乏线上、线下品牌农产品营销推广体系等。三是多数农产品保质时间较短，在储存和运输中容易发生腐烂霉变，无法保证销售终端的产品品质。另外，农村地区农产品品牌意识不强、宣传不力，导致农产品在网上销售的竞争力不足。

4. 农村物流体系不完善，物流配送欠佳

农产品从农村进入城市市场，需要经过仓储、冷藏、运输等过程，但是农村现有的技术不是很先进，而且农产品批量运输的重量又比较大，保质期比较短，因此很多农产品在运输中容易受到损坏。

5. 农产品标准化程度低

在电子商务的交易过程中，对产品的包装规范有很高的要求，但是目前农村部分地区的生产技术较为落后，导致产品质量差异较大，很难达到某些交易要求。

(二)促进新农村电商发展的解决方案

(1) 大力培养电商人才，增加对农村电子商务的支持，推广特殊的宽带优惠政策。对当地居民进行移动互联网技术等方面的培训，提高居民的网络意识，教会居民合理地利用网络，规避网络风险。改善农村基本环境，增加对农村电商的宣传和农村电商人才的培养(见图 1-9)，让外出就业的大学毕业生及有技术的电商人才意识到回乡发展有很好的前景。

图 1-9　培养农村电商人才

(2) 加强农村信息化管理，搭建电子商务销售平台，引入社会力量支持地方经济的发展，例如，帮助农村电子商务企业加强与物流、冷链运输、大型餐饮企业之间的联系；引进互联网的先进技术，及时分类和传递信息，加快农产品的销售与购买。

(3) 建立并完善农产品物流配送体系，如图 1-10 所示。借助政府的力量，在开始的时候，加快道路的修建，购进大量快递车，为物流公司的运营提供一条畅通的渠道，解决物流公司面对的难题；集中农产品，构建大型的农产品批发市场；完善农产品冷藏技术，保障农产品的新鲜。

(4) 加快农产品信息标准化建设。首先，为提升竞争力，应着力打造特色农产品，为农产品构建身份信息，从源头上全面杜绝制假、造假问题，避免以次充好的情况发生。其次，应树立长远意识，为产品贴上标签，保障产品的品质。同时，应着力打造品牌特点，赋予农产品一定的文化故事，使其有内涵，能带给消费者一种健康而美好的购物感受。

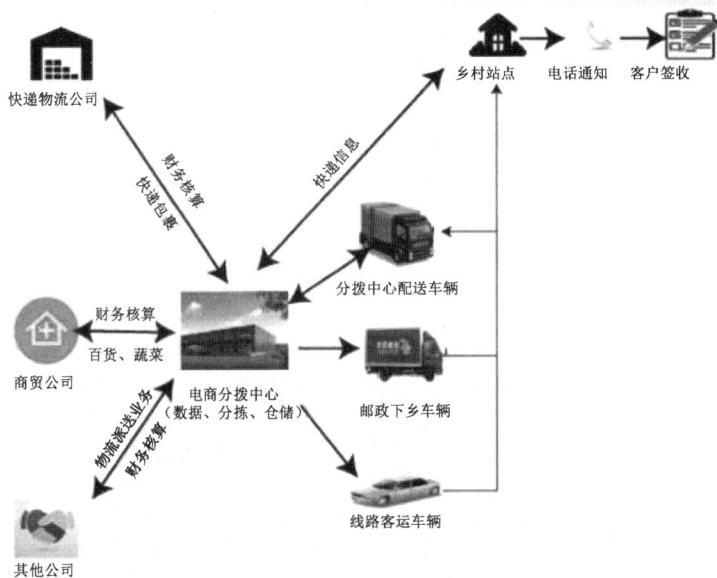

图 1-10　物流配送体系

三、新农村电子商务的现状及趋势

1. 农村电商的应用领域不断拓展和深化

近年来，我国电子商务相关的法律法规、政策、基础设施建设、技术标准及网络等环境和条件逐步得到改善。随着国家监管体系的日益健全、政策支持力度的不断加大、电商企业及消费者的日趋成熟，我国电子商务将迎来更好的发展环境。

2. 产业融合成为农村电商发展的新方向

随着电子商务的迅猛发展，越来越多的传统产业涉足电子商务。近年来涌现的 O2O 模式已在餐饮、娱乐、百货等传统行业得到广泛应用。O2O 模式是一个"闭环"，电商可以全程跟踪用户的每一笔交易和满意程度，即时分析数据，快速调整营销策略。也就是说，互联网渠道不是和线下隔离的销售渠道，而是一个可以和线下无缝链接并能促进线下发展的渠道。今后，线上与线下将实现进一步融合，各个产业可以通过电子商务实现有形市场与无形市场的有效对接，使企业逐步实现线上、线下复合业态经营。

3. 移动电子商务等新兴业态的发展将提速

我国电子商务行业积极开展技术创新、商业模式创新、产品和服务内容创新，移动电商、跨境电商、社交电商、微信电商成为电子商务发展的新兴重要领域，将进入快速发展期。移动电子商务不仅是电子商务从有线互联网向移动互联网的延伸，更是极大丰富了电子商务的应用，将深刻改变消费方式和支付模式，并有效渗透到各行各业，促进相关产业的转型升级。发展移动电子商务将成为提振我国内需和培育新兴业态的重要途径。

四、新农村电子商务发展新趋势

随着手机和互联网在农村的普，以及及电子商务平台提供的物流、交易、支付、金融等便捷服务，农村电子商务发展迅猛，使原本文化水平不高的农民，在家里就可以将农村的农副产品销往全世界。将农村生产、流通及消费带入一个网络经济的新天地，已经成为促进我国农业结构转型升级与空间布局优化的重要途径，是促进农业现代化，建设现代农村市场体系的重要支撑。新农村电商如图1-11所示。

图1-11 新农村电商

(一)新农村电商发展的新趋势

如今，农村电商可谓是电子商务的蓝海，其发展变化对电子商务的发展是有利的。农村电商的发展经历了从初级的卖农产品，到中级的农业产品开发，再到现在的向电商经济转型，既着眼于将农村的特色农产品进行包装开发，推销出去；又着眼于农村的新兴消费需求，推动生产生活资料下乡，形成有买有卖的电商经济，如图1-12所示。

(5) 由产品到服务的转变 — 新农村电商发展新趋势 — (1) 从自发形成到政府推动的转变
(4) 从商品到品牌的转变 — (2) 从粗放到精细的转变
(3) 从个体为主到企业参与

图1-12 新农村电商发展新趋势

1. 从自发形成到政府推动的转变

早期的农村电商基本由返乡的大学生、农民工等群体来推动，经过个体电子商务创业的成功示范，再带动村、乡及县域电子商务的发展。但随着近年来电商日益得到各级政府的重视，由县政府、乡政府推动的电子商务发展痕迹越来越明显。在首批全国淘宝村中，既有自发形成的，也有政府推动形成的。例如，广东揭阳的军埔村，在当地政府的强力扶持下，只用了半年时间就形成了淘宝村，创造了淘宝村成长的神话，也充分体现了行政推动的强大力量。因此，县域电商的发展必须有当地政府强有力地推动。而且，在电商竞争日趋激烈的情形下,无论是个体创业还是企业介入,都离不开政府的支持,这是农村电商发展方位的重要变化。

2. 从粗放到精细的转变

早期的农村电商,基本保持了农民"纯朴"的本色,其推出的产品是纯朴的,营销手段也是"纯朴"的,整体显得比较粗糙。最初推出时,经营商户少,产品量少,还能吸引消费者,到后来商户数量与商品数量猛增时,这种初级手段只能升级,无论是商铺网页的设计,还是产品的包装及营销的手段,都必须向精细化转变。早期形成的淘宝村也开始了产业升级之路。

3. 从个体为主到企业参与

"淘品牌"的成功,让更多的电商企业把目光聚焦于城市和快速消费品,对农村一时还难以顾及,当然也有农村电商基础不完善的问题。但如今农村电商明显发力,得到企业越来越多的关注。

4. 从商品到品牌的转变

农产品品牌建设相对滞后,但经过多年发展,目前大体进入由商品到地域公用品牌过渡的阶段,出现了一批让人耳熟能详的地域品牌。比如,过去吃苹果要吃烟台苹果,后来要吃陕西苹果;再比如,枸杞肯定是宁夏的好,但再进一步问宁夏什么地方的好,又让中宁枸杞声名远播。但公用品牌也有自己的缺陷,也就是品牌公用,鱼龙混杂。因而,农村电商推动农产品品牌由地域公用品牌向以企业为主体的市场品牌再次升级,一些农村电商企业已经成为有号召力的市场品牌,而地域品牌则退居产品内核。

5. 由产品到服务的转变

农村电商发展有一个城市电商绝对没有的优势,这就是自然生态环境。生产好的农产品的地方,一般也是山清水秀的好地方,乡村文化特色浓郁,特产吃了让人难忘,优美环境更让人向往。于是农村电商开始由卖产品向卖乡村旅游服务方向探索,集乡村文化体验、农家美食品尝、自然生态感知、农业劳动采摘等为一体,让农村电商的内容再次得到拓展。

(二)新农村电商十大发展趋势

1. 标准化趋势

农村电商越来越规范、标准,其中生鲜电商将实现"三品一标"化,占农产品交易额的比例超过60%。2020年1月1日,《电子商务交易产品质量网上监测规范》(GB/T 37538—2019)正式实施。

2. 规模化趋势

据统计,未来5年,我国农产品电商交易额占农产品交易额的5%,涉外农产品电商交易额将占1%,农产品移动商务交易额将占2%。同时,我国农资电商、农村日用工业品电商、农村再生资源电商将得到较大发展。

3. 多功能趋势

农产品交易平台的功能越来越多样化，除了交易、展示、信息、外向型功能，还有上下延伸的供应链功能、融资功能等。

4. 区域化趋势

农村电商是电子商务的"皇冠"，而生鲜电商则是"皇冠"中的"皇冠"。区域化电商越来越明显，也使其越来越有效率。农村电商进行专业化分工，可同时解决标准化、产品安全性、冷链物流等三大难题。

5. 全渠道趋势

线上、线下相互融合，卖货郎建立总部电商平台和区域电商平台的线上系统，同时在县域设立运营中心和在村(社区)设立电子服务站，形成线下的运作体系，实现了线下实体须通过线上平台运营(即"+互联网")，线上平台须依托线下实体推动(即"互联网+")的真正的线上和线下融合。

6. 国家化趋势

农产品跨境电子交易将发挥越来越重要的作用，商务部在 2015 年发布的《"互联网+流通"行动计划》中提出，在国外建设 100 个电子商务海外仓。

7. 智能化趋势

随着"三网融合"+物联网+大数据+云计算等新技术的应用，移动商务对新一代电商发挥着越来越大的作用。农村电商进入一个精准营销新阶段，智能交易、智能支付、智能物流、智能配送、智能仓储等新信息技术革命带来了新机遇。

8. 体系化趋势

网上期货交易、大宗商品交易、各类批发交易、各类零售交易、各类易货贸易等多种方式、多种市场逐渐体系化，期货市场与现货市场形成相互联系、相互融合的关系，而不是"板块化"关系，形成了我国的大市场格局。

9. 社区化趋势

随着城镇化和农业现代化的加速推进，社区电子商务将扮演重要角色，以社区为主力的移动端涉农电子商务占主体，产地直发影响力降低。以卖货郎为例，县级运营中心和村(社区)电子服务站所承载的不是单一功能，而是形成了集交易、金融和物流为一体的多功能区域综合服务平台。

10. 法治化趋势

电子商务法律、法规、标准体系将不断完善，提高消费者维权规范化、程序化、法治化水平。各项涉农电子商务政策都会得到进一步落实，农村电商将进入一个新的发展时期，农村居民也将得到更多福利。

总之，农村电商十大发展趋势，不管能否全部实现，都将是健全农村电商发展的标准体系。

任务三　新农村电子商务案例解析

我国农村电商发展迅速，交易规模不断创造新高，用户规模快速增长，其中，淘宝村的发展功不可没。据阿里研究院发布数据显示，2015 年以来，我国淘宝村数量快速增长，截至 2020 年 6 月，我国共有淘宝村 5425 个，如图 1-13 所示。此外，淘宝镇的数量依然实现了较高的增幅，由 2019 年的 1118 个增加到 2020 年的 1756 个，增加了 638 个，增长 57%。

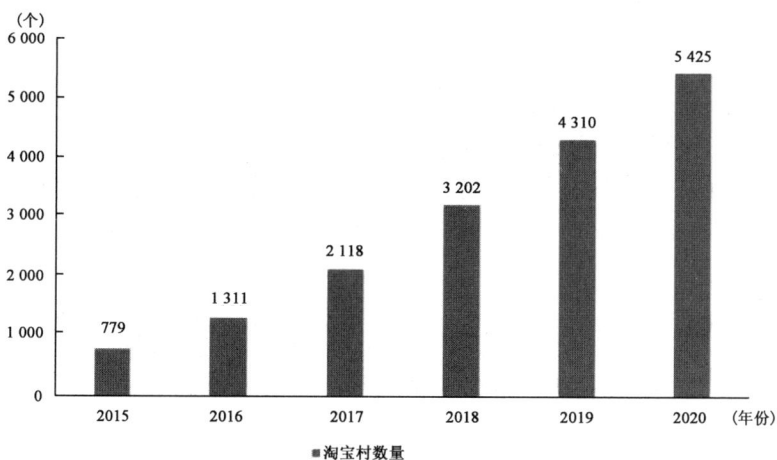

图 1-13　2015—2020 年中国淘宝村数量变化趋势

一、新农村电子商务案例解析一

1. 案例分享

自党的十九大报告提出"乡村振兴战略"以来，农村方方面面的进展成果喜人，其中农村电子商务发展尤为迅速。农村电子商务能够帮助农民脱贫致富，促进农村经济发展，并对推动农业产业转型升级、实现乡村振兴等有着重要意义。网络营销是拓宽农产品销售渠道，激发农村经济发展活力，实现农村电子商务兴旺发展的重要形式与手段。

被誉为"东方美食生活家"的"农家少女"李子柒，借助短视频这一活跃度高且传播速度快的网络平台吸引了大量粉丝。通过社交网络及其话题标签的聚集特性，李子柒的短视频很快在不同平台上收获了大量的评论、转发、点赞及追随者。她通过短视频把我国乡村淳朴、恬静的生活场景塑造成了陶渊明笔下的世外桃源，在国内外网络爆红，并开设个人天猫旗舰店，售卖农产品及加工产品。与传统印象中朴实勤劳、沉默寡言的农民形象不同，李子柒年轻而富有创新精神的"新农民"形象，借助新媒体这一时代潮流，发出了属于乡村的声音。

2. 案例解析

(1) 在众多作品形式上，李子柒选择了短视频。短视频兼具画面与声音，令人印象深刻，具有一定的传播优势。

(2) 在内容方面，李子柒的短视频巧妙地将中华民族传统生活借助现代化电子平台呈现给观众，顺便将农产品呈现出来，带动了农产品的销售。

(3) 李子柒的高质量视频使它拥有良好的受众基础和关注，对庞大的粉丝群体进行营销，从而将其转化为真金白银的购买力。

(4) 李子柒通过媒介传播将其作品推广出去，传播速度快，推广面积大。

二、新农村电子商务案例解析二

1. 案例分享

在栖霞有个电商达人"王小二"，带着当地果农开创了水果销售的新局面，他便是栖霞王小二电子商务有限公司总经理王乐将。作为一名"80 后"的青年人，王乐将不仅把家乡的苹果、大樱桃、梨等各类生鲜通过电商平台送到了全国各地消费者的手中，更将服务全国各地果农、电商助力农产品销售的重任铭记心间，带领更多人走上了电商致富路。王小二旗舰首页如图 1-14 所示。

图 1-14 王小二旗舰店首页

王乐将坦言，刚起步时，物流不发达，运输中困难重重。为了让王乐将走出困境，栖霞团市委帮他洽谈快递，改善包装，争取资金。2012 年，在淘宝网上注册"王小二果园"之后，王乐将摇身一变成了"王小二"，专门销售生鲜水果，主要是苹果、梨和大樱桃。"王小二果园"不仅带动了网络电商的发展，同时也是水果销售电商模式的先驱，在运营模式、供应链管理和品牌公关等方面都发挥了模范作用，以其优良的品质和优秀的管理，赢得了口碑。乘着网络购物消费的东风，王乐将把大学所学的经贸专业知识和网络信息技术完美结合，并把"王小二果园"掌柜当得如鱼得水。第一年"王小二果园"就卖了 1 万箱水果，销售额达 100 万元。看到网络销售的巨大市场潜力后，王乐将在 2013 年联合当地果农成立了"东坡果品合作社"，带动周边几百家村民加入网络销售行业。2015 年第十四届栖霞苹果艺术节举办期间，王乐将联合栖霞的 10 余家网络店铺，在淘宝网发起了以"栖霞苹果，'苹'分秋色"为主题的首届栖霞苹果网货节，仅 3 天时间，网货节相关内容的消费者点击浏览量就达 374 万次，累计销售正宗栖霞苹果 12.3 万单，合计 123 万斤，实现销售收入 1088 万元，开创了淘宝网与县级市直销农副产品的先河。

2. 案例解析

(1) "王小二果园"不断改进包装，降低物流成本，以其优良的服务和优秀的管理服务于顾客。

(2) "王小二旗舰店"建立了严格的产品甄选标准和品控体系，方便便捷的网上交易和专业精准的冷链物流服务，从而优化并提升了传统交易方式和流通渠道。

(3) "王小二果园"不断提高产品质量、服务，保证合适的价格，提供完善的售后服务，让用户安心地购物。

三、对于新农村电子商务的启示

新农村电商推动了乡村原有产业的市场拓展，加快了乡村原有产业的转型升级，甚至催生了农村新的产业。

新农村电商拓展了乡村既有产业的网络销售，实现了由一个农户的特色产品变为一个区域的特色产业，有力地带动了产业发展和农民增收。汉阴县田凤村电商服务站的农旅融合，鳌头村电商服务站的产业合作社，军坝村电商服务站的艾蒿集采，都创造性地实现了农产品线上销售，成为产业扶贫成功的典型。

新农村电商推动了乡村原有产业的转型升级。好多农产品在生产时就预测了它们不好卖，因为它们不符合消费者需求，所以电商要运用大数据倒推产业进行转型。

农村的生态振兴总是与经济社会发展息息相关，新农村电商的发展，为生态振兴带来了新的机遇，也带来了新的挑战。

同时，新农村电商要实现网络交易和快递服务，必须建立完善的物流运输路线和基础网络设施。农民在获取农村电商提供的销售渠道的时候，还可以借助网络和运输条件，实现更加方便快捷的通信和交流。可以说，农村电商促进了乡村网络、交通等基础设施的建设，为构建生态宜居的乡村社区做出了较大的贡献，如图 1-15 所示。

图 1-15　新农村电商

　　除此之外，电商平台的支持带动了网络直播，不少带货主播都推出"农产品+"的线上直播，进一步解决了农民的农产品销售问题，为乡村振兴战略贡献了效益值和经验值。

课 后 作 业

(1) 了解并熟悉新农村电子商务的有关知识。

(2) 找到自己感兴趣的农村电商平台，了解其平台的逻辑思路。

(3) 找几个新农村电子商务的案例，解析他们的做法并分享得到的启示。

(4) 预测未来农村电子商务的发展趋势，并谈谈你的感受。

项目二
网店搭建

【项目导入】

通过理论与实践的学习，使学生全面了解电商创业人员素质需求，以习近平新时代中国特色社会主义思想为引领，将电子商务类商业活动与人文素养建设相结合，实现通过电商人才价值观的培养塑造高素质人才培养的目标。课程通过培养学生系统化商业思维，实现知识传授与价值引领的有效结合。

随着互联网在农村的普及与应用，电子商务与传统农村经济发生着"化学反应"，很多人利用淘宝平台开始销售身边的产品，包括农副产品、县域特色产品，形成了很多的淘宝村或者淘宝镇(淘宝村是指活跃网店数量达到当地家庭户数的 10%以上、电子商务年交易额达到 1000 万元以上的村庄，淘宝镇是指拥有三个及以上淘宝村的乡镇街道)，为农村经济的发展、农民脱贫致富加码助力。

福建省宁德市霞浦县的王某在电商助农战略的背景下，开始深度学习新农村电子商务的知识，对新农村电商有了一定的了解。他现在想在线上平台开设店铺进行卖货，但他发现互联网线上电商平台类型过多，但他对各种电商平台的特点并不了解，下面就让我们对在各类电商平台开设店铺进行分析。

【项目分析】

- 了解并熟悉阿里巴巴平台店铺开设流程及资质要求
- 了解并熟悉京东平台店铺开设流程及资质要求
- 了解并熟悉拼多多平台店铺开设流程及资质要求
- 了解并熟悉社区团购开设流程及资质要求
- 了解并熟悉直播平台店铺开设流程及资质要求
- 全面了解电商创业人员素质需求
- 以习近平新时代中国特色社会主义思想为引领，将电子商务类商业活动与人文素养建设相结合

任务一　在阿里巴巴平台开设店铺

天猫为阿里巴巴集团旗下业务，致力服务日益追求更高质量的产品与购物体验的消费者，大量的国际与中国品牌和零售商都已入驻天猫。易观的数据显示，按 2019 年的商品交易总额(GMV)计算，天猫是面向品牌与零售商的大型第三方在线及移动商业平台，并且持续快速增长。2020 年天猫"双 11"全球狂欢季(自 11 月 1 日—11 月 11 日)总成交额共达 4982 亿元人民币，约合 741 亿美元，实时物流订单总量达 23.21 亿单。从 11 月 1 日到 11 月 11 日中午 12 点，淘宝直播已经诞生 28 个成交超 1 亿元的直播间。下面我们以天猫为案例进行店铺开设讲解。

在阿里巴巴平台中基本上以淘宝体系为主店铺，在整个淘宝体系中，店铺的类型主要分为淘宝集市店和天猫店两大类。淘宝集市店又分为淘宝企业店和淘宝个人店两种，天猫店又分为天猫旗舰店、天猫专卖店、天猫专营店三种。

一、天猫店铺的分类

1. 天猫旗舰店

天猫旗舰店是商家以自有品牌(商标为 R 或 TM 状态，天猫开设的店铺。TM 标：表示该商标已经向国家商标局提出申请，并且国家商标局也已经下发了《受理通知书》。R 标：是"注册商标"的标记，表示该商标已在国家商标局进行注册申请并审查通过，成为注册商标，有了《商标注册证》。圆圈里的 R 是英文 register(注册)的开头字母。天猫旗舰店主要有以下几种类型：经营一个自有品牌商品的品牌旗舰店；经营多个自有品牌且各种品牌归同一实际控制人的品牌旗舰店(仅限天猫主动邀请入驻)。卖场型品牌(服务类商标)所有者开设的品牌旗舰店(仅限天猫主动邀请入驻)；开店主体必须是品牌(商标)权利人或持有权利人出具的开设天猫品牌旗舰店排他性授权文件的企业，如图 2-1 所示。

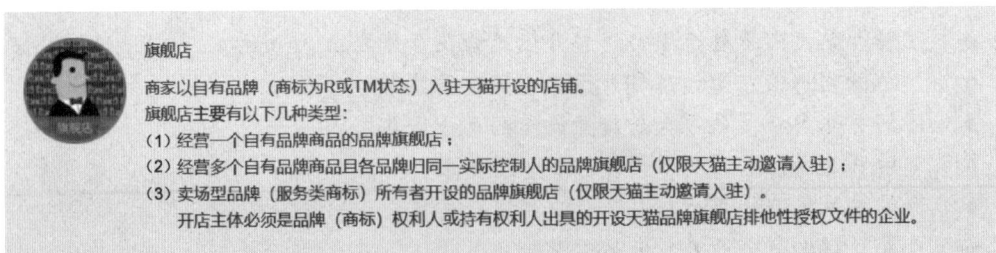

图 2-1　天猫旗舰店

2. 天猫专卖店

天猫专卖店是商家持有品牌授权文件在天猫开设的店铺。天猫专卖店主要有以下两种类型：经营一个授权销售品牌商品的专卖店；经营多个授权销售品牌的商品且各品牌归同一实际控制人的专卖店(仅限天猫主动邀请入驻)。品牌(商标)权利人出具的授权文件不得有地域限制，且授权有效期不得早于 2016 年 12 月 31 日，如图 2-2 所示。

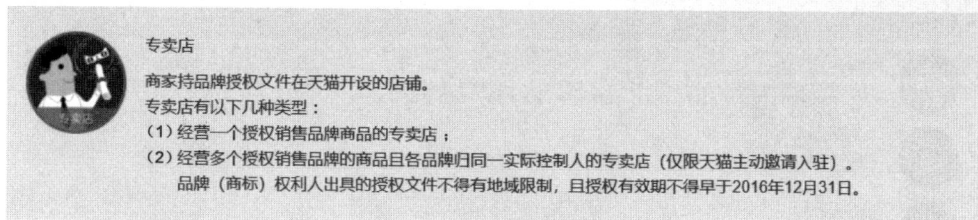

图 2-2　天猫专卖店

3. 天猫专营店

天猫专营店是经营天猫同一招商大类下的两个及两个以上品牌商品的店铺。天猫专营店主要有以下几种类型：经营两个及两个以上他人品牌商品的专营店；既经营他人品牌商品又经营自有品牌商品的专营店；经营两个及两个以上自有品牌商品的专营店。一个招商大类下专营店只能申请一家，如图 2-3 所示。

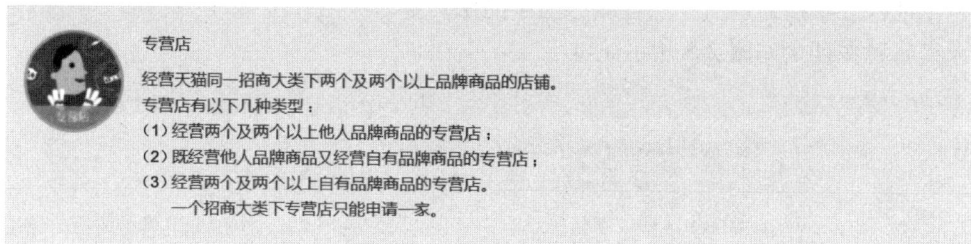

图 2-3　天猫专营店

二、天猫店铺的申请资质要求

天猫目前不接受个体工商户及非中国大陆企业的入驻申请，入驻对象必须是中国大陆注册的企业，并且持有相应的营业执照。

天猫暂不接受未取得国家商标总局颁发的商标注册证或商标受理通知书的品牌开店申请(部分类目的进口商品除外)，也不接受纯图形类商标的入驻申请。

对于公司注册资本的要求是，注册资本最低不能低于 100 万元，注册的时间一般需要满一年以上，有一些类目要求公司成立两年以上，但有的类目对于年限没有要求。

2015 年 3 月 9 日天猫执行招商新规。为了更好地优化消费者服务体验，天猫建立招商品牌池，只有在招商品牌池里的品牌商家才能顺利入驻。如商家经营的品牌不在天猫招商品牌池，也可以自荐优质品牌给天猫，但申请时需要尽可能地展示企业实力和品牌实力的图文说明，天猫会对商家的品牌进行价值评估。

三、天猫店铺的资费要求

天猫店铺资费主要由保证金、软件服务年费、软件服务费 3 个部分组成，如图 2-4

所示。

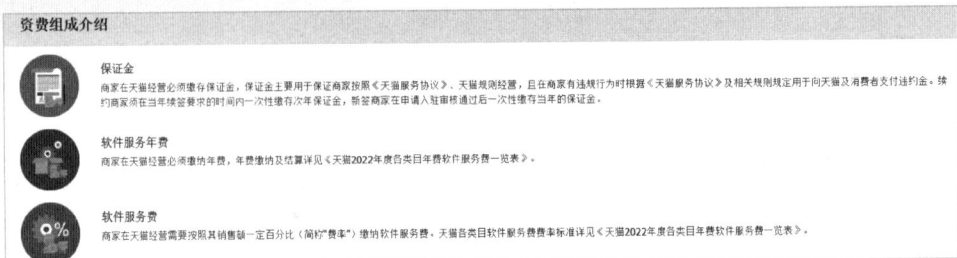

图 2-4　天猫店铺的资费要求

1. 保证金

商家在天猫经营必须缴存保证金，保证金主要用于保证商家按照《天猫服务协议》、天猫规则经营，且在商家有违规行为时根据《天猫服务协议》及相关规则规定用于向天猫及消费者支付违约金。续约商家须在当年续签要求的时间内一次性缴存次年保证金，新签商家在申请入驻审核通过后一次性缴存当年的保证金。

天猫店铺保证金如图 2-5 所示。

图 2-5　天猫店铺保证金

天猫店铺保证金根据店铺性质不同，金额如下。品牌旗舰店、专卖店：包含 TM 商标的，10 万元，全部为 R 商标的，5 万元。专营店：包含 TM 商标的，15 万元，全部为 R 商标的，10 万元。特殊类目说明：查看天猫规则，详细请参考《天猫保证金规则》。保证金不足额时，商家需要在 15 日内补足余额，逾期未补足的，天猫将对商家店铺进行监管，直至补足。

2. 软件服务年费

软件服务年费也称为技术服务费，通俗地理解为店铺使用租金，年费金额以一级类目为参照，非特殊类目分为 3 万元、6 万元两种，特殊类目根据天猫要求进行缴纳。各一级类目对应的年费标准详见《天猫 2022 年度各类目年费软件服务费一览表》。以食品/水产肉类/新鲜蔬果/熟食类目下两类商品要缴纳的技术服务费保证金情况为例，如图 2-6 所示。

规则说明：						
一级类目	二级类目	三级类目	软件服务费费率	软件服务费年费	享受50%年费折扣优惠对应年销售额	享受100%年费折扣优惠对应年销售额
水产肉类/新鲜蔬果/熟食	生鲜提货券	新鲜蔬菜/蔬菜制品提货券	2%	3万	18万	60万
	生鲜提货券	其他	2%	3万	18万	60万

图 2-6　天猫店铺软件服务年费

为鼓励商家提高服务质量，扩大经营规模，天猫将对软件服务年费有条件地向商家给予商业折扣，折扣比例为年费的 50%和 100%两档。

店铺 2022 年经营期间，以商家 2022 年销售额最高类目来看，要求基础服务考核分均值达到《天猫 2022 年度各类目年费软件服务费一览表》中基础服务考核分均值标准；店铺 2022 年经营期间，实际成交额达到《天猫 2022 年度各类目年费软件服务费一览表》中商家 2022 年销售额最高类目对应的"享受 50%/100%年费折扣优惠对应年销售额"，则给予相应折扣。

3. 软件服务费

商家在天猫经营需要按照其销售额一定百分比缴纳软件服务费。天猫各类目软件服务费费率标准详见《天猫 2022 年度各类目年费软件服务费一览表》。

四、天猫店铺开设流程

商家店铺开设流程分为以下 4 个阶段，如图 2-7 所示。

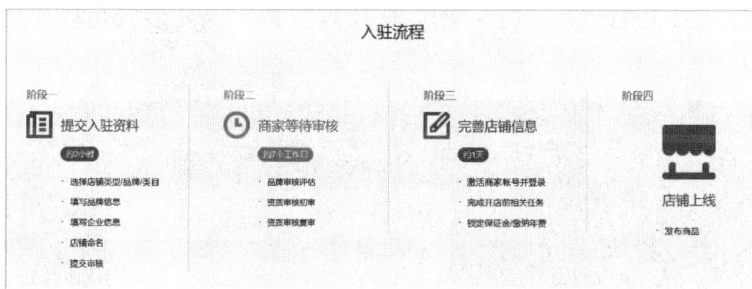

图 2-7　天猫店铺开设流程

首先进入浏览器，输入网址 zhaoshang. tmall.com 进入页面，单击"欢迎入驻"按钮进入页面，再单击"立即入驻"，如图 2-8 所示。

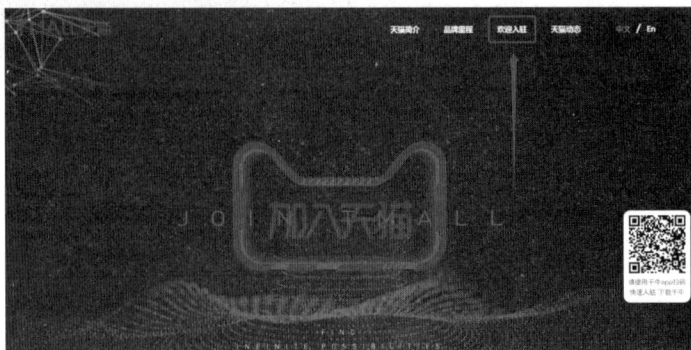

图 2-8　天猫店铺入驻官网

阶段一：提交入驻资料(约 2 小时)

(1) 根据申请经营的情况，选择店铺类型，填写品牌商标注册号。若商标注册号已被天猫录入，则直接选择对应的品牌即可，如图 2-9 所示。

图 2-9　选择店铺类型

(2) 若商标未被天猫录入，则需要补充品牌信息，具体步骤可以按提示操作，如图 2-10 所示。

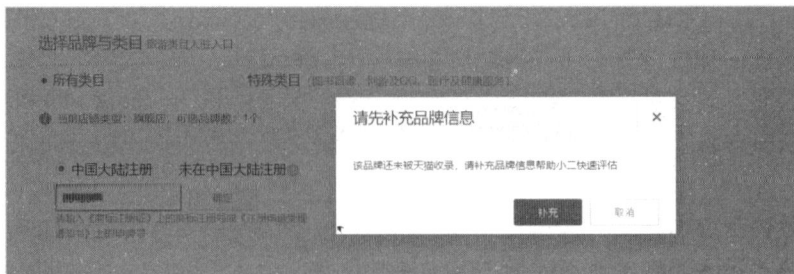

图 2-10　补充店铺品牌信息

(3) 选择申请的经营大类及类目，单击"选择类目"按钮，在选好经营的类目后，单击"确认"按钮,如图 2-11 所示。

图 2-11 选择店铺类目

(4) 申请经营的类目需提交的特殊资质将在列表中展示,在此可以检查该资质是否已准备好。如已准备好,可以单击下方红色"确认"按钮继续操作;如无法提交该资质,可取消资质前面的"√",取消后将无法获得该类目授权。确认在页面中的所选类目,若仍需要修改类目,可以单击"重新选择"按钮进行修改,如图 2-12 所示。

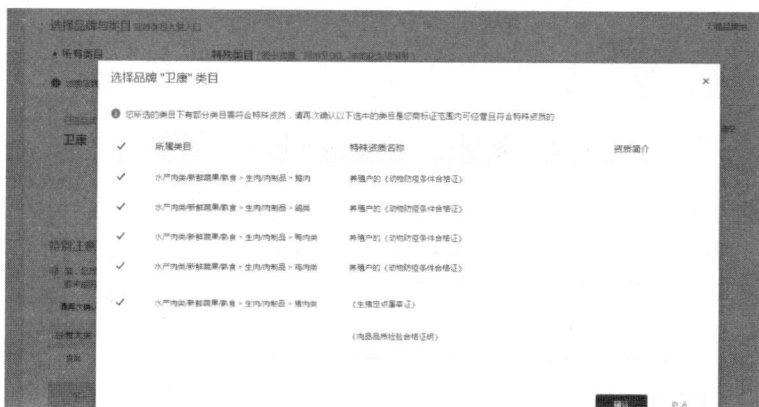

图 2-12 确认店铺类目

(5) 确认是否已符合基本入驻要求,若未能符合,则提交后可能会被小二审核拒绝。如果品牌不在招商品牌池内,则需要先评估品牌实力,再进行资质审核,而这会延长审核时间,如图 2-13 所示。

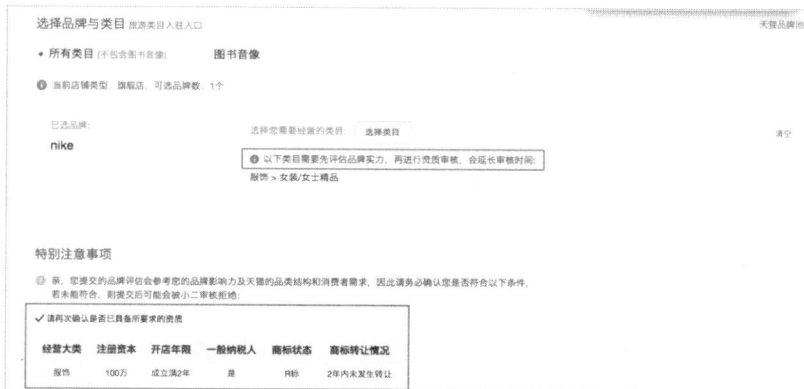

图 2-13 确认店铺入驻信息

(6) 根据实际情况填写品牌信息，请注意左侧的选项卡，每个选项卡下内容均需填写完整。如该选项卡内容未填写完整，标签会显示"待填写"，填写完成后将显示"已填写"，如图 2-14 所示。

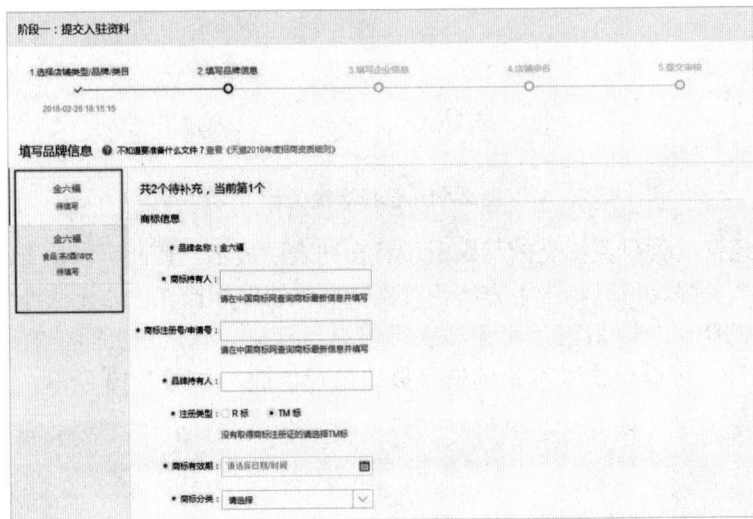

图 2-14　填写品牌信息

(7) 每个选项卡下的内容填写完成后，单击"保存品牌信息"按钮。如果品牌需要先评估品牌实力，则将在申请页面看到"更多详情信息上传"入口，品牌评估会参考品牌影响力及天猫的品类结构和消费者需求，下载模板，按模板内容详细填入后上传，此信息会让天猫更好地了解企业实力和品牌实力，有助于更快入驻天猫。

(8) 填写企业信息。根据实际情况填写企业信息，填写完成后，单击"下一步"按钮。提交支付宝授权书时，需要先下载模板，按照模板内容填写/签章后，将授权书拍照上传，如图 2-15 所示。

图 2-15　提交支付宝授权书

(9) 店铺命名。选择填写店铺名称中展现的关键词，并单击"选择店铺名"右侧的下拉框选择店铺名称及店铺域名，也可以在"店铺命名建议"中填写期望的店铺名称。选择完成后，单击"下一步"按钮，如图 2-16 和图 2-17 所示。

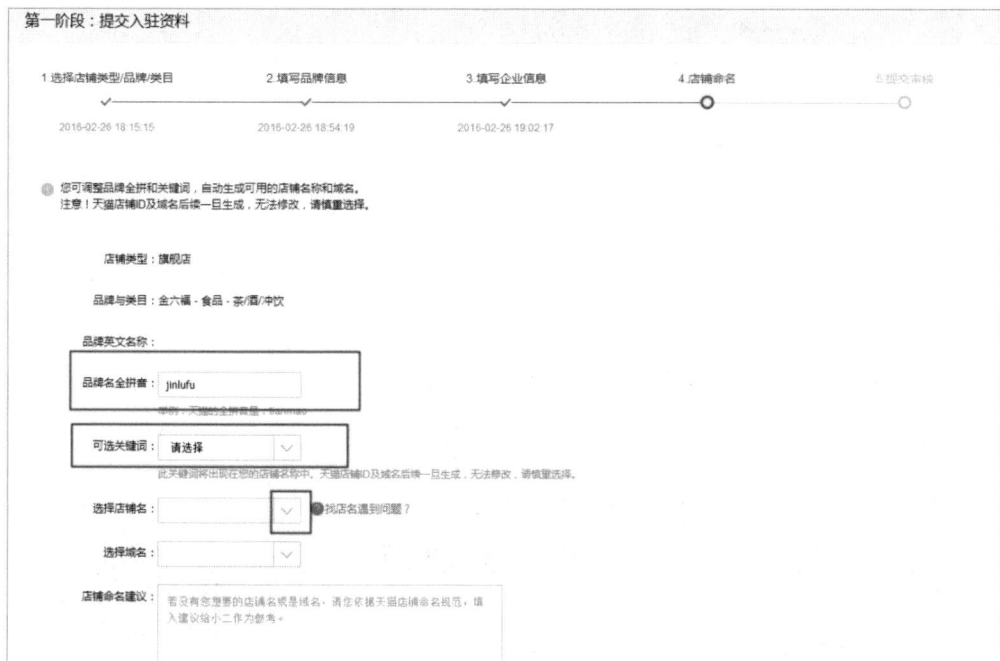

图 2-16　店铺命名

图 2-17　确认店铺名称

(10) 提交审核。再次确认填写的信息是否正确，如需修改，可单击"返回修改"按钮，返回填写页面修改信息。如信息无误，无须修改，可单击"确认无误提交"按钮，提交申请资料给天猫，如图 2-18 和图 2-19 所示。

图 2-18　预览入驻信息

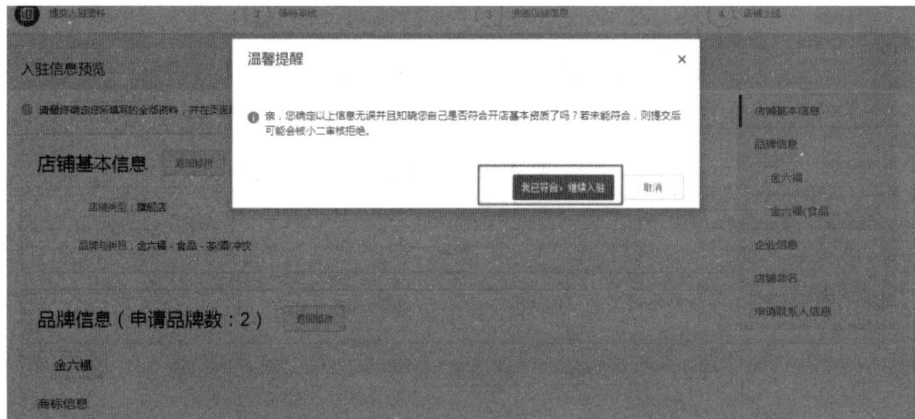

图 2-19　确认入驻信息

阶段二：商家等待审核

　　商家等待审核期间应保持电话畅通，并关注邮件、旺旺信息，以便及时获得小二的信息。如果联系方式变更，可单击页面下方联系方式旁边的"修改"按钮，重新填写，如图 2-20 所示。

　　（1）如果申请经营的品牌不在天猫招商品牌池内，需先通过品牌评估。品牌评估期间如资料不符合要求，需要补充修改，系统会以邮件和短信的方式通知商家登录申请账号查看修改。登录本页面后，单击"前往修改"按钮，可按照提示完成修改并提交，如图 2-21 所示。

　　（2）如果提交的品牌未能通过评估，则此次申请将失效，可以更换品牌再次提交申请，如图 2-22 所示。

图 2-20　修改联系方式

图 2-21　单击"前往修改"按钮

图 2-22　重新提交品牌信息

（3）品牌评估通过后，可以单击"开始资质审核"按钮，进入资质审核阶段。需要注意的是，当看到"开始资质审核"按钮时，建议单击此按钮继续申请流程，否则流程将无法继续，如图 2-23 所示。

图 2-23　单击"开始资质审核"按钮

（4）资质审核阶段分为初审和复审。审核期间，如资料不符合要求，需要补充修改，系统会以邮件和短信的方式通知商家登录申请账号查看修改。登录本页面后，单击"前往修改"按钮，可按照提示完成修改并提交，如图 2-24 所示。

图 2-24　资质驳回修改

（5）资质审核期间，商家可以在页面下方查看目前的审核状态，以及预计完成的时间，如图 2-25 所示。

图 2-25　资质审核初审通过

(6) 初审、复审均审核通过后，说明入驻申请已通过审核，可以继续完善店铺信息，发布商品，操作店铺上线。

阶段三：完善店铺信息

(1) 激活商家账号并登录。设置密码、填写联系人手机，填写邮箱，填写企业支付宝账号，填写完成后单击"激活账号"按钮，激活商家账号，如图 2-26 所示。

图 2-26　激活商家账号

(2) 激活账号后，需登记商家账号，完成开店前相关任务。可以单击"前去完成"按钮前往相关页面进行操作，操作完成后可以单击"刷新状态"按钮查看进度，如图 2-27 所示。

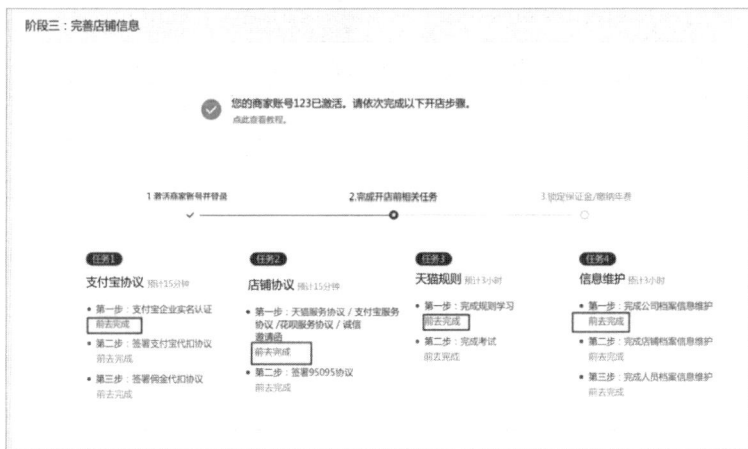

图 2-27　完成开店任务

(3) 锁定保证金/缴纳年费。签署协议完成后，可以单击"马上锁定/缴纳"按钮进行锁定保证金/缴纳年费的操作，如图 2-28 所示。

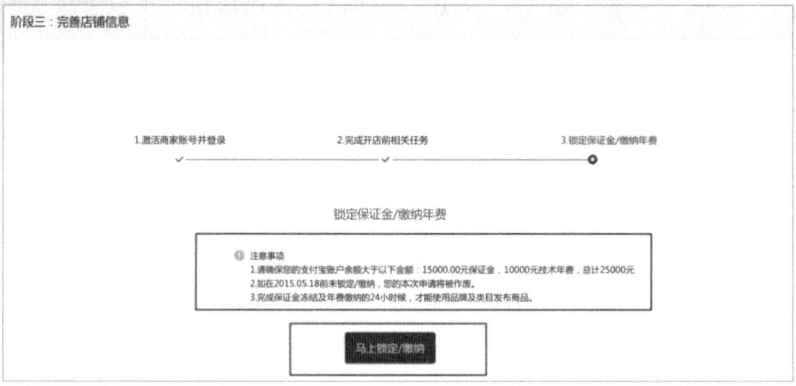

图 2-28　缴纳保证金

阶段四：店铺上线

(1) 发布商品。完成锁定保证金/缴纳年费操作 24 小时后，可以发布商品，及店铺装修。不同经营范围店铺上线需发布规定数量的商品，完成后单击"立即店铺上线"，如图 2-29 所示。

图 2-29　店铺上线

(2) 店铺上线。店铺已上线，可以前往商家中心进行更多操作，如图 2-30 所示。

图 2-30　完成店铺上线

任务二　在京东平台开设店铺

京东于 2004 年正式涉足电商领域。2014 年 5 月，京东集团在美国纳斯达克证券交易所正式挂牌上市，是中国第一个成功赴美上市的综合型电商平台。2020 年 6 月，京东集团在香港联交所二次上市，募集资金约 345.58 亿港元，用于投资以供应链为基础的关键技术创新，以进一步提升用户体验及提高运营效率。2017 年年初，京东全面向技术转型，迄今京东体系已经投入了近 750 亿元用于技术研发。京东集团定位于"以供应链为基础的技术与服务企业"，目前业务已涉及零售、科技、物流、健康、保险、产品研发和海外等领域。作为同时具备实体企业基因和属性、拥有数字技术和能力的新型实体企业，京东在各项实体业务上全面推进，并以扎实、创新的新型实体企业发展经验助力实体经济高质量发展，铸就持续增长力。

京东零售集团坚持"以信赖为基础、以客户为中心的价值创造"的经营理念，持续创新，不断为用户和合作伙伴创造价值。截至 2025 年 3 月，京东月活用户数达到 5.51 亿。京东致力于在不同的消费场景和连接终端上，通过强大的供应链、数据、技术及营销能力，在正确的时间、正确的地点为客户提供适合他们的产品和服务。

一、京东店铺的分类

目前，京东店铺主要分为 POP 模式和京东自营两个模式。

京东自营模式主要分为以下三种店铺类型：京东自营旗舰店、京东自营专卖店、京东自营专区。

京东 POP 模式分为旗舰店、专卖店、专营店，同时按照经营模式分为 4 种，分别是 SOP、SOPL、LBP、FBP。(SOP：指卖家在京东销售产品，自己打包，自己发货，自己开发票的模式；SOPL：指卖家在京东销售商品，自己打包，自己开发票，但由京东发货及配送；LBP：卖家在京东销售商品，自己打包，由京东发货、配送及开发票的模式；FBP：指卖家在京东销售商品，由京东提供仓储、发货、配送及开发票的模式)。

二、京东店铺开设流程

我们以京东 POP 模式为例开设店铺。POP 模式是商家自己运营，京东提供一个类似于天猫的平台，如图 2-31 所示。

(1) 注册。商家用个人账号登录后，访问来京东(https://lai.jd.com)，选择 POP 商家"立即入驻"，跳转界面后，单击"立即入驻"按钮，扫描登录账号，如图 2-32 所示。

(2) 首先在主营类目处选择想要经营的类目，如找不到该类目，可以单击选择框右边的按钮，在弹出的下拉列表框中进行类目搜索(注意：不同类目的经营范围与入驻方式不同，可以单击选择框上方主营类目范围查看详情)，然后进行下一步，如图 2-33 所示。

图 2-31　京东入驻官网

图 2-32　京东 POP 模式入驻官网

图 2-33　POP 模式入驻

(3) 在联系人信息处填写联系人姓名、常用手机号及电子邮箱，并发送验证码进行验证(注意：手机号将用于接收入驻审核反馈，店铺申请通过后店铺账号及密码均将发送至该手机号)，如图 2-34 所示。

(4) 在营业执照模块处默认为电子营业执照入驻，可以打开微信扫描二维码后使用电子营业执照小程序进行授权，无须上传，更加方便快捷，如图 2-35 所示。单击页面右方切换到纸质版营业执照，则切换为使用电脑或微信上传纸质版营业执照图片进行入驻。如图 2-36 所示。

图 2-34　填写入驻信息

图 2-35　电子营业执照填写

图 2-36　纸质营业执照填写

（5）　上传成功后，系统将自动识别营业执照信息，核对系统识别出的内容是否正确，如有信息不一致，则需更改，如图 2-37 所示。

（6）　进入法人信息模块，可以选择使用电脑或微信依次上传身份证人像面及国徽面，系统同样会对身份信息进行识别，请核对是否正确，如图 2-38 和图 2-39 所示。

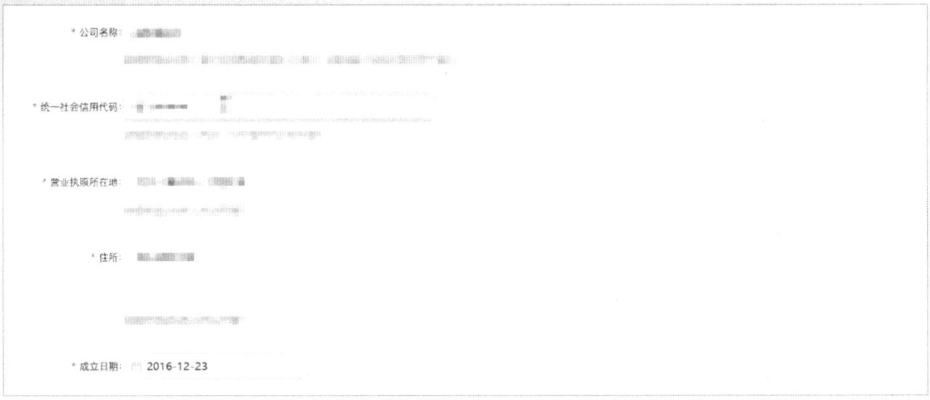

图 2-37 填写执照信息

图 2-38 填写法人信息

图 2-39 确认法人信息

(7) 填写税务信息，如为一般纳税人需要上传一般纳税人资格证。全部填写成功后，单击"下一步"按钮完善店铺信息，如图 2-40 所示。

(8) 完善店铺信息，首先需要选择店铺类型，可选择旗舰店、官方旗舰店、专营店及专卖店，注意若选择旗舰店或官方旗舰店，需继续对厂商直营、厂商授权及卖场型进行选择并填写相应资质，如图 2-41～图 2-43 所示。

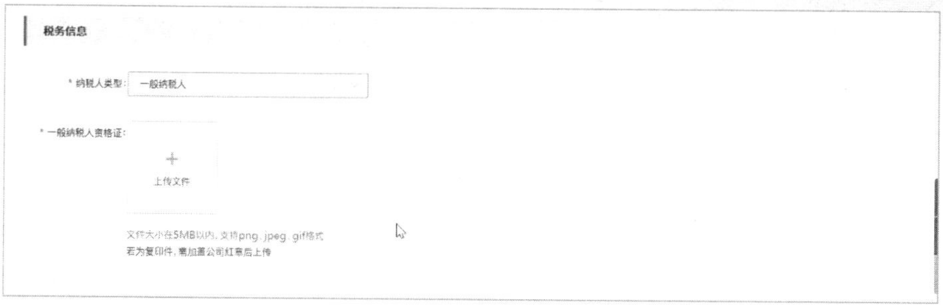

图 2-40　填写税务信息

图 2-41　选择店铺类型

图 2-42　店铺类型资质

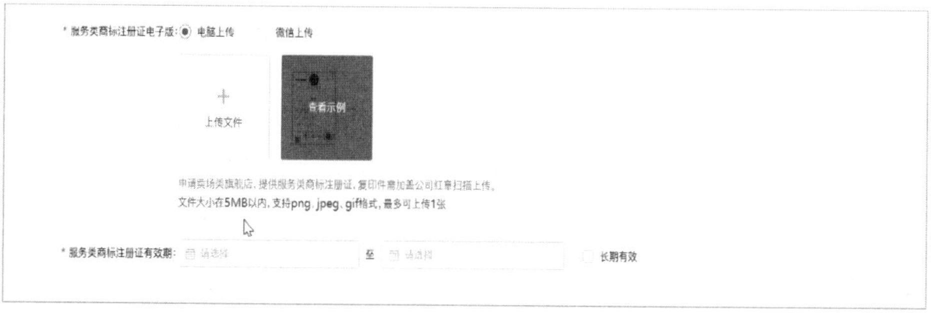

图 2-43　填写相关资质

(9) 在品牌与资质信息模块确认选择的主营类目,添加品牌并上传相关资质,填写完毕后需单击页面最下方"保存品牌"按钮才可继续进行相关操作。如图 2-44～图 2-46所示。

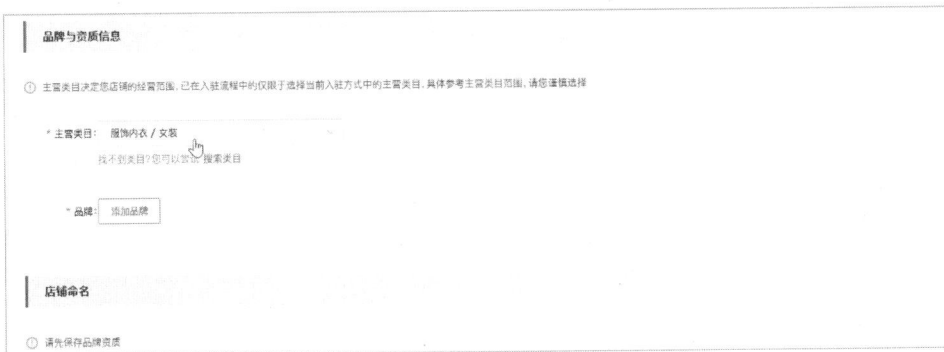

图 2-44　上传资质信息(1)

图 2-45　上传资质信息(2)

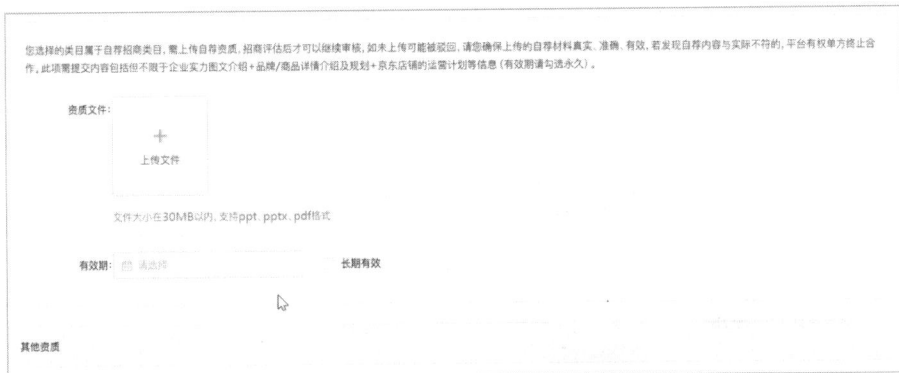

图 2-46　上传资质信息(3)

(10) 填写店铺名称,系统将自动展示资费预估,确认无误后单击"提交入驻审核"按钮,系统将会以短信和邮件形式通知审核进度,审核成功后欢迎加入京东,如图 2-47～图 2-49 所示。

图 2-47　填写店铺名称

图 2-48　资费预估

图 2-49　成功入驻店铺

任务三　在拼多多平台开设店铺

2018 年拼多多平台活跃买家数达 4.185 亿，较 2017 年同期的 2.448 亿增加 1.737 亿。其中，2018 年第四季度，拼多多移动客户端月活跃用户数达 2.73 亿(不包括通过社交网络和接入入口访问拼多多平台的用户)，较 2017 年同期的 1.41 亿增长 1.32 亿，接近翻倍；较去年第三季度环比新增 4200 万，高于此前第一季度 3700 万的新增月活用户数。另据 Quest Mobile 数据报告显示，2018 年 12 月，拼多多 App 端的月活跃用户达 2.71 亿，仅次于手机淘宝，领先京东近 5000 万；小程序端，拼多多以 1.09 亿的月活跃用户排名第一，接近排名第二、第三、第四的京东、唯品会、转转的总和。

拼多多，是国内移动互联网的主流电子商务应用产品。其是专注于从消费者到生产者(C2M)拼团购物的第三方社交电商平台，成立于 2015 年 9 月，用户通过发起和朋友、家人、邻居等的拼团，可以更低的价格购买优质商品。

一、拼多多店铺的分类

拼多多平台店铺主要分为个人店和企业店两大类。

个人店有两种店铺类型。个人店：需要身份证原件人像面和国徽面照片，并进行实名认证。个体工商户：除个人店所需文件外，还需上传属于入驻人本人的个体工商户营业执照。

企业店有普通店、专营店、专卖店、旗舰店四种店铺类型。普通店：上传三证合一的营业执照。专营店、专卖店、旗舰店：除上传三证合一的营业执照外，还需上传品牌信息，店铺类型及相关资质要求如图2-50所示。

项目	旗舰店	专卖店	专营店	普通店	个体工商户	个人店
店铺定义	商家以自有/授权品牌(商标为R或TM状态)入驻拼多多开设该品牌的旗舰店。旗舰店可以有以下几种类型：(1) 经营1个或多个自有品牌的旗舰店；(2) 经营1个授权品牌的旗舰店，且授权品牌为一级独占授权；(3) 卖场型品牌(服务类商标)所有者开设的品牌旗舰店(见拼多多商城主动邀请入驻)	商家以自有/授权品牌(商标为R或TM状态)入驻拼多多开设该品牌的专卖店。专卖店可以有以下几种类型：(1) 经营1个或多个品牌的专卖店；(2) 经营1个授权销售品牌商品的专卖店(授权不超过2级)	经营拼多多商城同一招商大类下1个及1个以上品牌商品的店铺。专营店有以下几种类型：(1) 经营1个或多个自有品牌商品的专营店；(2) 经营1个或多个他人品牌商品的专营店(授权不超过4级)；(3) 既经营自有品牌商品又经营其他人品牌商品的专营店(授权不超过4级)			
店铺资质	1. 企业性质的营业执照(三证合一只需提供营业执照图片)*不支持申请类型：个体工商户；*支持分公司进行申请2. 注意非三证合一的营业执照还有补充：2.1 企业税务登记证(国税、地税均可)2.2 组织机构代码证3. 法定代表人身份证正反面4. 商标注册证或商标注册申请受理通知书*若为授权开设的旗舰店，提供独占授权书(如果商标权利人为自然人，则需同时提供其亲笔签名的身份证复印件或原件)	1. 企业营业执照(三证合一的只需提供营业执照图片)*不支持申请类型：个体工商户；*支持分公司进行申请2. 注意非三证合一的营业执照还有补充：2.1 企业税务登记证(国税、地税均可)2.2 组织机构代码证3. 法定代表人身份证正反面4. 商标注册证或商标注册申请受理通知书*需上传商标权利人到开店公司完整授权链(不超过二级)的授权书(完整的授权链路指从商标权利人到开店公司的整个授权链二级授权链路指如例：商标权利人给A公司的授权书，A公司开设店公司的授权书)*若商标权利人为自然人，则需同时提供其亲笔签名的身份证复印件或原件	1. 企业营业执照(三证合一的只需提供营业执照图片)*不支持申请类型：个体工商户；*支持分公司进行申请2. 注意非三证合一的营业执照还有补充：2.1 企业税务登记证(国税、地税均可)2.2 组织机构代码证3. 法定代表人身份证正反面*4. 商标注册证或商标注册申请受理通知书*需要上传商标权利人到开店公司完整授权链(不超过4级)的授权书(完整的授权链路指从商标权利人到开店公司的整个授权链二级授权链路指如例：商标权利人给A公司的授权书，A公司给开店公司的授权书)*若商标权利人为自然人，则需同时提供其亲笔签名的身份证复印件或原件	1. 企业营业执照(三证合一的只需提供营业执照图片)*不支持申请类型：个体工商户；*支持分公司进行申请2. 注意非三证合一的营业执照还有补充：2.1 企业税务登记证(国税、地税均可)2.2 组织机构代码证3. 法定代表人身份证正反面	1. 身份证原件人像面2. 身份证原件国徽面3. 个体工商户营业执照	1. 身份证原件人像面2. 身份证原件国徽面

图 2-50　店铺类型

二、拼多多店铺开设流程

个人想要入驻拼多多，流程分为入驻申请—等待审核—签约—店铺上线四步，如图2-51所示。

入驻申请　▶　等待审核　▶　签约　▶　店铺上线

图 2-51　开店流程

1. 个人店铺开设流程

进入拼多多商家后台(https：//www.pinduoduo.com/)，单击"商家入驻"按钮，按照页面提示输入手机号码、验证码，然后单击"0元入驻"按钮，如图2-52所示。

选择开店类型，如果是微信直接注册，则进入商家管理后台—店铺管理—店铺信息，选择左侧的完善个人店铺信息；若是电脑端的则直接注册。按照页面要求填写店铺基本信息，按照自己售卖的商品选择相对应的主营类目，如不清楚售卖的商品对应的主营类目，

网店搭建　项目二

可单击"查看类目明细"按钮了解或者输入商品搜索适合的主营类目，然后单击"下一步"按钮，如图 2-53 所示。

图 2-52　拼多多入驻官网

图 2-53　店铺基本信息

按照页面要求填写入驻人信息认证，人脸识别需要用微信扫码识别，请注意二维码旁边的注意事项。上传身份证照片后，系统会对证件照相关信息进行识别，如果一致，请先阅读下方二维码右边的文案提示，然后打开手机微信扫一扫进行人脸识别；如果不一致，请按照上传的证件照补充并完善身份信息，再打开手机微信扫描二维码进行人脸识别。当手机显示文案为人脸识别成功时，单击按钮创建店铺，如图 2-54 所示。

图 2-54　入驻人信息认证

手机端人脸识别需要点击下方的"开始识别",再点击"记住了,开始录制"按钮,操作页面如图 2-55 所示。

图 2-55　手机入驻流程

完成人脸识别后,电脑端页面需要单击"我已上传",页面跳转后如图 2-56 所示,核实信息无误之后再单击"确定"按钮。

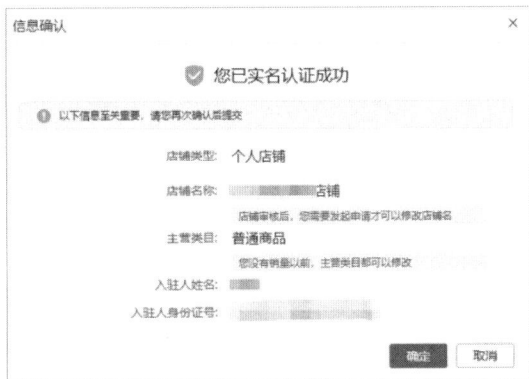

图 2-56　完成入驻

页面提示会变成店铺信息审核中,预计审核时间为 3 个工作日,审核通过后会有短信通知,个人开店完成,如图 2-57 所示。

2. 企业店铺开设流程

在店铺类型选择界面选择企业店,然后进行信息填写,在企业法人基本信息处选择文件上传法定代表人身份证照片后,系统会对证件照相关信息进行识别,请仔细核对识别出的信息是否和上传的证件照一致,如果一致,继续进行证件照的上传;如果不一致,需按照所上传的证件照补充并完善身份信息,如图 2-58 所示。

图 2-57 入驻信息审核

图 2-58 企业法人信息填写

按照自己售卖的商品选择相对应的主营类目，如不清楚售卖的商品对应的主营类目，可单击"查看类目明细"按钮了解或者输入商品搜索适合的主营类目。选择不同的主营类目，则只能上架相应的商品。若选择食品保健类目或者在普通商品类目发布食品类商品，则必须上传与入驻企业对应的食品经营许可证(或食品流通许可证)；若选择医药健康类目，则需要提交相应的资质证明文件，具体可参考查看《拼多多医药健康市场管理规范》，如图 2-59 所示。

图 2-59 企业信息填写

单击上传营业执照图片，然后根据是否三证合一填写相应的信息，营业执照注册号或统一社会信用代码填写必须与上传的相关证件一致，如图 2-60 所示，否则将被驳回。对于非三证合一的企业，须一并上传组织机构代码证和税务登记证，如图 2-61 所示。

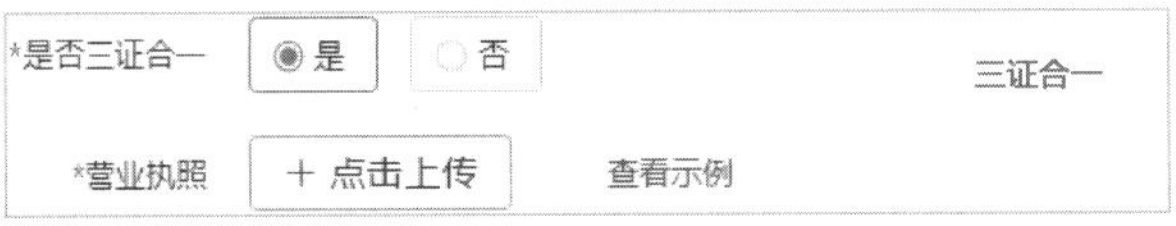

图 2-60   三证合一

图 2-61   企业资质信息填写

企业类型的营业执照选择企业店铺，后期登录商家后台的账户名和密码，即入驻时填写的入驻手机号和自己设置的密码。

店铺名称命名时旗舰店、专卖店、专营店命名格式如下。旗舰店的命名格式：品牌名+类目(可选)+旗舰店。专卖店的命名格式：品牌名+商号+专卖店。当品牌名与商号一致时，则专卖店的命名格式：品牌名+类目+专卖店；专营店命名格式：商号+类目+专营店。

商家如果选择"旗舰店""专卖店""专营店"，则必须上传"商标注册证明"及"品牌授权证明"。在上传商标注册证明、授权书等文件时，商标注册号只需填写所上传商标注册证上的"第××××号"中的数字，不要填入汉字；旗舰店必须上传独占授权书；商标权利人的全资子公司、境内唯一总代理(仅适用于境外商标权利人)等的授权可视为商标权利人的授权；若某一品牌为多级授权的，建议将该品牌的全部授权书有序合并在同一 PDF 文件中，上传至品牌授权证明处，如图 2-62 所示。

在签约之前，应认真阅读《拼多多平台合作协议》及全部平台规则，如确认接受全部协议及规则，则勾选"我已阅读并同意《拼多多平台合作协议》"选项，单击"创建店铺"按钮，此时弹出"信息确认"内容，核对无误后，单击"确定"按钮，如图 2-63 所示。

商家成功签约后，系统将自动创建一个店铺，并以短信形式通知商家。商家可登录招商平台查看店铺的账号与初始密码，并可单击链接跳转至拼多多商家管理后台登录，此时店铺已开设成功。

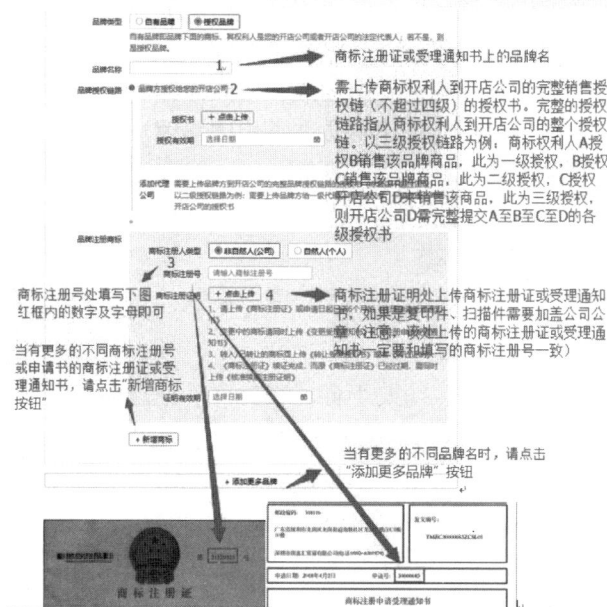

图 2-62　相关资质信息

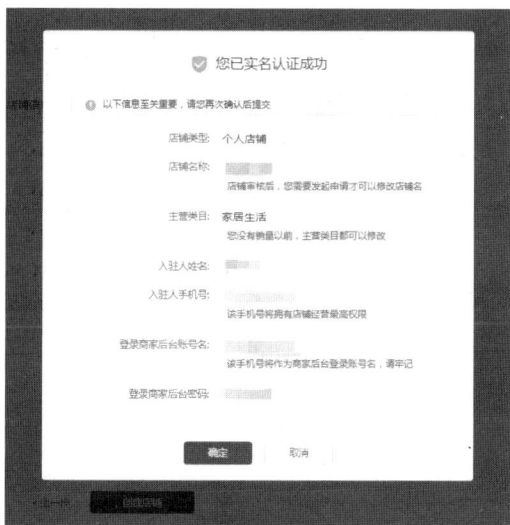

图 2-63　信息认证

任务四　在社区团购开设店铺

2020 年，社区团购似乎成为一个大风口。随着新冠疫情逐渐得到控制，社区团购平台的发展也逐渐趋于理性和成熟，现在社区团购的知名度越来越高，越来越多的电商平台都开始了自己的社区团购之路，不少大平台还获得了大规模的融资。社区团购对于创业者来说也是非常友好的，这在于它的低门槛和可复制性。

设立社区团购店必须先添加一个社区团购平台，一般需要添加一个知名度大的社区团购平台。在挑选好社区团购平台以后，就需要去平台的官方网站查询有关的团长添加信息，掌握添加平台的实际流程及其需要的标准。依照添加平台流程，提前准备添加平台需要的材料，一般平台会有相对应的工作人员来承担团长添加的有关工作。只需达到添加平台的标准，那么设立社区团购店也就顺理成章。

一、社区团购平台的分类

1. 多多买菜

多多买菜是拼多多旗下的社区团购平台。2020 年 8 月，多多买菜正式上线，首批试点城市为武汉和南昌。

仅用一个月的时间，多多买菜已基本覆盖湖北省地级市，包括武汉、鄂州、黄冈、黄石、荆门、荆州、随州、咸宁、孝感、仙桃、天门、潜江等；随后又进入西北、华北等地，在西安、济南登录。

2. 美团优选

美团优选是美团旗下的社区团购平台，于 2020 年 8 月成立，首先是以济南、武汉两个城市作为试点，并且快速下沉至山东、湖北各地级市。美团优选作为互联网巨头旗下平台，打法却与多多买菜截然不同，一上线就和当地其他平台打价格战。

二、社区团购平台开设流程

现在美团优选在社区团购市场上的占有率还是比较高的，很多用户都会使用美团优选购物。因此，我们选择美团优选平台讲解开设申请流程。

(1) 进入美团之后，点击首页的美团优选，如图 2-64 所示。

(2) 进入美团优选界面，点击"我的"按钮，进入"我的"页面，如图 2-65 所示。

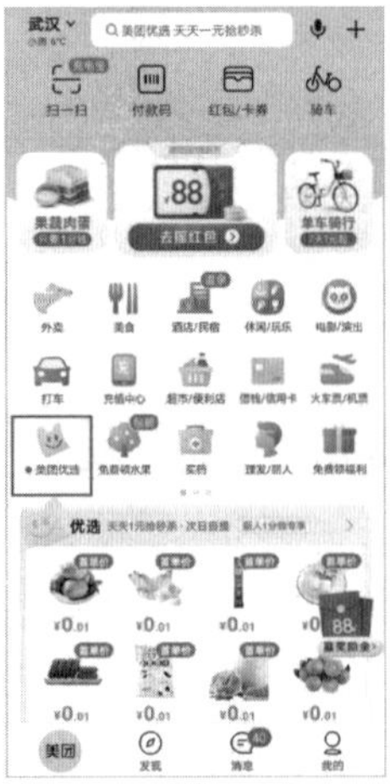

图 2-64　美团首页 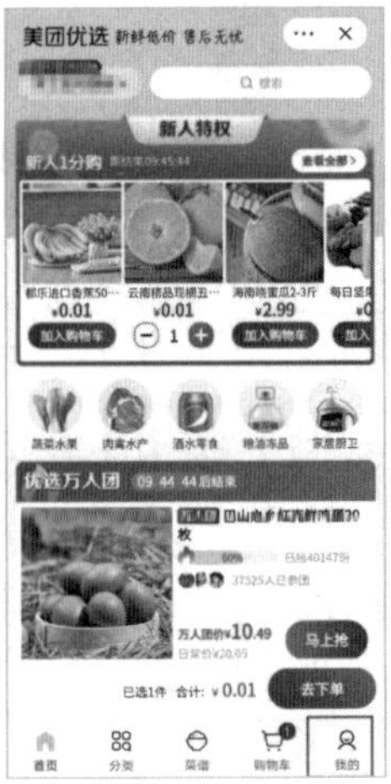　　　　　图 2-65　美团的个人界面

(3) 进入美团优选"我的"界面之后，选择"加入我们"，如图 2-66 所示。

(4) 进入之后，点击"我要加入美团优选"按钮，填写信息之后，进行报名。报名成功之后，就加入美团优选了，然后根据需要使用，如图 2-67 所示。

图 2-66　加入我们

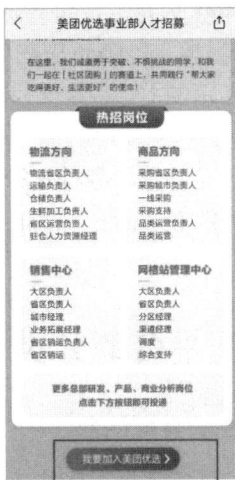

图 2-67　加入美团优选

一般人加入都是申请的团长，主要负责菜品的统计、领取、分发。

美团优选的社区团长主要负责社群的运营、平台的推广、用户自提，做好相关的用户服务，提高商品销售量。如果想要成为美团优选的团长，首先，要明确美团优选的业务范围，有没有在自己所在城市开展业务；其次，团长有没有建立 100 人以上社群的能力；最后，社区团长有没有作为商品自提点的实体门店。

如果你有门店、微信群和相关经营资质等社区资源，那么就可以选择以团长的身份加入，团长可以通过"社区团长申请服务"微信公众号提交相关信息，主要涉及身份证、营业执照和门店信息。

任务五　在直播平台开设店铺

直播带货、短视频带货成为视频新时代的电商重要商业模式，目前头部网红主导市场，凭借超级流量，网红直播兼具品牌宣传、销售双重功能，但也存在费用高、留存低、复制难等瓶颈。未来，直播带货作为新流量时代的常规工具，将逐渐回归商品销售本质，随着行业的标准化，从网红带货到全民带货、从信任主播到信任商品，是未来发展的主要方向。在内容营销崛起的背景下，以抖音、快手、淘宝直播为代表的 App 活跃用户快速增加，品牌方通过社交媒体引流至电商平台实现销售转化。但是头部网红、关键意见领袖(KOL)目前处于流量垄断地位，费用率居高不下，品牌企业除品牌宣传需求外，难以长期将其作为主打销售渠道合作。网红利用高流量资源尽可能多地寻找优质商品并提高折扣水平，这一过程过于依赖网红选择商品能力和消费者冲动购买心理需求，并不能长期减少信息不对称问题(反而容易加大)。随着新技术的普及、平台流量分发算法优化、高质量直播人才的培育，直播电商将逐渐从网红带货走向全民带货。

2019 年直播电商总规模已达 4338 亿元，同比增长 210%，直播电商占整个电商规模的比重达 4.4%。2019 年淘宝直播预估实现年成交总额 2500 亿元，占比达 58%，抖音直播估计成交总额 400 亿元，快手直播估计成交总额 350 亿元。预计 2020 年，直播电商行业保持 100%以上高增长，阿里巴巴剑指 5000 亿元，抖音、快手均把 2020 年成交总额目标上调至 2000 亿元以上。巨头发力和新兴势力爆发，直播电商占线上销售的渗透率正加速提升。

随着直播技术的进步，各行业开始入局直播，其中电商行业走在最前列。如今做电商直播已经成为一种常态，而在 2021 年，做电商直播主做内容还是主做电商，还要看直播平台的属性。

一、直播电商平台的分类

1. 以电商为主的直播平台

以电商为主的直播平台以淘宝为首，主要是通过在电商平台上开通直播间，引入内容创作者，直播类型是以电商为主，直播为辅。

公开资料显示，淘宝直播 2020 年直播数超 2 589 万场，全年上架商品数超 5 000 万件，淘宝直播成为首个爆发式新经济。电商直播平台的头部主播是以李佳琦、薇娅为代表的淘宝直播达人。

做电商的商家多在电商平台上做直播，而主流电商直播平台就是淘宝。当然，了商家可以在自己所在的电商平台做直播，只要有直播功能即可。

2. 以内容为主的直播平台

以内容为主的直播平台以抖音和快手为主，主要是通过接入第三方电商平台来布局直播+电商的运营模式，直播类型是以直播内容为主，电商为辅。

抖音的数据显示，在 2020 年上半年，抖音主播直播共计 5531 万场。内容直播平台的头部主播以罗永浩为代表。

品牌利用内容直播平台，通过"短视频+直播" 方式打造爆款，从而打造新的营销推广渠道。

电商直播平台目前以上述两种为主，而这两种主要以"淘抖快"三大直播平台为主，然而随着进入者的不断增加，直播平台的场内竞争也会随之加剧。

二、抖音小店开设流程

截至 2025 年 3 月，抖音活跃用户达 10.01 亿；小红书定位相对高端(一、二线用户占比超 70%)，月活跃用户达 3.39 亿；B 站是针对"Z 世代"的文化社区，月活跃用户达 3.68 亿。2019 年全年短视频增长一枝独秀，成为活跃用户规模增速最快的细分领域之一，活跃用户规模逼近在线视频的 2 倍。尽管以 BAT 为首的大批从业者鱼贯而入，但视频领域综合平台竞争 G2 格局已显现，抖音和快手霸主地位稳固。从用户年龄段分布看，各平台用户年轻化特征明显，30 岁以下用户占比均超过 65%。下面我们以抖音为例讲解抖音小店的开设流程。

1. 登录账号

使用电脑浏览器(建议使用谷歌浏览器)访问 https：//douyinec.com/，单击商家入驻，选择境内商家，然后进行账号登录，建议使用手机接收验证码进行登录，如图 2-68 和图 2-69 所示。

图 2-68　抖音小店入驻官网(1)

图 2-69　抖音小店入驻官网(2)

2. 选择主体类型

根据营业执照类型选择相对应的主体类型。需要注意的是，主体类型一旦选择，认证后无法修改，一定要选择符合要求的主体类型，个人身份证是无法入驻的，如图 2-70 所示。

3. 填写主体信息

按照系统提示填写主体内容信息，包括营业证件信息，经营者信息或法定代表人信息，个体工商户商家需提供经营者信息，企业商家需提供法定代表人信息。需要注意的是，在上传材料的时候，需提供三证合一的营业执照原件扫描件或加盖公司公章的营业执照复印件，确保未在企业经营异常名录中且所售商品在营业执照经营范围内，并且距离有效期截止时间应大于 3 个月，确认无误后，单击"下一步"按钮，如图 2-71 所示。

4. 填写店铺信息

主体信息正确填写后，进入店铺信息填写，店铺类型中的普通店、专营店、专卖店及旗舰店，区别仅在于对品牌资质的要求，无其他功能区别，如图 2-72 所示。

图 2-70　选择主体类型

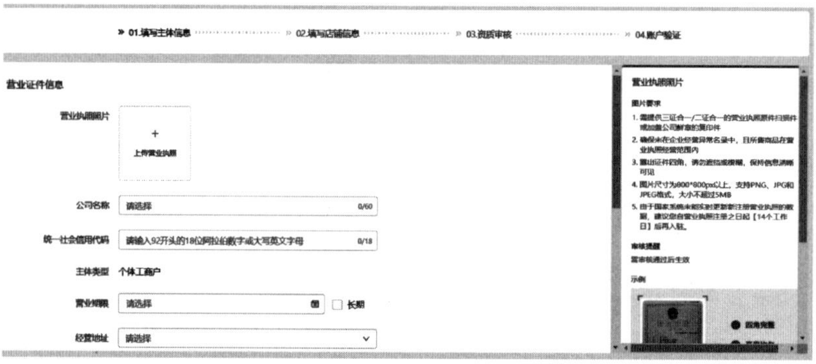

图 2-71　填写主体信息

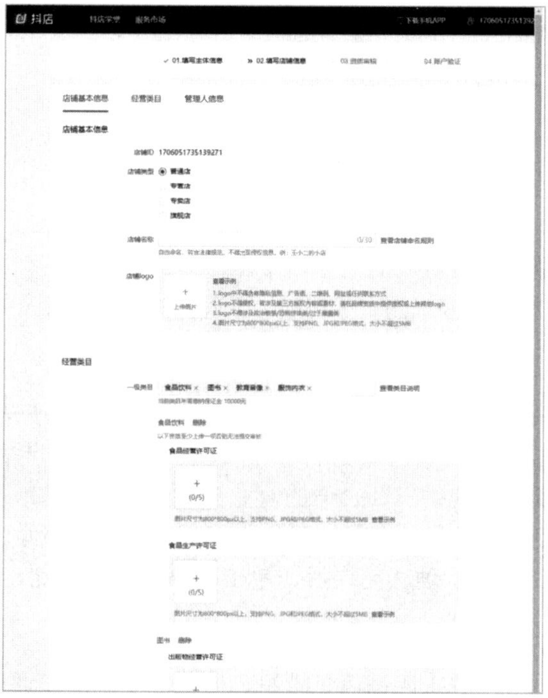

图 2-72　填写店铺信息

5. 资质审核

单击"提交审核"按钮后，请耐心等待。审核时间为 1～3 个工作日进行，也可以登录抖店后台持续关注审核状态，同时会有短信通知审核状态。审核状态包括以下两种。

1）审核通过

资料信息审核通过，可以进行账户验证操作。

说明小店已通过资质审核，按照后台提示继续通过账户验证后，完成保证金缴纳就可以正常营业，待缴纳保证金为××××元。

2）审核不通过

资料信息审核未通过，可以修改资料后重新提交，如图 2-73 所示。

图 2-73 资质审核

6. 账户验证

审核通过后，会直接进入账户验证界面，目前支持以下两种验证方式：实名认证、打款验证。

1) 实名认证

填写经营者/法人个人名下的银行卡号，输入银行预留手机号+验证码。

2) 打款认证

填写企业对公银行卡号、开户银行、开户支行所在地、开户支行名称，如图 2-74 所示。

图 2-74 打款认证

7. 缴纳保证金(完成入驻)

单击"立即缴纳"按钮，跳转至"资产—保证金"页面，单击"充值"按钮，根据"应缴金额"，输入充值金额，完成店铺入驻，如图 2-75 所示。

图 2-75 缴纳保证金

课 后 作 业

(1) 进入店铺招商页面，仔细了解店铺申请的每个细节。

(2) 进入淘宝(天猫)后台，深入了解并尝试操作淘宝店铺后台的每一项功能。

(3) 使用淘宝助理的宝贝发布功能并了解其他功能使用。

(4) 使用千牛卖家版 PC 端和移动端，分别了解其功能应用

(5) 进入京东招商界面，深度了解京东 POP 模式和自营模式及区别。

(6) 进入京东官方平台，深度了解京喜合作并分析其优点、缺点。

(7)　进入京东国际，分析京东国际运营模式的优点、缺点。

(8)　进入拼多多商家入驻后台，了解个人店和企业店的申请流程。

(9)　开设个人商家店铺，深度了解拼多多商家的后台功能。

(10) 在拼多多商家后台发布商品，并熟悉平台规则要求。

(11) 了解目前互联网上社区团购平台有哪些及它们之间的区别。

(12) 了解多多买菜、美团优选店铺入驻资质及流程要求。

(13) 尝试分析 2024 年社区团购的趋势发展。

(14) 进入抖音小店入驻后台，了解入驻资质要求及开设流程。

(15) 尝试开设抖音小店，了解商家后台使用工具。

(16) 分析其他直播电商和抖音直播电商的区别。

项目三
网店视觉设计

【项目导入】

在电子商务时代，消费者感知网络商品最直接的渠道就是网络店铺的图文、视频。消费者在没有经验的情况下，初次购买网络商品，与其说是为商品买单，不如说是为商品文案和店铺客服水平买单。纵观网络上绝大多数成功店铺，究其成功的本源，几乎都与店铺装修文案有着密不可分的关系，因此店铺的视觉设计装修工作对店铺成长有着至关重要的作用。

福建省宁德市霞浦县的王某经过对各类电商平台开设流程的学习，对目前各类电商平台开设有了一定的了解。店铺开设之后要进行店铺装修，在互联网多元化的今天，店铺视觉装修设计占据重要地位，王某目前不了解这一部分专业知识，下面我们将围绕网店视觉设计进行讲解。

【项目分析】

- 学习并了解拍摄与美化商品图片要求
- 学习并了解网店首页设计标准要求
- 学习并了解网店详情页设计标准要求
- 将课程内容与思政教育融合，实现课程思政
- 将中国传统元素植入课堂教学，培养学生的民族自豪感和爱国之情

任务一　拍摄与美化商品图片

拍摄商品图片是确定网店产品定位之后的环节。真实、清晰和美观的商品图片是达成交易的重要保证，创意图片更是提升商品点击率、提高店铺流量、强化消费者黏性的重要手段。

一、认识拍摄设备

商品拍摄设备最重要的就是相机。目前一般都是使用数码相机，常见的数码相机有单反相机、微单相机、卡片相机、长焦相机等，如图 3-1～图 3-3 所示。拍摄商品并不一定需要顶级数码相机，现在有些手机也可以拍摄出高清、精美的图片，而且有些硬件的缺陷可以通过打光布景、拍摄经验和技巧来变通，可以通过图片后期处理来弥补。

图 3-1　佳能相机　　　图 3-2　松下相机　　　图 3-3　佳能卡片机

(一)了解网店拍摄相机

受显示器的显示精度限制，高像素照片在显示器上并不能呈现纤毫毕现的效果，因此拍摄网络照片对像素的要求并不高，选择数码相机时，像素并不是最重要的参考条件。只要达到以下几个条件，这样的数码相机即可基本满足拍摄网店商品的要求。

1. 感光元件

成像感光元件类似于"胶卷"，是数码相机的核心，也是购买数码相机最重要的参考条件。感光元件的尺寸比像素高低更重要，当然，感光元件尺寸越大，成像效果越好，像素一般也越高。

2. 手动模式(M 档)

照片成像质量的好坏与曝光量有关，即取决于应该通过多少光线才能够使感光元件得到清晰的图像。数码相机都是用内置曝光计来测量光量，而数码相机的自动模式的内置设置是在通常的情况下相机根据环境自动调节，很多情况下达不到专业摄影的效果，此时需要使用手动模式根据现场来手动调节快门速度、光圈大小、ISO 及曝光补偿等参数，调节曝光达到更好的成像效果。

3. 微距模式

微距功能的标志一般都用"郁金香花"来表示，主要作用就是拍摄微距和特写，最大限度地表现物体的细节部分，从而把商品细节放大呈现给顾客，让消费者可以更加细致地了解商品，以提高消费者信任度。

如果数码相机满足了上述条件：具备手动拍摄模式、微距拍摄模式以及较大尺寸的感光元件，那就基本可以满足拍摄商品的需求。当然，专业拍摄还会用到摄影棚等专业拍摄布景场所和设备，以达到更加完美的效果。

(二)选择照明设备

自然光的易变性导致在摄影时必须考虑摄影灯照环境的问题，因此摄影灯对拍摄商品显得极其重要，而拍摄商品对时间、空间和环境的要求又有一定的不确定性，导致拍摄商品大部分都会在室内进行，而室内拍摄时灯光效果必不可少。

摄影灯根据光的特性可分为：持续光源和瞬间光源两种。

持续光源即常亮灯，其效果为所见即所得，便于测光和拍摄。但是持续光源由于其高度较低、光效较差，在专业摄影时效果并非很理想。摄影灯一般会搭配柔光箱、标准灯罩、蜂窝罩等设备。

瞬间光源，即闪光灯，通常闪光灯具有专业的色温、足够的光强、光衰现象少等优点，因此其被专业摄影广泛应用。大部分相机都在机身上配有闪光灯，单反相机上配有热靴装置，可以加装机顶式闪光灯。摄影棚中还必须配备集闪光灯和造型灯于一体的影室灯，它可以通过安装引闪器与相机的热靴接口实现同步闪光。图 3-4 为相机上的按键，图 3-5 为补光灯。

图 3-4　相机按键

图 3-5　补光灯

(三)选择摄影附件

拍摄商品不仅需要数码相机和摄影灯具，还需要摄影附件的配合才能达到最好的效果。摄影附件包括：反光板、灯架、三脚架及摄影台和背景等。

1. 反光板

反光板提供柔和的散射反射光，也可对被拍摄物品的阴暗部进行补光。

2. 灯架

灯架用于支撑柔光箱、灯源等器材，可以对灯的方向等进行调节，是拍摄必备的器材之一。

3. 三脚架

三脚架是用于固定相机，保持相机曝光时稳定性的辅助摄影器材。在拍摄过程中，利用三脚架可以减少相机震动，拍摄出清晰的照片。

4. 摄影台和背景

很多新手在拍摄商品的时候，往往忽略背景，只求商品本身拍得清晰，等到图片美化时才发现，抠图太费工夫。为了避开这一不必要的环节，在拍摄时可以根据商品的颜色、材质等属性，选择一种合适的背景进行拍摄，这样可以做到事半功倍。常见背景附件有背景纸、全棉背景布、植绒背景、无纺布背景等，主要用于衬托主体，不能喧宾夺主，不能太过花哨，以简洁为主。

摄影台是用于放置被摄商品的桌台，其能提升摄影效果，是静物摄影中相当重要的附件，如图3-6所示。拍摄时摄影台结合摄影背景的搭配，能拍摄出效果更佳的商品图片。

图 3-6　摄影台

二、拍摄网店商品

(一)认识摄影构图

网店上的商品若只靠语言描述，而不对产品进行全方位的展示，将无法吸引顾客。网店需要拍摄出细致、完美的照片才能更好地表现丰富多彩的商品。摄影构图是指拍摄者根据特定主题和美学原理，在画面中安排和处理好画面元素及元素间内在的关系和位置。

常用的摄影构图方法包括：对角线构图、井字构图、垂直式构图及对称式构图等。

模特展拍时则要考虑景别因素，景别即指镜头涵盖的区域范围，或者说被摄对象在镜头中的相对大小。商品摄影中最常用的景别为：特写、近景、中景、全景。

1. 对角线构图

对角线构图是指把主体安排在对角线上或通过聚光灯照射主体,能有效利用画面对角线的长度,同时也能使陪体与主体发生直接关系。这种构图方式的呈现富于动感,显得活泼,容易产生线条的汇聚趋势,吸引人的视线,达到突出主体的效果,如图3-7所示。

图 3-7 对角线构图

2. 井字构图

井字构图法又称"三分法",是从黄金分割中引申出来的,画面呈"九宫格"分布,将拍摄主体或重要景物放在"九宫格"交叉点的位置上,"井"字的四个交叉点就是拍摄主体的最佳位置。一般认为,右上方的交叉点最为理想,其次为右下方的交叉点,但也不是一成不变的。这种构图格式较为符合人们的视觉习惯,使拍摄主体自然成像,如图 3-8 所示。

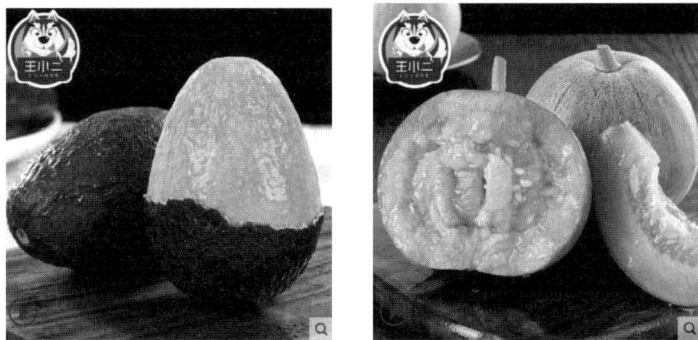

图 3-8 井字构图

3. 垂直式构图

垂直式构图是将拍摄主体呈竖向摆放的构图方式。这种构图方式给人庄重、严肃的感觉,多用来表现有垂直的线条或者外观修长的主体,能充分显示拍摄主体的高大,如图 3-9 所示。

4. 对称式构图

对称式构图是指所拍摄的主体在画面正中垂线两侧或正中水平线上下对称或大致对

等，从而使画面具有布局平衡、结构规矩和稳定等特点，如图 3-10 所示。

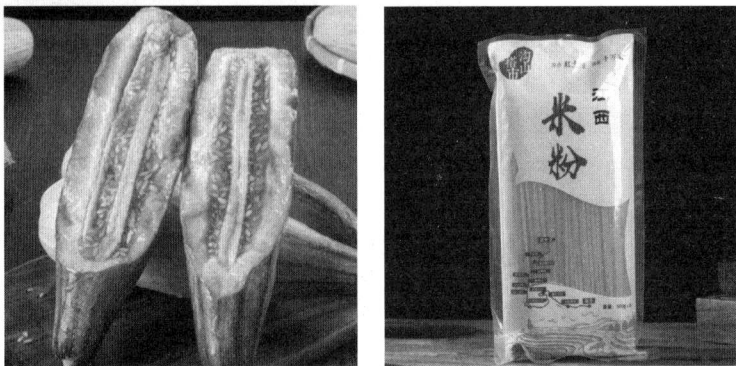

图 3-9　垂直式构图

图 3-10　对称式构图

摄影构图依据每个人的习惯和方法的不同也各有不同，但最重要的是情景交融，让画面具有生命力和感染力，从而吸引顾客。

(二)布置摄影用光

光源调整涉及数码相机内置参数与环境光源的布局。数码相机内部参数设置包括光圈、景深、曝光补偿及白平衡等。数码相机是通过镜头和感光元件共同工作的，当适量的光通过镜头到达感光元件成像时即可得到曝光正确的照片；反之，如果光量过多或者光量过少，就会产生曝光过度或者曝光不足。

1. 合理使用光圈

光圈代表数码相机镜头孔洞开启的大小，光圈越大，进光量越多；光圈越小，进光量越少。通常用光圈值"f"来表示光圈的大小，光圈值与光圈大小成反比，即 f 数值越大，则光圈越小，如图 3-11 所示。

2. 正确控制景深

景深是指在镜头聚焦调节中所能清晰成像的最远部分和最近部分之间的距离，光圈和景深有密切关系，通过调整光圈的大小可以直接控制景深。当景深小时，对焦点区域清晰，其他区域模糊；当景深大时，前后都清晰，对焦点区域更清晰。

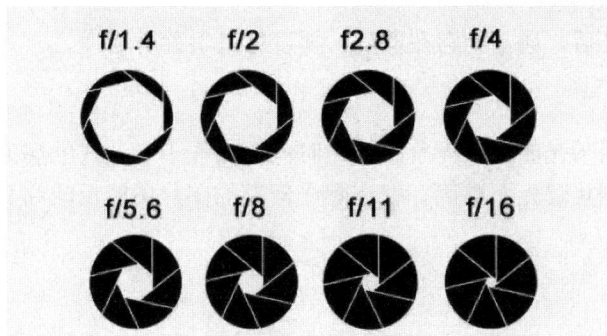

图 3-11 光圈

决定景深的三个基本因素如下。

(1) 光圈：光圈大小与景深成反比，光圈越大，景深越小。

(2) 焦距：焦距长短与景深成反比，焦距越大，景深越小。

(3) 物距：物距大小与景深成正比，物距越大，景深越大。

利用手动模式，通过对光圈的调整，就能拍摄出具有远近层次和虚实效果的照片。

3. 设置白平衡模式

白平衡是指感光元件还原白色的能力。物体成像由物体反射光源形成，受光源色彩的影响极大，在特殊情况下数码相机不能准确还原白色，为了使最后拍出的照片能还原被拍摄物体正确的色彩，数码相机可以根据光源来调整色彩。

数码相机内置白平衡包括：日光、阴影、阴天、闪光灯、荧光灯、钨丝灯及手动调节等。手动调节色温数值时，一般调节范围为 2 500~10 000K。通过手动设置白平衡能更好地还原被拍摄物品的色彩。

手动设置白平衡不需要数码相机对准参照物聚焦，只需要把数码相机改为手动对焦模式，将镜头设置为无限远对焦方式，然后将白色物品作为参照物完成白平衡调整。

4. 布置拍摄光效

布光的目的是塑造更佳的表现力，在拍摄商品环节中至关重要。根据拍摄环境的不同，布光分为室内布光和室外布光。室内布光对环境的依赖相对较小，可以稳定地控制各个环节，包括亮度、色温、光源方位等。

三、美化商品图片

完成商品拍摄以后，如果直接把这些照片放到店铺里面肯定是无法吸引顾客购买的，必须对商品照片进行修片调整，对图片进行后期处理，使商品以最优质的形象展现给顾客。美化商品图片主要包括：分析商品图片、商品抠图、调整商品图片等后期处理。

(一)分析商品图片

商品拍摄完成之后，通常会存在瑕疵，要进行以下分析处理。

1. 曝光问题

曝光问题是指由于光圈、感光度、快门时间等操作不当造成的影像失真，以及拍摄采光的问题导致商品图片曝光不准确。存在曝光问题的图片不能反映商品的原貌，影响消费者体验。

2. 色差问题

色差问题是指拍摄时环境、光线及商品本身色调等因素，导致拍摄出的图片与实物相比存在偏黄、偏蓝或偏红等色差问题。

3. 污点问题

污点问题是指拍摄环境或商品本身刮擦等因素，导致拍摄的照片出现杂点，使商品本身或背景"不干净"，无法表现商品图片的细节，影响图片的美观。

4. 倾斜问题

倾斜问题是指拍摄商品图片时因大意没有精确把握摄影水平线，导致拍摄出倾斜的图片，需要调整商品图片的角度。

5. 大小问题

大小问题是指由于现在相机像素和感光比较高，图片非常细腻，直接拍摄的商品照片通常不符合网络平台的规定，存在图片尺寸和容量大小的问题。

(二)商品抠图

抠图是图像处理中最常用的操作技能之一，是把图片或影像的某一部分从原始图片或影像中分离出来，为后期营销海报、商品主图、详情页装修作准备。商品抠图根据商品图片背景大致可分为简单背景抠图和复杂背景抠图两种，如图 3-12 所示。

图 3-12　商品抠图

一般抠图工具包括套索工具、选框工具、快速蒙版、钢笔工具等。当背景比较单纯，且背景与商品区分度较大时可以使用魔棒工具或快速选择工具进行商品抠图；当背景颜色不单纯，且商品轮廓比较规则时可以使用选框工具、套索工具等进行抠图；当背景颜色不单纯，且商品轮廓不规则但属于光滑曲线时可以用钢笔工具进行抠图。

(三)商品抠图流程

1. 分拣商品图片

根据图片的呈现状态进行分析，确定商品图片是属于简单背景商品图片还是属于复杂背景商品图片。

2. 设计具体处理方案

观察商品构图，分析使用相关的抠图方法，确定使用相应工具进行抠图的方案。

3. 运用抠图工具进行抠图

在 Photoshop 软件中运用抠图工具进行方案实施，完成商品抠图操作。

(四)简单背景抠图(以魔棒工具为例)

(1) 打开商品图片。启动 Photoshop 软件，双击空白处，弹出"打开"对话框并打开图片文件。

(2) 选择魔棒工具。选择工具箱中的"魔棒工具"，设置魔棒属性"容差"参数为20，单击背景，商品图像周围生成选区，右击，在弹出的选项卡中选择"反向选择"选项，将选区反选(反选选区组合键：Shift+Ctrl+I)，如图 3-13 所示。

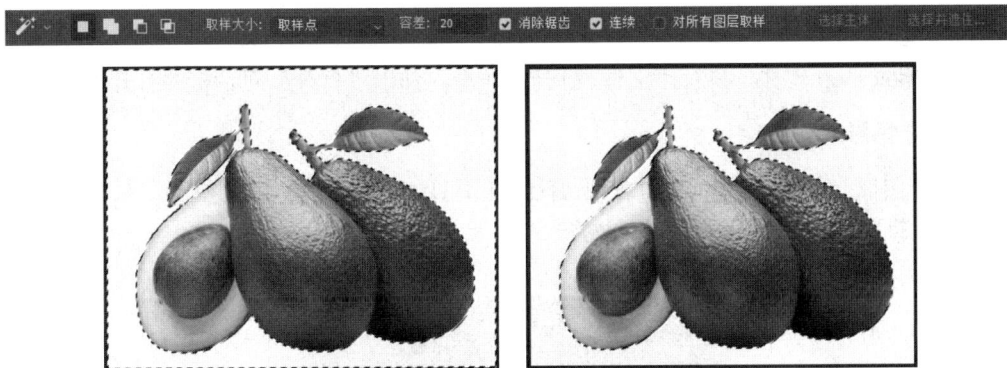

图 3-13　魔棒选择

(3) 保存图像。复制选区图片(组合键 Ctrl+C)，执行"文件 | 新建"命令，或按组合键 Ctrl+N 新建文档，设置背景透明，然后粘贴图像(组合键 Ctrl+V)，最后将图像保存为 PSD 格式和 PNG 格式文件。

(五)复杂背景抠图

(1) 打开商品图片。启动 Photoshop 软件，按组合键 Ctrl+O，弹出"打开"对话框并打开图片文件。

(2) 钢笔工具抠图。选择工具箱中的"钢笔工具"，绘制路径并调整控制点。

（3）转换路径为选区。调出"路径"面板，选择目标路径，单击"将路径作为选区载入"按钮或 Ctrl+回车键，将路径转换为选区。

如果路径绘制不够光滑或者不够精确，可以在清除背景时设置羽化值来柔化边缘(羽化组合键：Shift+F6)，如图 3-14 所示。

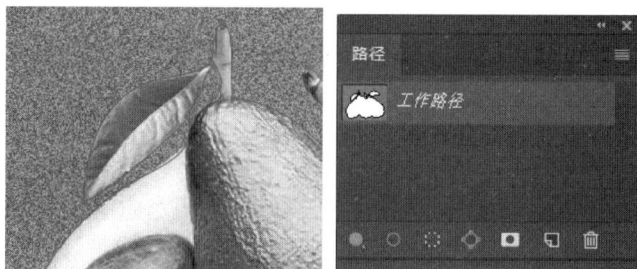

图 3-14　载入选区

（4）保存图像。先复制图像，按组合键 Ctrl+N 新建文档，设置背景透明，按组合键 Ctrl+V 粘贴商品图片，保存为 PSD 格式和 PNG 格式文件

(六)调整图片色彩和亮度

色彩和亮度决定了图片成像的效果。曝光和光效的问题常常会导致商品图片最后曝光不准确，或者色彩存在色差，可以通过 Photoshop 软件对图片进行相应的调整，以保证商品图片的最佳显示效果。

1. 打开商品图片

启动 Photoshop 软件，执行"文件|打开"命令，弹出"打开"对话框并打开商品图片。

2. 调整色彩

执行"图像|色相/饱和度"命令(组合键 Ctrl+U)，弹出"色相/饱和度"对话框，通过调整相关数据对图片进行色彩调整，如图 3-15 所示。

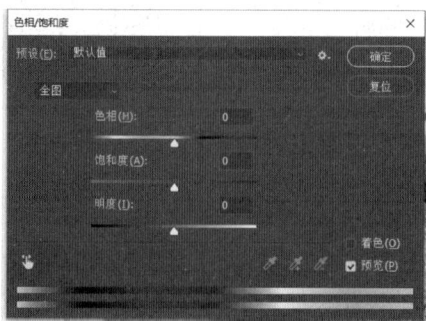

图 3-15　色相/饱和度

"色相/饱和度"命令中的色相就是色彩的颜色，红色色相就是红色，蓝色色相就是蓝色，通过调整可以使图像的颜色在各种颜色之间相互转换。比如，图像是红色的，通过调整可以改为蓝色、绿色等。饱和度就是色彩的鲜艳程度，饱和度越高，色彩越鲜艳，当

饱和度为 0 时，图像呈现灰度图。

除了"色相/饱和度"命令外，"自然饱和度""色彩平衡"等命令同样可以进行色差调整操作，在操作时可以根据使用的熟练程度选择相应命令。

3. 调整亮度

执行"图像 | 调整 | 色阶"命令(组合键 Ctrl+L)，弹出"色阶"对话框，通过调整"输入色阶"值和"输出色阶"值来对图片进行亮度调整，如图 3-16 所示。

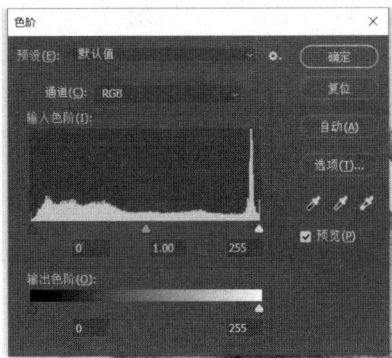

图 3-16 "色阶"对话框

"曲线"和"色阶"同属于"图像 | 调整"子菜单。利用"色阶"命令调整图像的白场、黑场、灰度系数，从而校正图像的色调范围。利用"曲线"命令可以在图像的整个色调范围内(从阴影到高光)进行调整，也可以对图像中的个别色调范围进行精确的调整。

4. 保存图片

处理完图片后，为了便于再次编辑，可以将图像保存为 PSD 格式文件。执行"文件 | 存储"命令，可以存储文件。第一次存储时将弹出"存储为"对话框。输入文件名，设置文件格式后，单击"保存"按钮，即可保存为 PSD 格式文件，如图 3-17 所示。

图 3-17 保存文件

为了便于浏览和使用，也可以另存为 JPEG 格式(与 JPG 同一格式)。执行"文件 | 存储为"命令，弹出"存储为"对话框。设置文件格式为 JPEG 格式，单击"保存"按钮，弹出"JPEG 选项"对话框，设置图像的品质，保存图像，如图 3-18 所示。

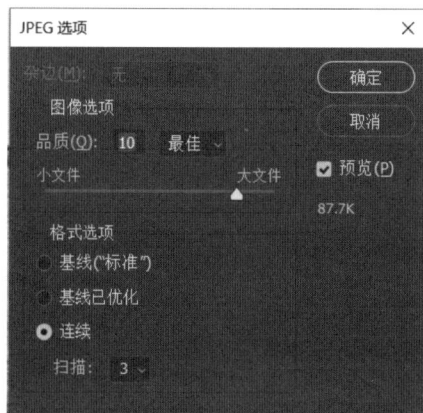

图 3-18　保存选择

(七)调整图片角度修补瑕疵

细节决定成败，有时拍摄环境或商品本身刮擦等因素，导致拍摄的商品图片出现瑕疵，致使商品本身或背景"不干净"。此时可以通过 Photoshop 软件对瑕疵进行修补，以保证商品图片细节的完美呈现。

1. 打开商品图片

启动 Photoshop 软件，执行菜单"文件 | 打开"命令，弹出"打开"对话框并打开商品图片。

2. 利用"自由变换"命令调整角度

双击"图层"面板中的"背景"图层，打开"新建图层"对话框，直接单击"确定"按钮，实现解锁"背景"图层。按组合键 Ctrl+T，激活"自由变换"命令；鼠标指针移动至图片对角线位置，调整图片角度，按回车键确定，如图 3-19 所示。

图 3-19　调整商品角度

3. 调用"修补工具"修补瑕疵

选择工具箱中的"修补工具",保持工具选项栏上的默认设置,在图像窗口中拖曳鼠标圈选污点区域生成选区。选择选区并按住鼠标不放,将选区拖曳到其他干净的选区,松开鼠标,选区中的污点区域即可被干净区域修补,按组合键 Ctrl+D,取消选区,完成修补任务,如图 3-20 所示。

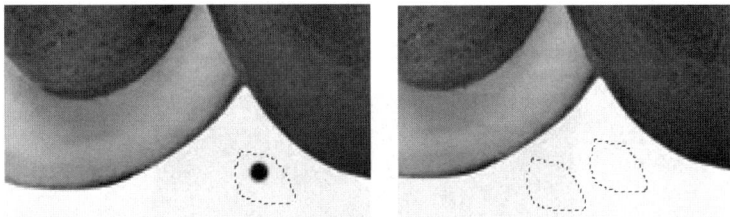

图 3-20　修补瑕疵

4. 其他瑕疵区域的修补

按照上述操作,修补其他污点,直至处理完所有瑕疵。另外,修补瑕疵的工具还有"污点修复画笔工具""修复画笔工具"及"仿制图章"等,要根据具体瑕疵问题选择合适的工具。

(八)调整图片大小

网店的图片展示是根据浏览器分辨率来体现用户体验和网店细节的,受制于显示器显示效果和网速等因素,数码相机拍摄的商品图片非常细腻,色彩空间和分辨率非常高,图片非常大。因此,为了适应网店系统平台要求和给用户最佳浏览体验,需要对图片大小进行调整。

1. 打开商品图片

启动 Photoshop 软件,执行"文件|打开"命令,弹出"打开"对话框并打开商品图片。

2. 利用"图像大小"命令调整大小

观察图片原始尺寸,图片大小为 700 像素×700 像素。执行菜单"图像|图像大小"命令,根据宽度、高度比例调整参数,如图 3-21 所示。

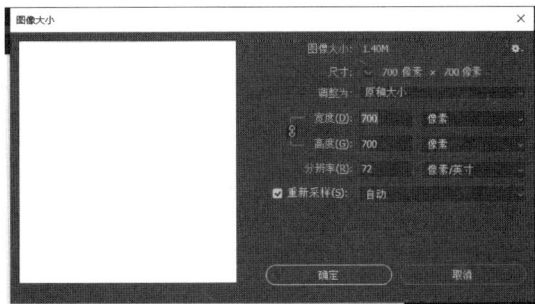

图 3-21　"图像大小"对话框

调整时要观察宽度和高度，先调整比例较低的一项，避免调整后图片出现留白。图像缩放时为了防止长度、宽度比例失真，在操作时需要锁定"约束比例"。同理，"自由变换"操作时，按住 Shift 键的同时鼠标拖曳对角线完成等比缩放。

3. 利用"画布大小"命令调整大小(宽度×高度：700 像素×700 像素)

执行"图像 | 画布大小"命令，弹出"画布大小"对话框，调整画布参数，如图 3-22 所示。

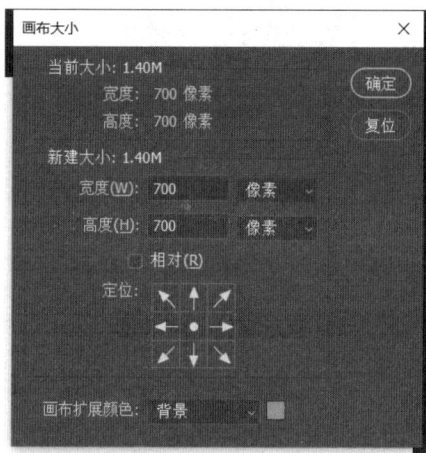

图 3-22 "画布大小"对话框

掌握了商品图片的选图、图片调整方案的设计、抠图、图片色彩的调整、图片瑕疵的修补及图片大小的调整之后，对网店装修的图片后期处理有了一定的基础，如此就可以开始装修网店了。

任务二 网店首页设计

店铺首页装修是网店装修中极其重要的一步，关乎消费者对店铺的感官印象。店铺首页装修包括 PC 端和手机端店铺首页，越来越多的消费者愿意选择通过手机移动端淘宝店铺进行购物，是因为手机移动端店铺所具备的特点给予了他们很好的用户体验，但这些特点并不足以让消费者决定购买，因此还需要对店铺进行个性化且更为具体的设计，对店铺的各个细节进行优化，才能营造出良好的销售氛围，让消费者最终被店铺吸引并购买商品。下面我们以淘宝移动端为主进行讲解，如图 3-23 所示。

手机移动端店铺的显示范围较窄，且在手机移动端进行店铺信息的捕捉时，大多数用户已经习惯于向下方纵向延伸的浏览方式，因此，手机移动端店铺首页没有侧边栏信息条，同样包括店招、优惠券、轮播图片和分类导航按钮等信息，但仍需对其细节进行优化设计，吸引消费者进店消费。目前淘宝不断更新，首页框架升级，取消店招背景，顶部导航上移，因此这里对店招设计不做过多讲解。

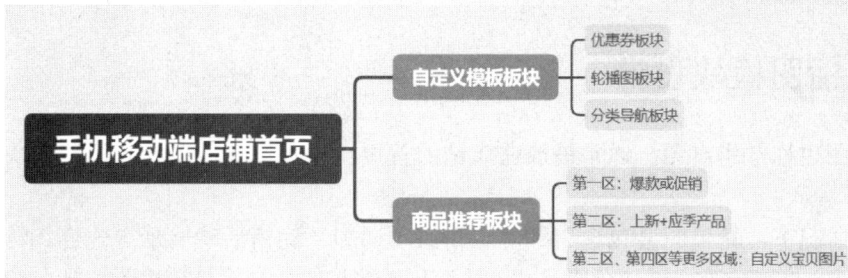

图 3-23 网店首页设计

一、优惠券板块设计

优惠券是用于吸引消费者的一种重要的优惠促销手段，因此通常情况下会被放在店铺首页的开端位置，这样可以在第一时间引起消费者的关注，并让消费者产生进店购买的欲望。因为每个人都希望自己所购买的商品能够物美价廉，所以在商品相同的情况下，参加优惠券折扣活动的商品对于消费者而言更加具有诱惑力。

在进行视觉设计时，一般都将优惠券放在店招或轮播图片的下方，如图 3-24 所示。同时留出足够的空间，使用较为鲜明的色彩，让消费者能够注意到优惠券，只有这样才能真正发挥其引流与促进转化的作用。

店铺中的某些优惠活动也可以被设计成优惠券的形式。有的优惠活动还设计了优惠券按钮，让消费者更有互动参与感。消费者在领取优惠券以后，至少有一件实际的东西——优惠券到了自己手里，此时就会产生"有优惠券不用多可惜"的想法。如果没有优惠券入手，消费者对活动的参与感就会降低，如图 3-25 所示。

图 3-24 优惠券板块设计

图 3-25 参考优惠券设计

在优惠券上添加"立即领取"之类的视觉元素，可以在一定程度上引导消费者的点击行为，相对没有明显按钮引导的优惠券板块而言，有按钮引导时优惠券板块更加丰富操作的提示感。

二、轮播图板块设计

轮播图也称作焦点图，通常被放在店铺的首页，也是第一屏中能被消费者快速看到的位置。

通常情况下，轮播图会包含店铺的上新活动通知、促销活动展示等内容。轮播图内容要尽量简洁，文字清晰，主次分明且达到快速传播的目的，这就是轮播图的要点，如图 3-26 所示。

图 3-26　轮播图板块设计

此外，卖家在设计时也要注意控制好轮播图片的数量，以及展示的先后顺序。一般来说，2～4 张图片轮播展示较为适中，超过 4 张图片会占用消费者过多的时间，让其失去浏览的耐心。

同时既然轮流播放图片，那么肯定有展示的先后顺序。在设计时，卖家可以根据店铺活动的重要程度或先后顺序对轮播图片的位置进行相应的调整。

三、商品分类导航板块设计

通常情况下，在手机移动端店铺首页中，展示完轮播图板块或是优惠券板块后便会出现商品分类导航板块。卖家在设计这个板块时，要注意控制好显示尺寸与比例，使其能够清晰与完整地呈现在消费者面前，起到快速导航作用。

商品分类的按钮要足够明显，设计时要让分类信息能够完整地呈现在消费者面前，让消费者快速了解店铺中的商品分类情况，如图 3-27 所示。

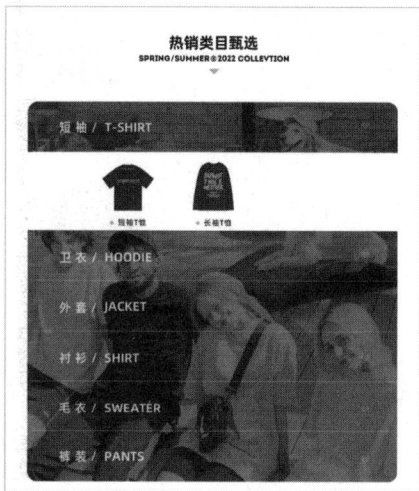

图 3-27　商品分类导航板块设计(1)

四、商品推荐板块设计

在商品分类导航板块之后，便会出现商品推荐板块。与 PC 端店铺首页一致，该板块被分为几个区域，但与 PC 端有足够的空间去装饰与美化商品推荐板块不同，手机端为了迎合目标群体求快速、求便捷的心理，则应尽量简洁，并在第一时间展示商品图片，如图 3-28 所示。

通常情况下，手机移动端店铺首页商品推荐展示会以爆款或促销的商品图片的形式呈现，将全店最受欢迎或最优惠的商品放在第一区，以促进手机移动端店铺的购买能力的转化，如图 3-29 所示。

手机移动端与 PC 端的对比数据表明，就上新的受欢迎程度而言，手机移动端要比 PC 端好，同时季节性营销效果最为明显。也就是说，手机移动端消费者较为关注店铺新品与应季产品的发布，因此在商品分类展示的第二区中可以对新品与应季产品进行展示，如图 3-30 所示。

图 3-28　商品推荐板块设计(2)

除了上述的第一区与第二区以外，还有第三区、第四区……在这些区域中可以根据店铺需求放置不同的商品，例如设置"高端礼盒专区"区域，如图 3-31 所示。但要注意的是，分区不宜过多，过多的分区会导致消费者长时间下拉页面，很可能会使他们失去浏览的耐心，那样位于下方的分类展示便会失去存在的意义。

图 3-29　参考商品推荐板块(1)

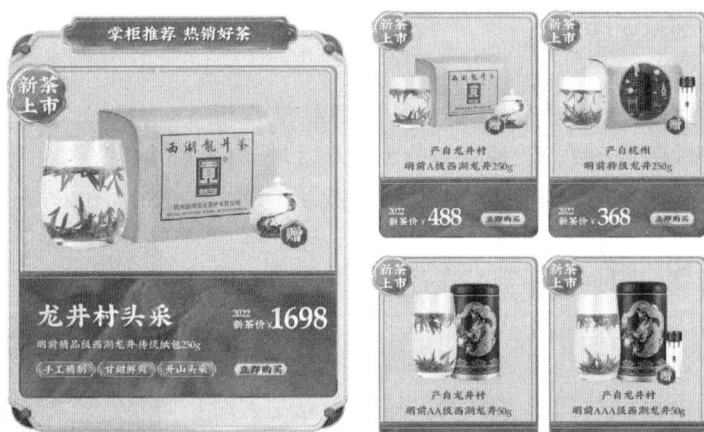

图 3-30　参考商品推荐板块(2)

图 3-31　参考商品推荐板块

任务三 网店详情页设计

手机移动端店铺中的商品详情页与 PC 端商品详情页有着同样的设计思路,在借鉴 PC 端商品详情页的基础上卖家要注意迎合手机移动端的特点,控制好描述文字的尺寸与叙述的简洁程度,否则过小、过密的文字会让手机用户不能很好地接收商品信息,从而造成流量的跳失。下面将详细介绍手机淘宝店铺详情页的设计方法。

一、详情页设计 FABE 原则

简单来说,FABE 是一种通过四个关键环节来解答消费者诉求,且巧妙地处理好消费者关心的问题,从而顺利实现商品销售诉求的消费模式,如图 3-32 所示。

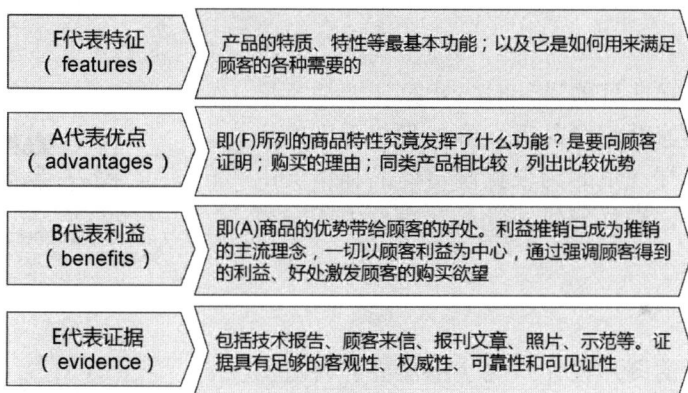

F代表特征（features）	产品的特质、特性等最基本功能;以及它是如何用来满足顾客的各种需要的
A代表优点（advantages）	即(F)所列的商品特性究竟发挥了什么功能?是要向顾客证明;购买的理由;同类产品相比较,列出比较优势
B代表利益（benefits）	即(A)商品的优势带给顾客的好处。利益推销已成为推销的主流理念,一切以顾客利益为中心,通过强调顾客得到的利益、好处激发顾客的购买欲望
E代表证据（evidence）	包括技术报告、顾客来信、报刊文章、照片、示范等。证据具有足够的客观性、权威性、可靠性和可见证性

图 3-32 FABE 设计原则

FABE 作为经典的销售法则,也是可以用于详情页的策划上的,具体方法就是,首先,通过展示产品的关键特征和卖点,吸引买家继续往下浏览;其次,通过展示差异化的优势,进一步让买家对产品产生兴趣;再次,要展示产品能够解决的问题和能够实现的功能、场景,让买家对于产品有更加直观化的印象;最后,通过提供证明,如售后承诺、证书等,打消买家的下单顾虑。

商品详情页的描述相当于实体店中的推销员,过于死板的信息说明就像是推销员的服务态度过于生硬一样,会让消费者感到郁闷与生疏,促使消费者早早关闭页面。因此,在 FABE 原则的指引下,还需要做到以下六点,让商品描述变得更加符合网络的销售环境,从而激发消费者的购买动力。

1. 真实感

在实体店中,消费者可以亲身感受到真实的商品,而网购只能通过图片来展示商品,这时卖家需要模拟实体店的购物模式,保持商品的真实感,才能让消费者更加放心地进行购买。同时,卖家还要保证商品信息描述的真实性,只有这样才能形成好口碑,拉来回头客,如图 3-33 所示。

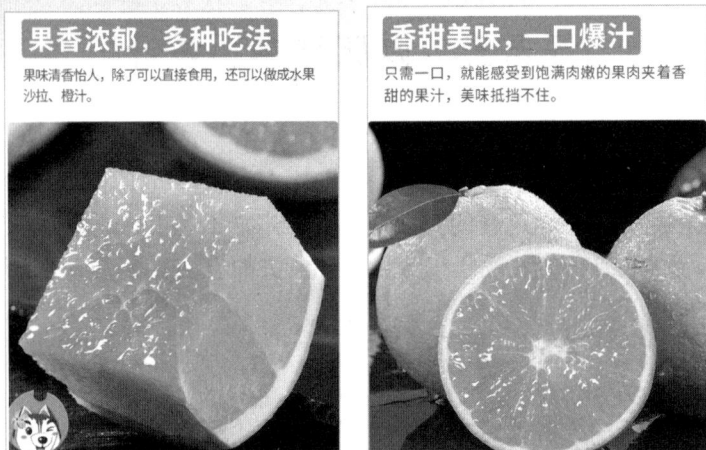

果香浓郁，多种吃法

果味清香怡人，除了可以直接食用，还可以做成水果沙拉、橙汁。

香甜美味，一口爆汁

只需一口，就能感受到饱满肉嫩的果肉夹着香甜的果汁，美味抵挡不住。

图 3-33　真实感展示

2. 逻辑感

在进行商品详情页的设计时，卖家还要注意描述的逻辑感。卖家要将商品受众群体最想看到的信息放置在页面顶端，以此为依据确定商品详情页中信息的先后顺序，最终形成视觉漏斗模型中所表现的逻辑关系。

3. 亲切感

充满亲切感的图片设计与文字描述能够营造出一种轻松、愉快的购物氛围，拉近消费者与卖家的心理距离，就像是一名温和而又有耐心的推销员，亲切的服务态度能让消费者放下戒备心理，如图 3-34 所示。

橙子变身小贴士

是橙佳品/小橙大爱

高山果园种植，果子由于成熟时间不同，外皮颜色由青逐渐变黄哦~但是同样香甜多汁哦~

头茬　青黄色　　11月　全黄

图 3-34　亲切感展示

4. 对话感

作为虚拟的营业员，商品描述要具有对话感，这样不仅能够解决消费者的疑问，还能让消费者获得身临其境的购物体验，在深入感受商品的同时也提高了购买的可能性。

5. 氛围感

消费者在无形之中或多或少地都会有"凑热闹"的心理，看到某件商品有很多人买便想去看个究竟，或者自己也想跟风购买，这一点对于冲动型消费者来说尤其明显。因此，卖家在设计商品详情页时，需要营造很多人都在购买的卖场气氛，这样的氛围会带动消费者形成购买冲动。

6. 正规感

正规与规范带来的是信赖感与可靠感，因此商品详情页中也不能忽略各种认证证书等能够证明商品正规的凭证等信息，如图 3-35 所示。

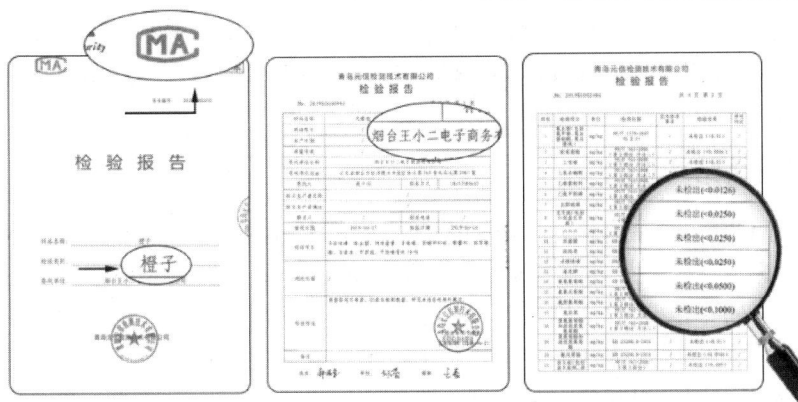

图 3-35　正规感展示

二、详情页设计装修逻辑

详情页是绝大多数淘宝买家进入商家的第一个页面，因此其页面设计的重要性可想而知，好的详情页是促进店铺转化率、提升客户浏览深度的关键所在。为了做好详情页，各商家几乎绞尽脑汁，尽管目前店铺详情页装修已经开始实行模块化管理的思路，并且明确了各大模块内容和顺序，但作为店铺初级运营人员还是需要对详情页的设计逻辑有所认知。

(一)详情页设计前期准备

1. 确定风格和色调

详情页的风格和色调要与产品定位相吻合。详情页的整体调性要和产品定位一致，比如，如果目标人群是小清新的文艺青年，那么详情页应该以橙色或者绿色为主；如果是卖男士皮带或者男士手表，那么详情页整体色调应该以深色或者黑色为主，才会显得更加高端大气，符合产品人群的审美。如果卖的是高端的产品，但是详情页整体风格和调性却做得土里土气，和自身产品的定位不一致，那么详情页就无法发挥帮助转化的作用。

2. 确定产品卖点

产品卖点的展示要主次分明，富有层次感。这是很多人都容易忽视的地方，大家往往想把自己产品的所有优点都表达出来，会用很多的文字或者图片来展示自身产品的卖点，这往往会让详情页或者主图上的内容过于冗长，并且没有重点，消费者看了之后可能一个都记不住，因为没有重点，没有主次之分，反而会适得其反，让消费者觉得厌烦。因此，产品卖点的展示一定要有重点，要有主次之分，把最重要的几个卖点和消费者最关心的一些信息体现出来就可以了。一般来说，产品卖点匹配在 5 张图即可。

3. 卖点—文案—图片匹配

详情页一般都是一个卖点配一张图片,因此你的卖点不仅要和文案对应,也要和图片匹配才行。如果要体现加工过程,那么最好就用工人加工的图片来展示,这样更加真实,也更加生动形象。

(二)详情页结构设计

海报图为 1 屏、产品信息为 1 屏、卖点展示为 5~6 屏、产品展示为 4~5 屏、注意事项为 1 屏,这些结构一般是详情页必须要具备的。一套详情页一般在 12~14 屏就足够了,多了容易在手机上加载很慢,这个长度也足够表达出一个产品所需要展示的信息了。"屏"就是屏幕的意思,现在大家都是用手机购物,因此,详情页图片的尺寸基本都是和手机的屏幕大小比例是相同的。我们把一张图就叫作一屏。一般来说,第一屏基本就是产品的海报图,也就是整体体现产品的图片,接着就是产品信息、卖点展示、产品展示和注意事项等。

(三)详情页脚本设计

当把前文两个内容都准备好之后,可以按照图 3-36 的方式把每一屏具体的文案及图片拍摄思路都做成脚本,方便设计师设计。做好这一步,一套详情页的设计就已经完成了,剩下的工作就是和美工设计师沟通调整详情页了。

	屏数	文案内容	图片设计
	A	B	C
1	屏数	文案内容	图片设计
2	1	甜心鲜橙 肉质鲜嫩	
3	2	商品信息	
4	3	环境优美,远离城镇,阳光充足,降水量丰富,从枝头到您手中,我们用心呵护,只为给您新鲜美味的果子	

图 3-36　详情页脚本设计(部分)

三、详情页设计误区

在设计商品详情页时要注意避免以下几个误区,把握好描述设计的尺度是促成消费者购买的重要前提。

1. 切忌密不透风的文字说明

卖家根据自己的定义、感悟对店铺中的服务与商品等信息作出原创说明，能让消费者更加真切地了解商品，但需要注意的是，这些说明文字不能密密麻麻，因为文字的堆砌很可能让消费者失去阅读的耐心。

2. 海报宣传须凸显商品的真实性

卖家在设计商品详情页时，在页面的顶端可以采用海报宣传图片进行铺垫，使消费者对页面有进一步浏览的兴趣。在此之后便需要添加更为真实的商品图片，以确保体现商品描述的真实感，让消费者可以身临其境地感受和了解商品，如图3-37所示。

图 3-37　凸显商品的真实性

3. 注意控制商品与关联销售商品图片的数量

对消费者的调研表明，过多的图片及与商品内容无关的信息是消费者很不喜欢的视觉元素，因此，卖家只有控制好图片比例，才能更好地留住消费者。

如果卖家在商品详情页中插入了过多的与商品信息无关的关联商品图片，不仅可能影响加载速度，也无法让消费者及时地看到商品信息。同时，消费者很可能会因为急于寻找商品信息而忽略对这部分内容的浏览，以致起不到引流的作用。一般来说，关联商品图片在3~4张较为合适，且与所销售商品相关或配套的商品更能引起消费者的关注。

4. 根据消费者的页面平均停留时间设计

手机浏览的连贯性不如PC端，同时消费者在页面平均停留时间很短，因此，在设计手机移动端的详情页面时，必须做到简单、直截了当，并且一针见血。

在PC端商品详情页的开端可能会出现"新品推荐""搭配套餐"等信息，这些在手机移动端则显得不那么实用。手机移动端必须在前三屏中便对商品的卖点和重要信息进行清晰描述，每占用一屏的空间便会使消费者多一次滑动操作，且进行了滑动操作后还有可能看不到与商品相关的信息，这样甚至会惹恼消费者，让其失去对商品的购买兴趣，以致造成流量跳失。

如图3-38所示，手机移动端商品详情页面中，前三屏对商品的卖点和重要信息进行了清晰描述，让消费者直接找到自己所需要的信息，减少了店铺的流量流失。

图 3-38　重点信息清楚展现

课 后 作 业

(1)　熟悉相机使用并拍摄商品进行美化处理。

(2)　简述如何对店铺首页进行优化设计。

(3)　假如要为某品牌农产品设计详情页，请简述自己的设计思路。

项目四
网店促销活动

【项目导入】

    农产品的销售需要网店进行促销活动，这样才能获得网店流量，而网店流量的获取与提升，除了可以借助直通车、钻展等付费推广工具及其他引流工具之外，店铺促销活动是另一种不可或缺的手段。店铺活动有三个主要来源：一是所在平台的官方活动，如淘宝的"双11"购物狂欢节、"双12"活动、年货节等；二是店铺自身所经营产品类目官方活动，如农产品店铺会进行"丰收节"活动等；三是店铺自运营活动，如品牌周年庆等。这些活动是网店日常运营的主要营销方式，对店铺流量的提升与转化有着非常重要的作用。

    福建省宁德市霞浦县的王某已经搭建好网店，并且进行了网店的视觉设计，美化装修好了网店，接下来，他要运营他的店铺，因此想学习关于网店促销活动的知识，全面了解之后进行网店促销，从而获取店铺流量，进一步获得店铺销量。下面就让我们一起学习网店促销活动的申报、策划与实施。

【项目分析】

- 了解关于网店促销活动的知识
- 学习网店促销活动的报名流程
- 分析网店促销活动的策划方案
- 学习如何实施网店促销活动
- 具备法律意识，遵循并宣传相应的法律法规
- 具备正确的价值观，弘扬体现社会主义核心价值观的图文作品

任务一 网店促销活动申报

店铺流量是商家生存和发展的源泉,为帮助商家更好地提升流量,淘宝官方组织了各种各样的活动,如"双11"购物狂欢节、"618"年中大促、"双12"活动、年货节、聚划算等,这些活动具有影响力大、流量大的特征,但对商家本身也有严格的要求。

如果商品选款、定价、店铺装修是商家成交的内部基因,店外活动是拉动商家成长的外部动力,那么商家店内活动就是促进销售的内部动力,因此商家在结合外部流量的基础上,适当地配以内部促销活动,能极大提升店铺转化率、客单价,提升整体销量。

一、淘宝官方活动概述

淘宝官方活动是指淘宝官方组织的优惠或促销活动。活动主要在淘宝官方平台专业频道、专题页面展示。由于这些活动拥有广泛的受众群体,因此具有影响力大、流量大的特征,商家适当地参加这些活动可以帮助其提高知名度,促进销量,积累客户,清理库存。

(一)淘宝促销活动类型

淘宝促销活动是很多淘宝卖家经常使用的一种运营手段,淘宝促销活动方案以间接让利的形式给那些需要该产品的固定客户群更多优惠促使成交,也希望可以获得更多回头客户以提高店铺的销量。下面介绍几种常见的淘宝店铺促销活动。

1. 限时打折

限时打折是淘宝店面最常见的促销手段,关键展现方法是在商品一口价的基本上开展折扣设定或是降价,会在商品主图左边价格处立即展现折扣价格。客户在见到产品的情况下,能够第一时间关注到商品的营销价格。

另外,限时打折也会给顾客一种危机感——时间一过,产品便会变得更贵,这也激发了顾客的购买欲望,如图4-1所示。

图4-1 促销活动限时打折

2. 传统节日营销

以"双 11"为例，每年的 11 月 11 日，天猫、京东商城等大中型电子商业网站一般会利用这一天来开展一些规模性的打折优惠主题活动，以提升销售总额度。实际上，便是利用顾客的传统节日消费观念，再加上折扣幅度，进而吸引更多顾客。

3. 满减/满送/包邮

满减/满送/包邮的主题活动，能够设定不一样的选购额度或是产品总数，享有不一样的优惠，刺激了顾客的消费冲动，促进顾客积极凑单，提高了店面的客单量。但是，这一活动不能很形象化地展现在产品价格中，因而商家应设定好优惠促销，在店面和宝贝详情等客户能够见到的地方全力宣传活动，才能够达到预期目标。

4. 首件优惠

价格对于淘宝店面的总流量和转换率是尤为重要的，首件优惠便是一种非常好的价格营销。首件优惠是指一个订单信息中第一件优惠，第二件之上全是正常售价。

设定首件优惠，能够低价吸引顾客入店，比同行业更廉价，更容易吸引顾客提交订单，降低外流到其他店。当顾客要想选购多件时，第二件起自动恢复正常售价，如此商家既不会损失过多，又吸引了客流量。

(二)网店促销活动的技巧

促销活动是商家经营使用的一种运营方式，可以帮助商家在一段时间内提高网店销售额。同时，还可以通过活动获得更多的用户信息及扩大私域流量库，还可以通过信息推送唤回更多的回头客。那么网店促销活动有什么技巧呢？最本质的问题还是要抓住消费者心理，作为消费者的角度去分析，了解客户究竟想要的是什么。

1. 促销的核心定义

不要一味地跟风，看别人在做活动，我也要搞活动。促销其实并没有我们想象的那么高深莫测，只要让消费者自认为得到了实惠，在整个消费过程中提升了顾客对品牌的认知，做好这个关键点就可以了。

2. 分析客户消费心理

平台不一样，消费模式也不同，比如，唯品会是做品牌折扣的，你觉得它应该满足顾客的什么心理？小红书是一个共享平台，更是一个口碑库，那它又应该满足消费者的什么心理？如图 4-2 所示。

1) 感性心理

成功的商人都知道抛砖引玉的道理，同样在店铺促销活动中也要留足噱头。促销无非就是让利给买家，而这样的让利并非时时都有，通常都会给人"机不可失、时不再来"的噱头，利用顾客错失良机的购买心理，激发他们的购买欲望，在感性的心理下促使他们尽快完成订单。

2) 吃肥丢瘦心理

大部分消费群体普遍存在一个共同点：就是贪恋小便宜。打折促销之所以能够有巨大杀伤力，根源就在于极大满足了消费者的"占便宜"心理。针对这一心理，当店铺开展各种优惠、折扣、促销活动时，就能极大激发他们的购买欲，只要让消费者感觉自己占了便宜，这样就能增加成交机会。

图 4-2 客户消费心理

3）　优越感

大家都知道人性存在攀比的一面，因此对于店内顾客，一定要礼貌相待、真诚相处。尤其是老顾客，只要产品没有问题，之前购买过的顾客对店铺还是有一定认可度的。针对这部分顾客群体可策划专属活动。如会员专场、会员专属价、会员可享套餐等，这样会让顾客感觉到自己存在的价值和被重视，另外，也会激发新客户的求购欲。

采取"以老带新"的促销方式：可让老顾客分享店铺链接或活动信息进行宣传，因为每一个消费者背后都会存在更大的消费群体。研究表明，由现有顾客推荐的新顾客比向没有推荐人的顾客推销，成交率高达 3～5 倍，因为这样的宣传自带口碑效果，带进的新客户质量也会更优质。

在老顾客维护中，在顾客满意的前提下，我们可以引导顾客向亲朋好友推荐产品，其中参加分享的老顾客可以获得优惠券或者享受专属优惠，这样不仅会带动他们的分享激情，更会缩短其消费周期，从而让他们坚定再次购买的决心。

4）　从众心理

现在，人们的消费习惯往往都会关注交易记录，店铺的销售业绩越好，其相应的购买记录就越多，从而促进的商品转化也会越来越好，因此人们在消费过程中最简单的参考之一就是销量。当产品有了购买记录，人气也会随之积累，从而带动的销售能被更多的消费者接受，这样会很容易打消买家的顾虑。

3. 促销活动注意事项

促销活动注意事项如图 4-3 所示。

1）　品牌效应

促销并不是活动力度越大越好，店铺不一样、产品不一样所采用的方式、结果自然不同。要结合店铺自身情况找到适合自己的促销模式。比如，非品牌类产品，每天的活动力度甚至低到 1～2 折，但始终也没有实质上的结果；而品牌类产品，做买一送一或者满减活动时，大家都急切地要去购买，感觉不买到就是亏了，像这种情况就是我们所说的品牌效应。

图 4-3　促销活动注意事项

2)　价格战

其实促销并不是价格战，只有适当的促销方式才会让消费者有占便宜的感觉。切记在给产品设置价格时定价不能太高，当然也不能过低，水分太大的价格差反而会适得其反，会让顾客感觉不靠谱，甚至还觉得这是一个"坑"——羊毛最终会出在羊身上。(新品在做促销时，开始的时候千万不能做低于 5 折的活动，这样很容易失去新品标，因此再想得到平台的扶持也就很难了。)

3)　促销的最佳时机

促销虽然具有杀伤力，但也不能随时都用。如果全部产品都要搞活动，那促销也就毫无意义，因此，我们一定要掌握促销的最佳时机。

● 产品上新促销：一个好的店铺会源源不断地上新产品，因此新品促销可作为店铺的长期促销活动。

● 节假日促销：对于五一、国庆、元旦等节日，无论是线上还是线下全部活动不断。由于正值假期，大家都有时间去逛街购物，因此这样的大型节假日对网店来说并不利。面对这样的困境，最简单直接的办法就是把促销活动周期提前，提前抢占市场份额，正所谓"先下手为强"。

● 周年店庆：现在的生活都讲究仪式感，每件事物、每个个体都有存在并值得纪念的意义。在店铺周年生日时，不妨借此机会进行促销，这样不仅可以有效提升销量，还可向顾客展示店铺的发展历程，增强顾客对店铺的信任度，从而提升顾客对店铺、对产品的黏性。

● 季末清仓：一年有四季，作为一个产品意识较强的店主，对于即将换季或者季节性较强的产品来说，在换季时采取的活动力度相当大，消费者显然也乐于接受这类活动，由此也可以为店铺带来不少人气。

4)　促销手段

卖家要根据自身产品利润、行业来确定促销手段，很多都是千篇一律，要不就是大同小异，要想让顾客体验到真正的乐趣，就需要不断创新促销活动。因为只有新的促销策略才能快速地吸引更多的顾客，从而提升点击率，带动新的销售业绩。因此有必要调整促销方式，增加买家的购买动机和频次，刺激其消费是关键。

例如，如今淘宝卖家的促销活动几乎都有满减、打折、买几送几等字眼，顾客已经出现了视觉疲劳，其效果自然不会理想。这时如果我们换一种思维模式，前×名××时间

××折，让消费者有一个心理概念，这样反而会让人觉得物超所值，效果也会更加明显。

总之，一场促销活动，我们注入了人力、财力、物力，无论效果如何，在活动结束后，都要进行分析，总结问题所在，便于下次活动时及时修正，这样才有助于提高整个店铺的促销操作水平。

二、官方活动报名

(一)官方活动的报名条件

对于刚刚入驻天猫成功的卖家可能对天猫的运营规则还不是很清楚，天猫上总是会有很多活动，参加活动便能获得一定的流量和人气，是不错的推广方式。但是要想参加天猫的活动还是需要一定的资质，没有达到天猫的要求是不能报名的，下面讲解关于天猫活动报名的要求，如图4-4所示。

图 4-4　天猫活动登录页面

1. 天猫活动要求

(1) 天猫活动报名商家可以在天猫商家活动中心查看有没有适合报名的活动，因为很多的官方活动都有相应的条件，具体的活动标准不同，需要商家对照具体的活动来看。

(2) 天猫商城在每个活动之前就会将活动的规则及报名方式提前公布给广大商家，因此想要参加活动的卖家就要仔细阅读，查看自己是否满足报名门槛。

商家可以查看自己的店铺等级是否达到了这些活动的标准，看自己店铺有无违规扣分，不同的违规扣分所影响的程度是不同的，有些活动是允许存在一些扣分行为的，而有些活动是不允许的，还有些活动是新店无法参加的。

(3) 商家要时刻关注，保证在活动前就能清楚地了解活动的规则和参加方法，避免错过一些大促活动的报名机会。

2. 天猫限制活动报名的情况

(1) 商家店铺的综合排名较低时，商家不得报名参与天猫营销活动。

(2) 商家的报名经天猫审核通过后，如在营销活动前或活动进行过程中发现商家店铺在交易、维权、营销等各环节存在异常的数据现象(包括但不限于交易账号异常、交易资金异常等情形),天猫将中止或终止商家继续参与营销活动。

(3) 为确保消费者在天猫营销活动中享受到切实的优惠,天猫要求参与营销活动的商家应向消费者提供更具竞争力的商品价格,不得对消费者有价格欺诈行为。若商家并未通过其参加的营销活动将最具价格竞争力的商品提供给消费者,一经天猫发现并核实,天猫有权中止及/或终止商家继续参与营销活动。同时,商家参与历次天猫营销活动时给到消费者的优惠力度,将作为考量商家能否参加天猫重大营销活动的标准之一。

(4) 如商家违反《天猫规则》规定,且在处罚期内或未通过考试,限制活动报名。虽然天猫平台推出的活动很多,但是商家也没必要每个活动都报名,因为活动太多,但时间和精力毕竟有限,所以商家要结合自己店铺实际情况来选择报名活动,精心准备活动内容,好好地利用活动来提升店铺的流量和销量。

(二)官方活动的报名入口及流程

1. 活动报名入口

天猫为商家参加官方活动提供了多元化的活动入口。为了方便商家报名,平台提供了统一的平台导航页供商家参加各种类型的活动,在营销活动中心左侧活动报名的官方大促/行业活动中找到需要报名的活动报名入口: https: //sale.tmall.com/page/campaign/homepage.htm 如图4-5所示。

图4-5 官方活动报名入口

另外,商家也可以通过自己的卖家中心(商家后台)营销活动中心栏目报名活动。淘宝卖家中心和天猫商家后台有一定差异,且淘宝后台变化比较快,因此后台活动报名方式上有一定的出入,但总体基本接近,都在后台营销中心栏目里面。商家店铺类型不同乃至所属类目不同,因此在对应后台报名页面不同的商家看到的报名列表也有所不同。

2. 活动报名流程

1) 报名入口

日常活动入口:天猫商家中心官方活动报名。找到对应活动,单击"去报名"按钮,网址：https：//tmc.sale.tmall.com/page/campaign/list.htm。以天猫商家中心页面展示为准，如图 4-6 所示。

图 4-6　天猫商家中心官方活动报名页面

2)　活动结构解读

活动结构及阶段：商家报名—预售申报(部分活动)—现货申报—素材提交，如图 4-7 所示。

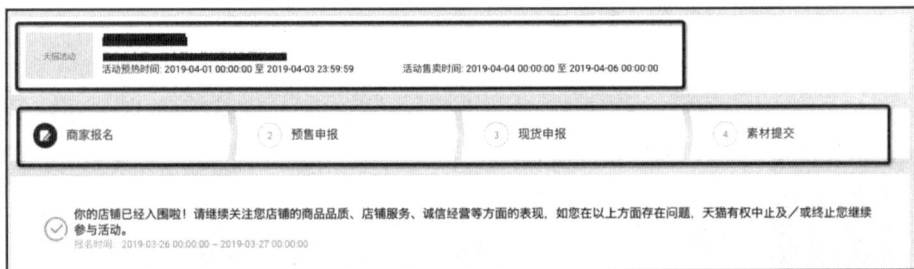

图 4-7　活动结构及阶段

(1)　商家报名。

海选报名(部分活动有，如"双 11"等，具体以页面展示为准)：单击"我要报名"按钮，如图 4-8 所示。

公示海选结果：入围商家根据页面提示进行协议签署、购物津贴设置、补充信息设置等(以实际页面为准)，如图 4-9 所示。

(2)　预售申报。

第一步：在"预售申报"—"预售活动申报"下找到可报名活动，单击"去报名"按钮。

第二步：若符合活动报名要求，则可进入到报名详情，查看"活动详情"。

第三步：商品提交。

方式 1：批量表格导入。单击"下载 excel 模板"按钮，在"现货优惠商品列表页"填写好活动价等信息，单击"表格导入"按钮，上传 excel 文件，如图 4-10 所示。

图 4-8　海选报名页面

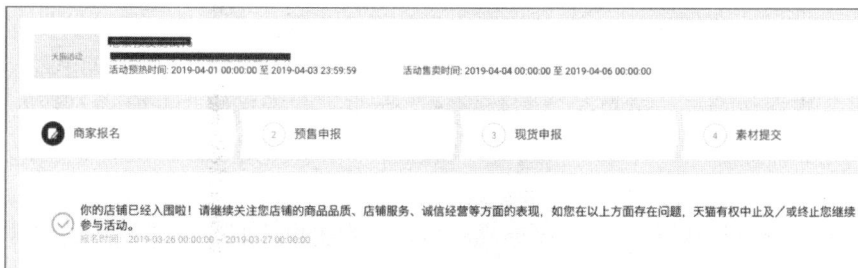

图 4-9　公示海选结果页面

图 4-10　预售申报批量导入表格

导入后，商品状态为"草稿"，单击"设定"按钮进行信息设定。如果预售商品重要信息不完善，包括定金、总价、发货时间、限购等重要信息不完善，状态就会显示为"草稿"，此时需要通过"设定"完善信息，如图 4-11 所示。

图 4-11　商品信息设定页面

商品信息设定填写完成后，单击"确定"按钮。需要注意的是，相对发货时间下，发货截止时间：必须大于预售结束后 2 天，即填写的买家支付尾款后需要大于 2 天(也不能等于)发货。提交成功后，可单击"查看详情"按钮，查看详情。此时商品状态变为"待审核"，关注审核结果。当显示"异常"状态时可以根据提示原因进行调整；如商品为"已发布设定" 状态，才能正常参加活动。

方式 2：选择商品。单击"选择商品"按钮，弹出可选商品列表，并提示可报名的商品。如不符合，可以单击"查看原因"按钮了解原因，如图 4-12 所示。

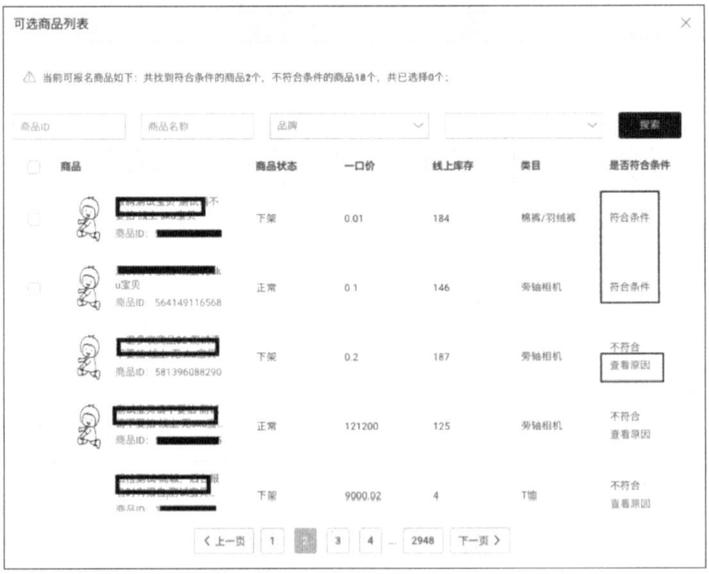

图 4-12　可选商品列表页面

提交后会有提交结果提示，如有失败会说明失败原因，如图 4-13 所示。

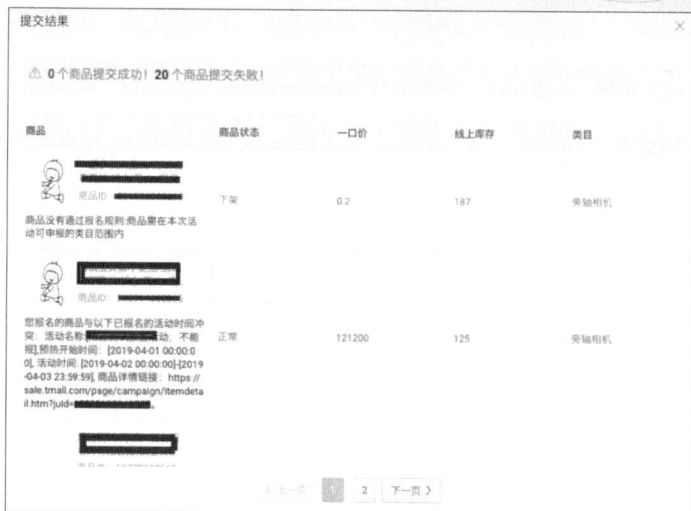

图 4-13 提交结果显示页面

如提交成功，商品就会显示在活动列表中。若商品状态为"草稿"，则需单击"设定"按钮进行信息设定，完成设定后提交，状态变为"待审核"，等待审核结果。王小二旗舰店铺，根据活动报名流程成功完成 2021 年"双 11"预售产品报名，如图 4-14 所示。

图 4-14 王小二旗舰店铺参加"双 11"预售

(3) 现货申报。

第一步，观看商品申报操作说明视频。

第二步，现货商品申报：部分活动有尖货商品申报，具体以页面展示为准。(店铺内尖货商品数，以页面展示为准。)

方式 1：批量表格导入。单击"尖货商品下载"按钮导出尖货商品，单击"下载 excel 表格模板"按钮，在"现货优惠商品列表页"填写好活动价等信息，单击"表格导入"按钮，上传 excel 文件，如图 4-15 所示。

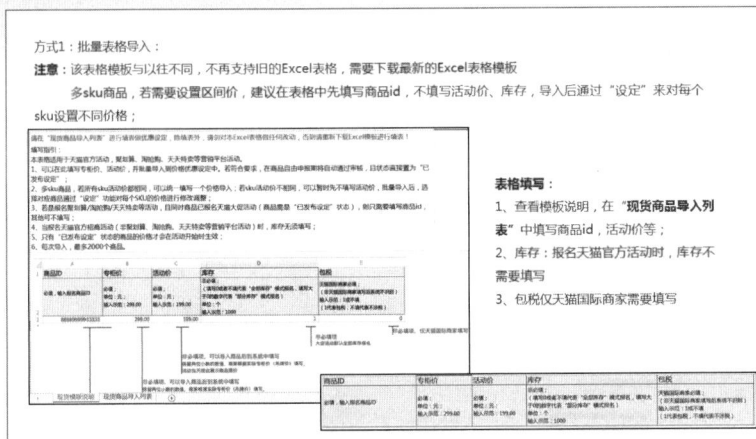

图 4-15　现货申报批量导入表格

导入后，商品状态若为"草稿"，单击"设定"按钮进行信息设定。如果商品重要信息不完善，在提交/导入后，状态就会显示为"草稿"，此时需要通过"设定"完善信息。另外，"草稿"状态下可以自主"撤销报名"，如图 4-16 所示。

图 4-16　现货申报草稿状态信息设定页面

信息设定：单击"设定"或"修改设定"，即可进入优惠设定页面，填写后单击"确定"按钮即完成优惠设定。需要注意的是，"已发布设定"状态才能正常参加活动。

a. 批量设置价格。单击"批量设置"按钮：统一设置价格，即对所有 SKU(Stock Keeping Unit)批量统一设置相同活动价，如图 4-17 所示。

b. 批量设置价格。根据最低价设置，即在最低成交价基础上进行折扣设置。

例如，设置 88%，若最低成交价是 100 元，那么活动价就是 88 元。不同 SKU 最低成交价不同，则活动价也不同，如图 4-18 所示。

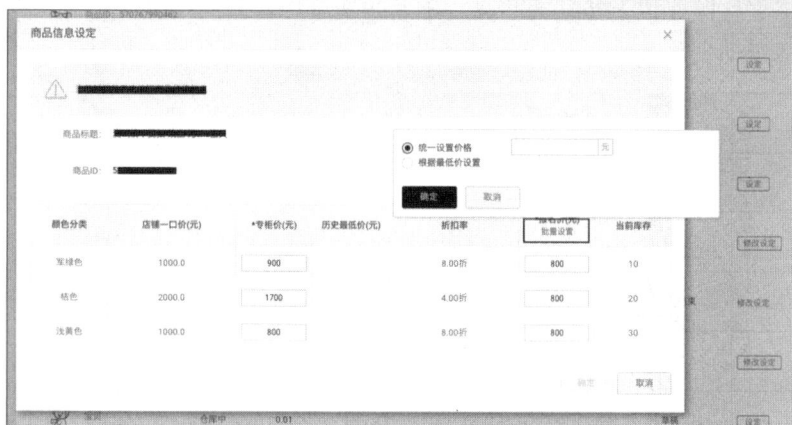

图 4-17 现货申报批量设置价格页面

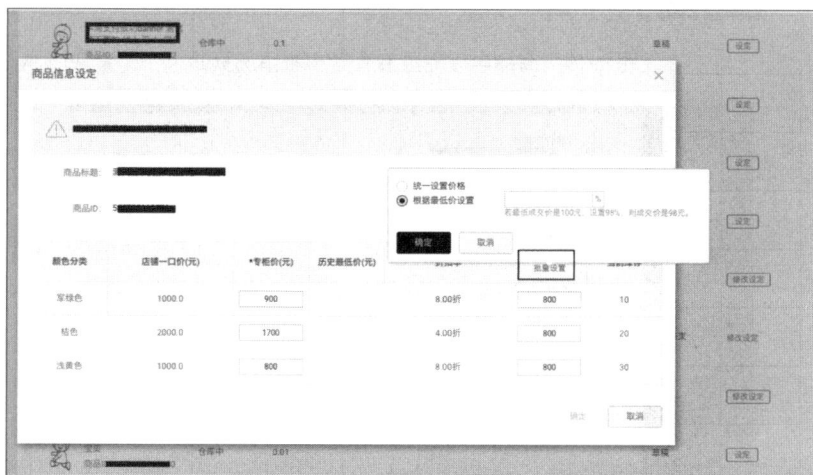

图 4-18 现货申报在最低成交价基础上进行折扣设置页面

方式 2：尖货商品列表提报。在尖货商品列表选择需要提报的商品，单击"选择商品"按钮，选择需要报名的商品进行报名。若不符合，可以单击"查看原因"按钮了解原因。

第三步，其他商品申报(表格导入和选择商品报名操作方式与尖货商品相同)。

方式 1：批量表格导入。单击"下载 excel 模板"按钮，在"现货优惠商品列表页"填写需要申报商品及对应活动价等信息。

方式 2：选择商品。单击"选择商品"按钮，选择需要报名的商品进行报名。

第四步，商品申报完成后可在对应状态下查看申报情况，如图 4-19 所示。

(4) 素材提交。

按照页面提示进行素材报名，如图 4-20 所示。

其实，在活动报名的过程中，商家除了要关注活动本身对商家资质的要求外，还需要关注活动报名资料的提交，尤其是以下几个方面：报名商品要有竞争力(销量、评价、价格)；对提交图片格式、提交商品价格等因素详加审核；同时还需要注意的是在报名提交成功之后，需要按照要求上线活动产品，不要随意更换其商品信息，任何一个环节出现误差都可能造成活动失败。

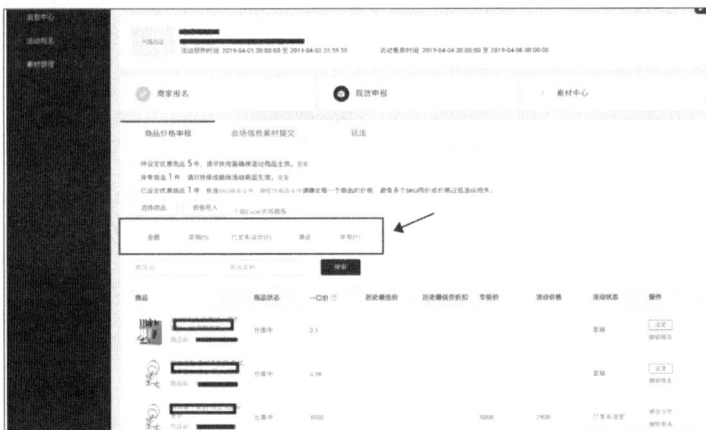

图 4-19　商品申报完成后查看申报情况页面

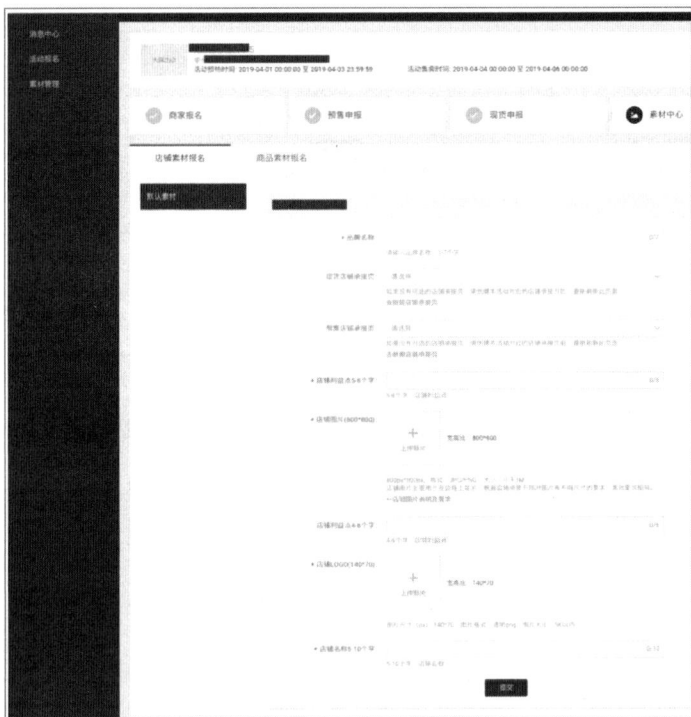

图 4-20　进行素材报名页面

任务二　网店促销活动策划与实施

为了使活动营销最大化，满足目标消费群体的需求，提高活动实施效率，避免活动过程中出现各种问题，每次网店活动开始之前，店铺运营人员都会根据店铺目前的实际情况对活动进行详细的分析与讨论，制定出网店活动的策划方案，各个部门会根据网店活动策划方案进行活动实施，保证活动效果。

一、网店促销活动策划

现在不管是产品还是活动，各个店铺的促销手段基本都差不多，这样会使用户产生厌倦心理，而一个活动的亮点就在于有没有完整的策划和好的创意，只有让消费者感觉到了好奇和兴趣的时候，才有可能去参与。店铺每一次活动的开展，无论是卖家自主参与还是受邀组织的大型活动，都离不开活动前期的精心准备和策划，以尽可能地扩大店铺知名度，引入更多流量。

(一)活动规划

1. 活动目标

网店为什么要做活动？当然是为了提升店铺的运营效果。因此目标很重要，一个活动如果连目标都不明确，那么这个活动是毫无意义的。活动目标不同也代表了活动的性质不同，比如，想通过这次活动涨粉多少，那就需要围绕拉新和裂变去策划一场活动；如果是想提升网店现有用户的黏度和活跃度，那就应该去围绕现有用户的属性去做研究，分析他们的需求，然后去改进产品或者策划一场维系老客户的留存活动。

常见目标：通过活动挖掘潜在用户，提高潜在用户的转化率；通过活动增加品牌知名度；增加店铺销售额，完成销售任务；等等。例如：王小二旗舰店参加天猫"双 11"，店铺确定此次活动的首要目标是增加店铺销售额，那么就要对销售指标及任务拆解，完成销售指标和流量规划。

2. 活动主题

俗话说，好题一半文。一个好的主题能够迅速吸引消费者注意，起到很好的宣传效果。它犹如一个人的灵魂，贯穿活动的始末。活动主题其实是围绕活动目标衍生出来的，而主题也是活动的核心。活动主题包括活动噱头和利益点。用户看到网店活动时，首先关注的肯定是活动的主题。

活动主题一般要求简洁、扼要，突出新颖与特色，避免冗杂与单调。因此，只有当活动主题有足够吸引力，客户才有可能去查看活动细节，否则就会直接忽略。王小二旗舰店围绕"天猫双 11"确定的活动主题是"提前购，惠过瘾"。突出先购先得的特点，活动的最大利益点是"付定减 10 元起"，以此来吸引消费者，如图 4-21 所示。

3. 活动产品

确定参加活动的产品、价格、库存等信息；为活动产品进行分类，包括引流款、基础款、形象款等，给消费者呈现不同形式的产品与服务。

4. 促销方式

确定活动的促销方式，比如满减、满送、包邮、抽奖等；促销方式要结合当期季节与产品特色进行，促销方式不求多，只求精，否则会让消费者感觉眼花缭乱，找不到方向。

图 4-21　王小二旗舰店"双 11"活动主题海报

促销方式在结合店铺特色的基础上，还要学会换位思考，从消费者的角度出发，制定切实可行的促销方案，让买家能够积极参与进来。

5. 推广资源

确定活动期间所需要的推广资源支持，比如直通车、钻展、短信、淘宝客等营销媒介，这样可以让推广部门有更多的时间为活动的开展做相应的准备与推广工作。

根据活动方案制定广告投放形式、位置、数量、预算、时间等，进行有计划、针对性投放。对于需要淘宝小二审核的广告位，如钻展，需要提前 3～5 个工作日提交审核。

6. 效果预估

对本次活动的独立访客(UV)、转化率、销量、销售高低峰、物流等进行预估，制定活动目标。

(二)页面准备

1. 页面视觉

确定好活动主题后，就要围绕活动主题及品牌定位进行活动视觉页面的策划，对店铺页面进行设计、调整，以符合活动风格和相关要求，提升客户的体验，提高转化率，运营人员要确定视觉页面的活动商品及文案，与视觉设计人员沟通确定视觉页面布局规划，做好宝贝描述工作，提高顾客对店铺和产品的信任度，吸引顾客购买，对活动海报进行设计和悬挂，营造活动氛围，并不断讨论、修改直至确定最终的视觉页面策划方案。图 4-22 是王小二旗舰店围绕天猫"双 11"确定的活动视觉页面策划原型图局部。

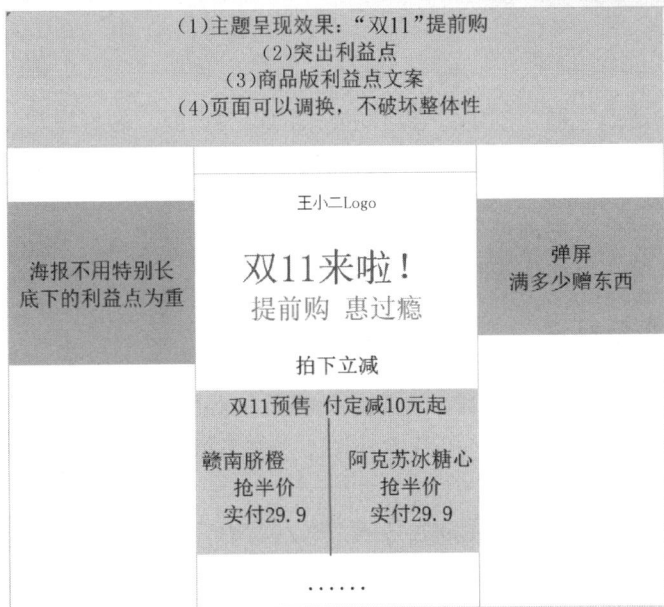

(1)主题呈现效果："双11"提前购
(2)突出利益点
(3)商品版利益点文案
(4)页面可以调换，不破坏整体性

王小二Logo

双11来啦！
提前购 惠过瘾

拍下立减

双11预售 付定减10元起

赣南脐橙
抢半价
实付29.9

阿克苏冰糖心
抢半价
实付29.9

海报不用特别长
底下的利益点为重

弹屏
满多少赠东西

……

图 4-22 王小二旗舰店"双 11"活动视觉页面策划

2. 价格调整

活动开始前，对参加活动的商品价格进行统一调整，同时有专人检查商品首页图片上的价格标签、包邮信息与宝贝详情页、活动方案的价格是否一致，避免因页面前后信息不统一导致顾客的投诉。

3. 库存调整

调整商品库存，避免买家拍下后仓库无货，引起客户投诉。

4. 页面测试与复查

活动页面做好后，需要对活动页面的商品链接进行测试，点击商品图片，查看是否有相对应的宝贝页面或活动页面跳出。同时，对商品的价格、包邮、规格、数量等信息进行仔细检查，确保无差错信息。对活动页面的整体视觉进行二次检查，如有不协调之处，需及时更换。

(三)团队准备

1. 运营

运营部门需制定详细可行的活动规划，指定活动负责人和任务完成时间节点；活动负责人随时待命，发现问题时，及时解决。

2. 客服

根据活动前流量预估，适当增加客服人员，合理安排排班时间，确保活动期间客服在线人数充足；对客服人员进行活动规则培训，使其熟知活动细则与要求，以便能及时、有效解决客户的疑问。

3. 设计

设计人员根据活动主题，制定符合活动要求的相关页面，做好视觉设计与维护工作。

4. 仓储

根据活动前的预估，提前准备好活动商品，进行"预打包"，或者将活动商品统一放置在容易打包的区域，节约拣货时间，提升发货速度。

(四)活动节奏及玩法

1. 活动节奏

电商运营活动节奏包括全年活动节奏和单个活动节奏。全年活动节奏需要提前根据平台的全年活动计划来制定本店铺全年活动安排。

每一个活动都会有一个周期，也就是单个活动节奏，运营人员要知道在什么时期要做什么，才能更好地达到活动效果。一般活动节奏分为五个时期：造势期、预热期、正式期、返场期和尾声期。

(1) 造势期(正式期前 5～10 天)：这段时间是广泛传播活动给消费者的时期，炒热氛围，带来巨大曝光度，透露活动亮点，引发用户猜测和关注。

(2) 预热期(正式期前 3～5 天)：是指临近活动的日子，这段时间是非常重要的时期，活动亮点及利益点公布，电商主要表现为曝光活动商品、预售、玩游戏领优惠券和红包等。

(3) 正式期(1～3 天)：将聚集流量转化，优化至转化环节的各个细节。

(4) 返场期(活动后 1～3 天)：持续活动热情，将活动延续进行，返场期在"双 11""双 12"等平台特大活动时才会有，其他活动要根据活动效果，决定是否有必要做返场活动。

(5) 尾声期(活动后 3 天)：对内总结复盘，对外宣布此次活动圆满结束，包装活动的亮点、爆点、成绩，做一次漂亮的公关。

2. 活动玩法

选择活动玩法是最关键的，总结起来就是怎么和消费者互动，或者说消费者怎么参与活动，也就是活动规则设置。其实，当店铺活动目标和活动主题确定下来之后，玩法设置就是水到渠成的事情了，玩法设置最主要的应该满足：简单，有趣。

简单就是以最直接的方式让用户参与到活动中来，为了避免用户流失，所有玩法步骤要最简化；有趣是吸引用户参与的一个刺激因素，抓住用户的兴趣点(爱占便宜，喜欢八卦，情感共鸣等)，就是给用户参与活动的一个理由。网店的活动玩法多样，但各有其优点和缺点，店铺要根据各自的实际情况合理选择。

1) 打折(直接折价促销)

优点：快、狠、准，短期内刺激消费，拉动销售，增加购买量；与竞品相比处于主动的竞争地位。

缺点：利润下降；价格一旦下降很难恢复到之前水平，影响接下来官方活动报名(会被小二压价)；品牌忠诚度下降；恶性价格竞争。

2) 秒杀

秒杀与打折相比，力度更大(往往都是 10 元内秒杀/半价秒杀)，商家设置活动时间、秒杀价格、是否限量限地区、包邮与否等。

优点：便于引流，增加店铺关注、收藏度，一定程度上增加销售额。

缺点：引来的粉丝大多数情况下是垃圾粉(价格灵敏度为 100%)，利润下降甚至损失。

同时，对活动成本的测算一定要严格把控，秒杀活动可以带来多少 UV，是否值得做。为了秒杀活动更好地进行，最好是做预热，提前放出消息，引导客户收藏，加购物车，更适用于日 UV 较大、转化率较高的店铺产品。王小二旗舰店天猫"双 11"满减设置了 3 款秒杀产品，如图 4-23 所示。

微海秒杀（3款商品，每天1款）	11.1日10点	红富士苹果	19.9	每个id限购1件
	11.2日10点	云南新鲜沃柑	12.8	每个id限购2件
	11.5日10点	墨西哥进口牛油果	22.8	每个id限购2件

图 4-23 王小二旗舰店天猫"双 11"活动秒杀产品规划

3) 满减

满减分为领券满减优惠券/系统自动满减，可设置多级多档。

优点：刺激消费，尤其是领券式满减，吸引客户二次进店。

缺点：利润下降；若说明和操作不到位(是否可以叠加使用，客服人员答非所问)，很可能会起到反效果，引起客户的不满。

4) 满返

返的内容包括：现金、优惠券、产品等。可设置全场商品或指定商品参与，人工操作或系统自动。

优点：对品牌形象影响较小；不会引发竞品间的价格竞争；刺激消费。

缺点：利润下降；刺激力度有限，不能引发非常强烈的参与积极性。

5) 买送/捆绑

买送/捆绑是变相打折的一种，买送商品又可分为买 A 送 A(送同款)和买 A 送 B(送其他款)。

优点：变相打折，在刺激消费的情况下不会有直接降价带来的一系列问题。

缺点：利润下降；若捆绑产品太差反而会影响售品的评价。

6) 好评/晒单

"返"的内容包括但不限于：实物商品、优惠券、现金。顾客购买到满意的商品，他们不一定会来给好评，但是买到质量差的产品，他们非常大概率会给差评。很多用户买东西首先看店铺评分，然后看评价(尤其是买家秀)，最终决定要不要下单，如图 4-24 所示。

优点：提高信誉度、店铺评分；提高新客购买转化率；培养用户的购物习惯；加快资金周转速度(确认收货后，钱就到了商家账户里)。

缺点：利润下降；若客服对此政策不熟悉反而招来差评。

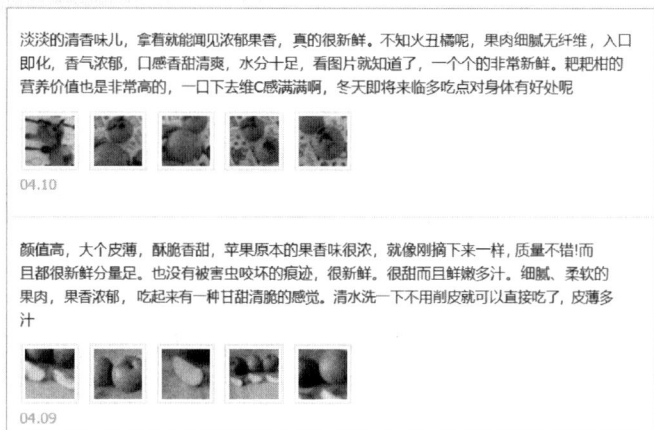

淡淡的清香味儿，拿着就能闻见浓郁果香，真的很新鲜。不知火丑橘呢，果肉细腻无纤维，入口即化，香气浓郁，口感香甜清爽，水分十足，看图片就知道了，一个个的非常新鲜。把耙柑的营养价值也是非常高的，一口下去维C感满满啊，冬天即将来临多吃点对身体有好处呢

04.10

颜值高，大个皮薄，酥脆香甜，苹果原本的果香味很浓，就像刚摘下来一样，质量不错!而且都很新鲜分量足。也没有被害虫咬坏的痕迹，很新鲜。很甜而且鲜嫩多汁。细腻、柔软的果肉，果香浓郁，吃起来有一种甘甜清脆的感觉。清水洗一下不用削皮就可以直接吃了，皮薄多汁

04.09

图 4-24　王小二旗舰店产品评论

(五)活动总结

活动总结是营销活动中非常重要的一环，它可以帮助我们总结活动中的经验与不足，找出团队自身的优势与劣势，后期根据活动中所出现的问题可以有针对性地进行改进。

活动总结需在整个活动结束后的一周内完成，这样可以避免因时间过长，导致部门细节问题遗忘或总结不深刻。活动总结主要包括以下几个方面内容。

1. 活动指标

活动指标通常包括流量指标、销售指标、转化指标和服务指标等。流量指标指 UV、页面浏览量(PV)、首页访问数据、分类页访问数据等。销售指标是指销售额、客单价、销售 top20 宝贝数据。转化指标指转化率、访问深度、停留时间、收藏量、静默转化率、询单转化率、全店转化率等。服务指标指店铺动态评分(DSR)变动、客服响应速度、投诉量。活动结束后，需要对以上数据进行汇总、分析，根据数据反映出的一些问题进行调整相应的工作。

2. 广告效果

根据活动前预备的广告资源，跟踪广告效果，找出在广告投放上的技巧与不足，为下次的广告投放做相应的准备。

3. 活动执行情况

根据活动方案，查看每个环节的执行情况及所带来的实际效果，进行综合评估，给团队人员进行简单考核。对活动前、活动中、活动后遇到的问题需进行记录、分析、总结，吸取经验和教训。

4. 活动效果对比

将活动后的效果与活动前的预估效果进行对比，找出差异的原因所在，这样可以为下次的活动预估提供更加准确的思路和方法。

二、网店促销活动实施

网店活动策划做得再完美，如果活动实施落实不到位，整个活动效果肯定会大打折扣。为了保证活动效果，必须要严格按照网店活动策划来执行和实施，并且网店活动实施要设定完成各项工作的时间节点，这样才能保证活动实施效率。网店活动实施需要多部门协同来完成，包括运营、企划、视觉设计、生产、客服等部门，是一个系统工程。

(一)活动前准备工作

根据网店活动策划方案，活动前准备工作包括以下几点，如图 4-25 所示。

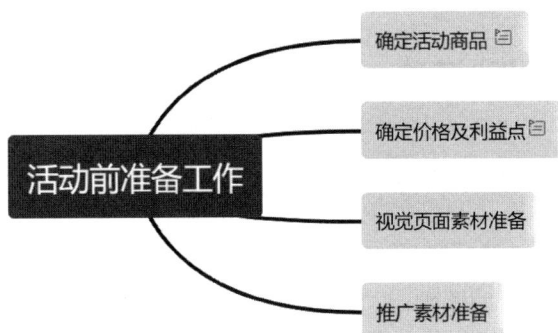

图 4-25　活动前准备工作

(1) 确定活动商品，进行库存盘点，更新库存信息。
(2) 根据活动策划方案，确定产品价格及利益点。
(3) 活动涉及的视觉页面素材准备。
(4) 活动的推广渠道安排，以及推广素材准备。

(二)销售指标和流量规划实施

流量是完成店铺销售额任务的重要保证，流量规划实施一定要全方面考虑，多个维度能够带来多少流量。根据往期活动流量、平台流量及日常店铺流量，做好流量规划实施，为货品规划实施打好基础。推广负责渠道的推广安排，根据分配的销售指标和流量规划，计算出整体的活动流量、推广预算及产出。

(1) 根据销售指标和流量规划计算出需要多少免费流量，主要包括活动平台引入流量、老顾客流量、收藏加购流量、PC 端流量、无线端流量、淘宝直播流量等，要在活动前和活动中完成相应数据指标。

(2) 根据销售指标和流量规划计算出需要多少付费流量，主要包括钻展、直通车、淘宝客等，活动前和活动中完成相应数据指标。

(3) 根据销售指标和流量规划计算出需要多少站外流量，主要包括各种新媒体平台(抖音、快手、今日头条等)，活动前和活动中完成相应数据指标。

(4) 根据销售指标和流量规划进行费用预算，包括成本费用、物流费用、推广费用、店铺活动费用等。

(5) 根据销售指标和流量规划预估活动产出数值。

(三)货品规划实施

货品规划是根据活动玩法规划和流量规划制定的，多大的流量对应多少库存，同时货品规划实施也要联系各个部门进行协调。

(1) 根据活动玩法规划确定好对应的活动商品。

(2) 完成活动商品的标题设置、卖点设置、价格设置、库存设置、促销活动设置等。

(3) 与仓库沟通，做好发货准备，了解生产周期、活动时出货等安排。

(4) 与客服提前沟通活动，准备话术，做好接待工作，考查客服人员对产品及活动了解程度等。

(四)活动视觉页面规划实施

根据运营人员与视觉设计人员进行沟通确定的活动视觉页面原型图，进行视觉页面的设计实施，如图 4-26 所示。

(1) 视觉设计人员根据视觉页面策划的需求，在规定时间内完成素材的整理。

(2) 视觉设计人员根据视觉页面策划原型图，完成首页、活动页面、产品主图、详情页等活动页面设计。

(3) 视觉设计人员将完成的页面与运营人员进行沟通调整，确认无误后将页面按照规定时间进行上传。

(4) 视觉设计人员在活动期间根据店铺实际情况，与运营人员保持沟通及时调整活动视觉页面。

(5) 视觉设计人员提前准备好活动后店铺视觉页面，等活动结束后及时更换页面。

图 4-26 王小二旗舰店"双 11"
活动视觉页面首页

课 后 作 业

(1) 了解并学习淘宝官方活动的具体类型及网店促销活动的技巧。

(2) 考虑是否任何店铺中的任何产品都能参加天猫平台的促销活动。

(3) 说一说网店促销活动策划的实施步骤有哪些。

(4) 学习网店平台促销活动的要求及网店促销活动策划实施的知识。

项目五
网店引流与推广

【项目导入】

随着互联网的快速发展,电子商务快速兴起并蓬勃发展,其中引流与推广成为支撑电子商务的关键。它们通过各项推广计划和引流手段来推广产品、留住客户、优化企业运营模式,并成为电商企业成功经营的基础。

福建省宁德市霞浦县的王某通过网店装修,拥有了一个颜色搭配协调、详情页制作美观的店铺,但是想要在众多同类网店中脱颖而出,就需要对店铺进行引流与推广。随着电商的发展,平台流量每年都呈上升趋势,入驻平台的商家数量也在不断地上升,分配给商家的流量越来越少。在这种情况下,如何才能获取更多、更精准的流量就显得非常关键。下面我们以淘宝店铺为例进行网店引流与推广的学习。

【项目分析】

- 了解网店引流与推广认知
- 了解网店 SEO 优化并学习分析
- 了解网店 SEM 优化并学习分析
- 了解网店信息流推广并深度学习
- 培养具有现代化眼光和政治格局的电子商务人才
- 将电子商务职业道德精神与职业伦理和各实践教学紧密衔接

任务一　网店引流与推广认知

所谓引流，就是用各种方法把流量引导到自己的网站、店铺或产品页面。网店推广的载体是互联网，而网店引流就是通过网络上的一些渠道为自己引来流量粉丝。

一、网店的流量及构成

淘宝网店对于流量(访客数)的定义为，通过对应渠道进入店铺页面或商品详情页访问的去重人数，如图 5-1 所示。网店流量的计数规则：一个访客在统计时间内访问多次只计一个流量来源；同一个访客，通过多种渠道进入店铺，则计入多个来源渠道。

图 5-1　淘宝网网页

淘宝店铺的运营工作围绕三大指标进行，即流量、转化率和客单价。淘宝网店运营核心公式为销售金额=流量×转化率×客单价。流量的大小反映的是有多少人进入网店浏览商品，转化率的大小反映的是进入网店来浏览商品的客户有多少人购买了商品，而客单价反映的则是每个客户平均购买商品的金额。只有客户进店浏览商品，才有可能产生转化率，有可能形成客单价。因此，流量是转化率和客单价的基础，获取流量是网店运营的核心工作。网店流量主要有两种分类方式，从内容上划分，网店流量可以分为免费流量、活动流量、内容流量及付费推广流量；从网店工具(生意参谋)流量渠道划分，网店流量可以分为淘内免费、付费流量、自主访问和站外流量。

目前，平台流量由站内免费流量、站内付费流量、站外流量三大部分构成。

1. 站内免费流量

站内免费流量包括自然搜索流量，平台首页流量，手淘旺信、微淘等社区流量，店铺收藏加购流量，回头客流量，免费活动流量等。

2. 站内付费流量

站内付费流量包括直通车、引力魔方、极速推、淘宝客等，如图 5-2 所示。

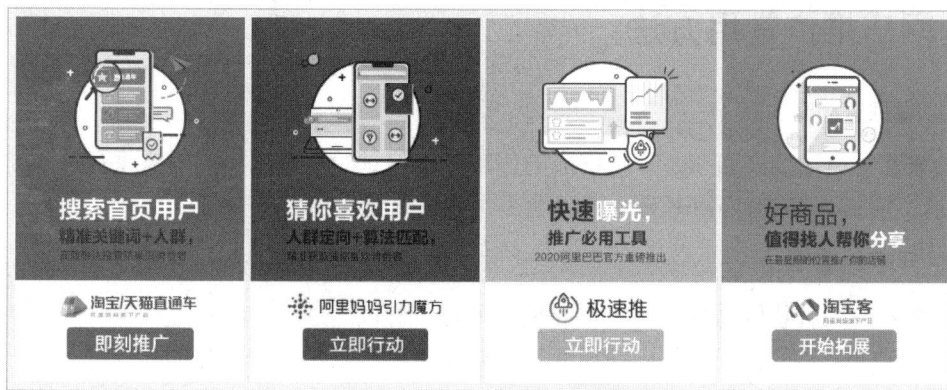

图 5-2　站内付费流量类别

3. 站外流量

站外流量包括搜索引擎优化流量，付费搜索引擎流量，站外横幅广告流量，论坛、微博、微信、抖音、快手等社区流量，即时通信营销流量，平台站外活动流量。

二、网店推广的目的

1. 吸引关注，发展潜在消费者

淘宝上的商品琳琅满目，要想让消费者记住非常难，甚至有的商品推送两三次，消费者都不一定记得住。因此，商家要制造商品反复出现的机会，持续不断地往消费者脑海中推送，以加强其记忆。等到哪一天消费者需要这类商品时，就会调取脑海中的记忆，带动他们去选购这些商品。

2. 流量变现，培养忠诚度

对于新顾客而言，做淘宝推广就是让他们在关注商品的同时产生购买欲，这时候流量就带来了销量，越多流量的涌入，就代表着转化率实现的可能性越大。对于老顾客来说，就是有计划地向他们推送一些活动信息。因为有了之前的购买基础和信任基础，他们更容易被这些信息打动，进而对产品进行二次购买甚至多次购买，忠诚度也随之培养起来。

3. 立住品牌形象，提升知名度

淘宝推广会将店铺的整体形象展示在消费者面前，如果店铺装修得足够好，它的独特风格还会带动消费者的关注，整体品牌形象就立起来了，知名度也会有所提升。对于淘宝店主来说，只推广商品是不够的，还要做一个让人难忘的店铺，即塑造一个明星品牌。

4. 提升店铺排名，促进良性循环

推广能带动店铺销量和信誉度的提升，店铺的排名也会越来越靠前，而排名靠前反过来又会带来更多的曝光机会和销量转化，从而形成一个良性循环。

三、网店推广常用方法

1. 淘宝直通车

大家都知道淘宝直通车是一种引流的好工具，但是对于资本少的卖家来说，那是比较奢侈的，不过，如果有经济基础，建议还是可以尝试通过直通车来推广。

2. 网店的装修

一个好的网店装修也是吸引买家的重要因素，可以通过找有经验的设计师设计店铺动态头像、宝贝分类、公告栏、店铺招牌等，以加强店铺宣传。在设计的时候尽可能让买家一眼就明白网店主营的是什么产品，给买家留下一个深刻的印象，这有助于日后的销售。

3. 拍摄好看的图片

宝贝图片很重要，既要清晰美观，又要从多角度反映产品的特性，为了能够保持图片的清晰，使拍出的照片与实物接近，建议大家尽可能利用下午 2 点至下午 4 点的自然光进行拍摄，这样拍摄出来的图片比较接近实物并且立体感也比较强。后期再稍微修饰一下，尽量让买家看到宝贝的细节图。

4. 设定宝贝关键词

淘宝上的买家绝大部分都是使用关键词来搜索产品的，因此建议大家在宝贝的标题里面多加几个相关的关键词，同时也可参考淘宝首页上的热门搜索，尽可能在产品上加上热门的搜索词，如此能够有效地提高产品点击率并增加销量。

5. 多添加宝贝数量，尽可能多上新货

每个宝贝被买家看到的概率基本差不多，因此宝贝数量多的话能够增加浏览量，来浏览的人多了，肯定就会有销量，但是需要注意的是，一定要分好类目，不能给人感觉好像杂货铺一样。

6. 多开展店内促销活动

尽可能提前一周在店铺的公告栏内、签名档及店铺留言区域等进行宣传，这相当于提前告知买家，一般选择一两件热销的产品即可，发起活动的目的就是要通过这个入口来增加店铺曝光率，拉动其他宝贝的销售。

任务二　网店 SEO 优化

淘宝 SEO 的全称是"淘宝搜索引擎优化"，这一概念最早出现于 2009 年，是淘宝不断壮大后，为了合理分配资源而诞生的。它的出现使淘宝官方、商家、买家三方面建立起联系，是商家和买家之间的桥梁，帮助买家找到优质商品，帮助商家找到需求用户。

一、什么是淘宝 SEO

淘宝 SEO 是指按照淘宝搜索引擎的规则，来设置优化宝贝，从而使宝贝排名靠前，进而获取更多流量的一种技术。核心内容包括关键词搜索优化和类目搜索优化两部分。

二、淘宝搜索和其他搜索引擎的区别

搜索引擎的概念最早源于谷歌、百度等搜索引擎，目的是帮助用户寻找"答案"。用户利用百度、谷歌等搜索引擎检索问题答案，与在淘宝上搜索产品有哪些区别呢？

1. 搜索主体不同

首先是搜索面向的主体不同，百度、谷歌等搜索引擎是基于"文本信息"的搜索，而淘宝搜索则是基于"商品"的搜索。

2. 时效性不同

以文本为主的搜索结果，不同时段下的结果更新较慢且相对固定，因为用户在搜索某一问题时所想要的答案也是相对固定的。

例如，搜索问题"打印机指示灯不亮？"不管用户是在家里还是在公司，是冬天还是夏天，并且与用户的消费水平、消费习惯也没关系，用户想要解决的问题相对单一固定，就是找到打印机指示灯不亮的原因，且找到问题的解决办法。

以商品为主的搜索结果，要考虑当前季节、特定时期的流行度，搜索用户的消费水平及购买习惯等多种因素，这些因素都会随着时间的推移而发生或多或少的变化，因此搜索结果更新较频繁。

3. 检索维度不同

百度、谷歌等搜索引擎在检索时，主要考察关键词与文本标题的匹配，当前页面的关键词密度，以及当前文本页面的"外链"数量等因素来计算排名权重。

淘宝搜索是基于商品的搜索，因此要考虑两方面因素。一是宝贝本身的情况，如宝贝款式、价格、评分、好评数等；二是时间季节、宝贝销量、人气指数、消费水平等因素，淘宝搜索所考核的因素与维度相对较多。

例如，夏季在淘宝搜索"休闲裤"，系统要尽可能给买家展现那些轻薄、透气的；而冬季搜索"休闲裤"，系统要给买家展现加绒加厚、保暖舒适的。一个经常购买单价较高的买家，在搜索时系统会尽可能展现价格高的商品；而一个经常购买低价商品的买家，系统会尽可能围绕用户的消费层次来推荐商品，价格太高，购买的可能性必然会降低。

三、做好店铺 SEO 优化的原因

现在在淘宝开店的用户越来越多，商家之间的竞争日益加剧，这样分配到每个商家的流量就会变少，因为"蛋糕"只有那么大，所以每个流量都很珍贵，并且在淘宝对付费推广做大力宣传的情况下，很多商家做付费推广的成本也是越来越高。因为更多的人做付费推广，所以对于商家来说，获取免费自然流量才是做好店铺的基础。总之，淘宝 SEO 优化很重要，我们通过下面几点来解释。

1. 平台商家越来越多

淘宝目前仍然是主流的购物平台，因此很多商家第一选择仍然是在淘宝开店。截至2021 年，在淘宝开店的商家数量就有 1200 万之多。可以看到，商家数量越来越多，更多的人投入互联网创业，流量分配肯定是有一些规则和机制的，而淘宝 SEO 就是基于这些规则来做的，做好淘宝 SEO 优化，就能获得更多免费流量资源，获取更多转化。

2. 竞争越来越激烈

淘宝上的同质产品相当多，每家店铺都绞尽脑汁地做活动，打价格战，致使我们每天都会遇到商家的"甩卖活动"。然而这样会导致商家的利润越来越低，被迫进入低价竞争的模式，如果每个商家都这样做。那么肯定是不能长久的，因此就需要获取更多自然流量来平衡商品价格，这样才能盈利。

3. 付费推广成本高

大家都知道直通车、钻展、淘宝客等，但这些都属于付费推广，如果一个新店铺开店后马上就做付费推广，对于小商家来说，显然是不现实的。因此，小商家初期要做好店铺基础优化，获取更低成本流量才是首选。做好店铺基础优化才能打好店铺基础，为后期店铺做活动做好铺垫。

四、淘宝 SEO 误区

随着行业的不断发展、完善，过去的一些认知在当下已经不再适用，但还是有很多初涉淘宝、天猫的新手，存在以下一些认知误区。

1. 销量好的宝贝，标题肯定好

很多刚入淘宝的卖家都认为，淘宝的标题优化很难，卖得好的宝贝标题权重肯定高，因此很多人都是直接粘贴爆款的标题。但是，我们在搜索关键词时可以看到，淘宝的前几页展现，基本没有标题相同的宝贝。也就是说，淘宝不会让标题一样的宝贝同时展现出来。

因此，抄袭爆款宝贝标题导致的最终结果就是，自己展现的机会会很低，因为自己的数据肯定没有被抄袭的宝贝好。这也就是标题一定要自己去做的原因。

2. 参照爆款展现的大流量的词

大流量的词，一定是要争取的词，这也是一些卖家常犯的一个错误。大流量的词确实意味着机会很大，但是大流量的词也意味着竞争的加大，而且大流量的词的转化率必然是偏低的，这并不适合中小卖家去操作。中小卖家应该做的是，先去找黄金长尾词，就是宝贝数相对少，竞争相对小，但有一定搜索量的词，这类词的转化率会很高。

3. 新上架的宝贝，因为销量低，流量都会很低

如果基础销量高，肯定会带来销量排名所引来的流量，而且会提高转化率。但是，销量在权重的构成中只占很小的一部分，因此这也是一个明显的误区。

事实上，淘宝对于新上架的宝贝会给一个默认的人气分，这个默认的人气分能够保证新上架的宝贝有可能获得一个比较好的排名。我们可以搜索关键词，在综合排序下查看展现的宝贝，展现在前面的也有很多销量低的。然后淘宝会去看你的成长权重，如果你的成长权重增长很好，也就是访客量、收藏量、加购量、销量、点击率、转化率、收藏率、加购率等数据持续向好，淘宝就会给你更多的流量倾斜，反之减少。

4. 没有跟进过数据分析，随意编写标题

大多数卖家存在一个普遍的做法，就是找到一些词，可能是下拉框、热词、手机锦囊词等，然后不经过分析就组成标题。没有数据分析就写标题，都是"过家家"。很多人会问，"为什么我的关键词搜索排名都在第一页，但是就是没有流量？"一看他搜索的关键词，都没有搜索指数。试想，都没人搜的词，就算你在第一页第一位，因为都没有人去搜索，当然也不会有流量。

5. 忽视搜索点击率

一般我们所说的搜索优化，其实争取的是"展现量"，而不是真正的流量。相同的展现，提高 30%点击率，自然流量当场就能上升 30%。因此，提高宝贝的点击率，不但可以多、快、好、省地提高自然流量，而且还可能会提高搜索权重。

五、网店宝贝标题 SEO 优化

随着淘宝系统的不断完善，与自然搜索排名有关的权重因素多达几百个，但在众多因素中，标题是与买家搜索关键词联系最大且最直接的一个，买家购买商品时输入的关键词，首先会在宝贝标题中进行匹配，因此商品标题与自然流量密切相关，网店运营必须要做好标题优化。

(一)商品标题

商品标题是描述商品的文字，通过标题可以让买家找到商品，快速了解商品的类别、属性、特点等。商品标题是与买家自然搜索联系最紧密也是影响最大的因素，一个优秀的商品标题能为商品带来大量的自然搜索流量。

商品标题由多个关键词组成。以淘宝网为例，商品标题最多由 60 个字符组成(数

字、英文字母及空格为 1 个字符，汉字为 2 个字符)。编辑商品标题时，要充分利用这 60 个字符的空间，最大限度地呈现更多的有效关键词，为商品带来更大的流量。

(二)搜索分词与搜索过程

当买家在淘宝购买商品时，首先会根据要购买的商品输入关键词来查找商品，而淘宝会将买家输入的关键词分成若干部分。例如当买家搜索"新鲜水果当季"时，淘宝系统会将这个词分成："新鲜""水果""当季"3 个词。

淘宝系统分别用这 3 个词与平台内的商品进行匹配，标题内含有"新鲜""水果""当季"的商品就会获得展现机会，例如，图 5-3 所示。商品 1、商品 3 匹配的是"新鲜""水果""当季"这 3 个关键词，商品 2、商品 4 匹配的是 "新鲜水果当季"这一整体关键词。因此，标题含有买家搜索的关键词是首要条件，但并不是所有包含"新鲜""水果""当季"这 3 个关键词的商品都能被展现，因为淘宝只展示 100 页商品，共 4 000 多件。展现并排名靠前的商品是因为在此关键词下权重较高。

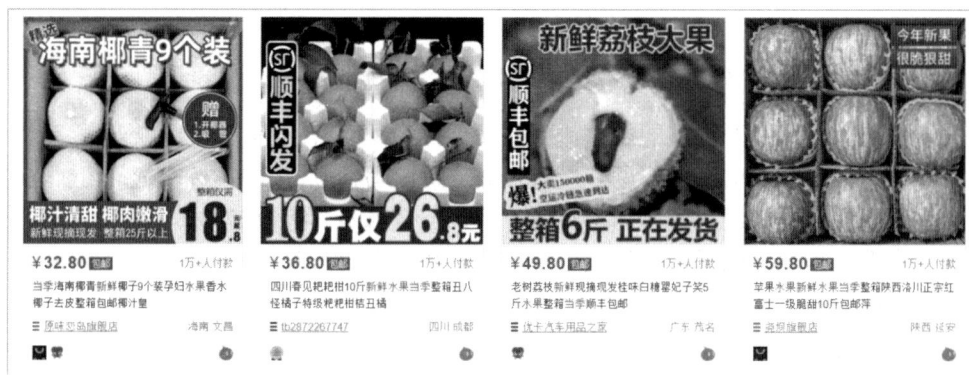

图 5-3　搜索展现

(三)关键词分类

关键词是指买家在购买商品时，在搜索引擎中输入的表达个人需求的词汇。在网店运营过程中，揣测买家的搜索习惯，思考买家通过搜索什么词来找到需求商品，研究与挖掘这些词，并围绕这些词优化商品标题，是必做的工作之一。商品标题最多由 30 个汉字或 60 个字符组成，标题覆盖的有效关键词越多，商品被展示的概率就会越大。

目前，行业内并没有关键词划分的统一标准，但在主流搜索引擎中常见的关键词类型一般有：核心关键词、属性关键词、长尾关键词、营销词、品牌词、类目词。

1. 核心关键词

核心关键词就是商品的名称，如化妆水、休闲裤、连衣裙、笔记本、衬衫等，其作用是使买家通过标题快速了解商品，判断是不是自己需要的商品。这类词一般搜索量较大，竞价成本高，转化率偏低。

2. 属性关键词

属性关键词是对商品属性介绍的词语，如商品材质、颜色、尺寸、风格等都属于商品的属性关键词。例如，在"全棉提花七分袖连衣裙"中，"连衣裙"是核心关键词，"全棉提花七分袖"都是属性关键词。属性关键词一般结合核心关键词使用。

3. 长尾关键词

长尾关键词就是在核心关键词上加 2 个或多个修饰词，如"全棉提花连衣裙""提花七分袖连衣裙""连衣裙 修身 显瘦"。长尾关键词所覆盖的人群精准，但覆盖人群较少，因此长尾关键词一般搜索量、竞价成本要小于核心关键词，但是转化率会较高。

4. 营销词

营销词是指具有营销性质的关键词。营销词主要包括那些描述优惠信息、突出商品卖点、展现品牌信誉等的词，通常作为核心关键词和属性关键词的补充，如"2025 新款""包邮""正品"等。

5. 品牌词

品牌词是指商品的品牌名称，如"颐莲""格力""华为"等都属于品牌名称。商品标题中使用品牌词是方便对品牌有忠诚度的买家找到商品。品牌词一般与商品的型号一起使用，如"华为 Mate60"，方便买家精准找到商品。

6. 类目词

类目词是指宝贝属性的分类，如男鞋、女鞋、T 恤、外套等。类目词有时会与核心关键词相同。类目词所覆盖的人群最多，但不精准，花费也较高。

(四)关键词挖掘

关键词挖掘是指通过分析商品所属类目，商品属性、特点、卖点、风格等要素，利用关键词分析工具寻找为商品带来流量关键词的过程。关键词挖掘是 SEO 必做的任务。只有挖掘到商品的有效关键词，才能组合成优质标题。

1. 分析商品，获取关键词

分析商品所属类目，商品属性、特点、卖点、风格等要素，借鉴淘宝网同类或相似商品列举商品关键词。

2. 淘宝搜索下拉框

淘宝搜索下拉框(见图 5-4)是卖家了解商品热搜词的重要工具，是我们获取关键词的重要渠道。当我们在淘宝首页输入关键词时，下拉框里会出现一些推荐搜索的热搜词，这些词是淘宝根据搜索关键词延伸的 2 级词或者 3 级词，或者是近期搜索热度上升快、相关性高的词。

在网店运营过程中，我们要经常搜索一下和自己商品相关的关键词，掌握关键词热搜动态，及时调整我们的标题。但是，此类关键词拥有较高的搜索量，竞争性强，对于刚上线的商品，建议不要用这些热搜词罗列组成标题，而是取 2～3 个词放在标题中，当商品排名提高到前几页时，再逐步增加相关性强的热搜词。

图 5-4　搜索下拉框

3. 生意参谋选词助手

生意参谋诞生于 2011 年，最早是应用在阿里巴巴企业对企业(B2B)市场的数据工具。2013 年 10 月，生意参谋正式走进淘宝。2014—2015 年，在原有规划的基础上，生意参谋分别整合量子恒道、数据魔方，最终升级成为阿里巴巴商家端统一数据产品平台。

生意参谋提供了作战室、流量、品类、交易、内容、服务、营销、物流、财务、市场、竞争等功能，如图 5-5 所示。

图 5-5　生意参谋选词助手

卖家可以利用引流搜索关键词、竞店搜索关键词、行业相关搜索词提供的 "带来的访客数""带来的浏览量""引导下单买家数""引导下单转化率""跳失率""引导支付金额""引导支付件数"等相关数据挖掘关键词。

4. 您是不是想找

当我们在搜索关键词后，在商品的最上面有一个"您是不是想找"搜索框，这里的关键词是系统根据搜索关键词匹配的多级词，这些词同样是搜索热度高的词，如图 5-6 所示。

5. 直通车系统推荐词

直通车系统推荐词是直通车后台根据商品的类目、标题、创意标题、商品属性等推荐关键词的选词工具。直通车系统推荐词是一种比较常用的选词方法。卖家在为直通车推广计划添加关键词时，系统会根据商品、人群等，推荐与该词相关的关键词，如图 5-7 所示。

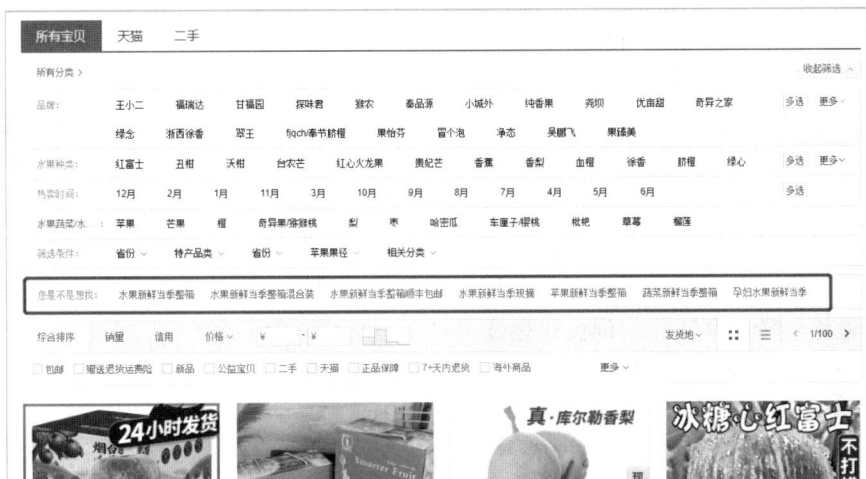

图 5-6　搜索展示

图 5-7　直通车系统推荐词

推荐的关键词有潜力词、热搜词、质优词、飙升词、同行词、扩展词、联想词。

(1) 潜力词：有一定展现量且市场平均出价或竞争指数较低的关键词。

(2) 热搜词：展现指数较高的关键词。

(3) 质优词：点击转化率或投入产出比较高的关键词。

(4) 飙升词：近期搜索量快速增长的关键词。

(5) 同行词：同类店铺所购买的、投入产出比较高的关键词。

(6) 扩展词：搜索词的细化拓展，同步"淘宝搜索下拉框"。

(7) 联想词：搜索词的相关联想，同步"您是不是想找"。

在进行关键词挖掘时，我们先从潜力词、热搜词、质优词、飙升词、同行词、扩展词、联想词确定类别，再根据关键词与商品的相关性、展现指数、竞争指数、点击率、点击转化率等指标筛选关键词。

6. 直通车关键词分析工具

直通车流量解析是一款可用于洞悉市场数据的产品，通过记录一段历史时期内关键词或类目在直通车的各类市场数据，所以帮助您洞悉市场变化情况。卖家可以通过查询关键词或类目，获得对应的市场数据、推广参考等，以帮助其调整相应的推广策略，优化直通车推广效果。

进入直通车—工具—流量解析，出现关键词分析页面，如图 5-8 所示。在文本框中输入要分析的关键词，选择"市场数据趋势"选项，可以获取此关键词的"市场趋势数据""相关词推荐""行业趋势词排名"等数据。卖家可根据"相关词推荐""行业趋势词排名"挖掘流量与转化率较高的词优化标题。

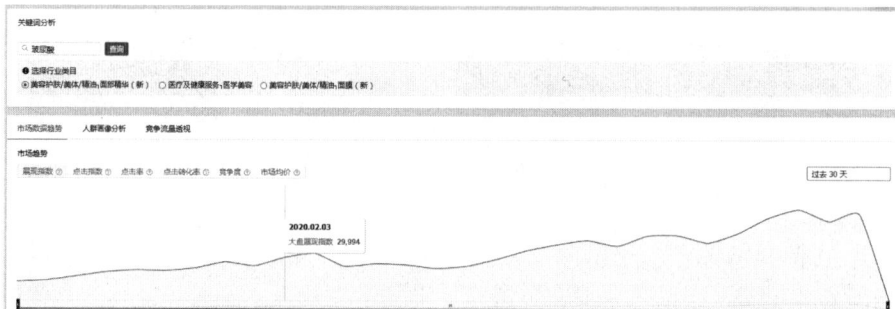

图 5-8　流量解析

(五)标题编辑与优化

1. 标题编辑

如前所述，在关键词的分类中，我们大体可以把关键词分为核心关键词、属性关键词、长尾关键词、营销词、品牌词、类目词 6 种类型，而把我们所挖掘到的关键词组合起来就形成了商品的标题。

标题组合公式：营销词+类目词+品牌词(有影响)+属性关键词+核心关键词。如果品牌不知名可不加。标题组合有以下 3 个原则。

一是易读性原则。关键词组合标题时，能使买家迅速地了解商品，并符合买家的阅读习惯。

二是紧密原则。关键词组合标题时，要想让买家搜索的词紧密连接，就不要使用空格分隔。

三是偏正组合原则。关键词组合标题时，修辞词要放在宝贝标题前面，而名词则要放在后面。

2. 标题优化

商品标题编辑完成并不代表标题优化工作的结束，在商品发布后，还要实时关注关键词数据指标的变化，持续地进行关键词数据分析，调整标题的关键词，不断优化标题。

六、宝贝推荐和上下架优化

在淘宝的搜索机制里面，宝贝推荐机制和上下架时间对搜索排名也有不可忽视的影响，因此这两项也是需要考量的。

1. 做好宝贝上下架时间管理工作

为满足消费者查找和商家产品展示的需要，在淘宝搜索规则中，当其他因素相当时，宝贝距离下架时间越短越容易排名靠前。一般同店铺、同关键词的最多有两件宝贝同时、同页排名，所以商家要做好宝贝上下架时间的管理工作，合理安排宝贝上下架。

商家要根据行业网络行情来判断买家访问和购买的时间高峰期，并据此确定相应的上下架时间。假如行业流量高峰期为周四 18—19 点，商家就将宝贝的上下架时间设置为这个时段的提前期——17 点 50 分发布。商家进入宝贝编辑页面即可设定宝贝上架时间。

2. 做好淘宝推荐工作

淘宝搜索规则下橱窗推荐宝贝会让宝贝拥有更好的排名，因此，在宝贝发布的时候尽量选择重要的商品推荐橱窗。

需要注意的是，淘宝为不同级别的店铺设置的推荐位不同，因此，在橱窗推荐位有限的情况下，应该尽量选择主推产品进行推荐。

七、宝贝类目的优化

类目优化主要是指在商品的分类选择和设置上进行优化，并根据商品类目的关键词匹配商品标题的关键词，从而提高商品与标题的匹配度，提高店铺和商品的流量。

(一)选择合适的类目

淘宝网为商品提供了分类非常齐全的类目，卖家在发布商品时，通常需要根据商品的属性选择对应的类目。当一件商品属于多个类目时，就要用工具分析这些类目，通过分析各类目下商品数量、竞争度等要素，为商品选择一个竞争小且易带来流量的类目。

(二)避免属性错放

商品的类目属性错放是指发布商品时选择的类目与淘宝网要求放置的类目不一致，或者填写的商品品牌、材质、规格等属性与商品标题或商品描述不相符。当出现类目不符合或属性不符合的情况时，淘宝网将判断商品违规，并给予商品降权处理。

为了避免类目的错选，卖家可根据淘宝网商品发布页面类目选择框下方的提示来判断和选择商品的类目，如图 5-9 所示。

(三)设置详细的商品类目和商品属性

在设置商品类目和商品属性时，通常需遵循尽量完善的原则，尽可能填写详细，做好细节，如图 5-10 所示。商品类目和商品属性的合理性和完整性会对商品的排名产生影响，描述详细、准确的商品，可以更好地定位目标消费人群，也更方便买家了解商品细节，赢得买家的信任。

图 5-9　类目选择

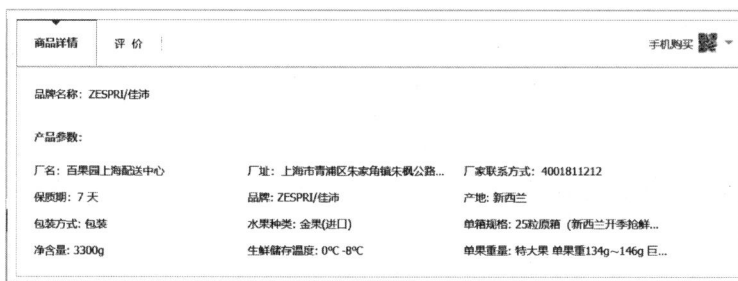

图 5-10　商品属性

(四)设置类目词

确定了商品类目后，可在标题中包含相关类目词，如能在淘宝首页直接找到的相应类目词等，Zespri 佳沛旗舰店内的"代餐水果猕猴桃"为"新鲜水果"二级类目下的商品，如图 5-11 所示。

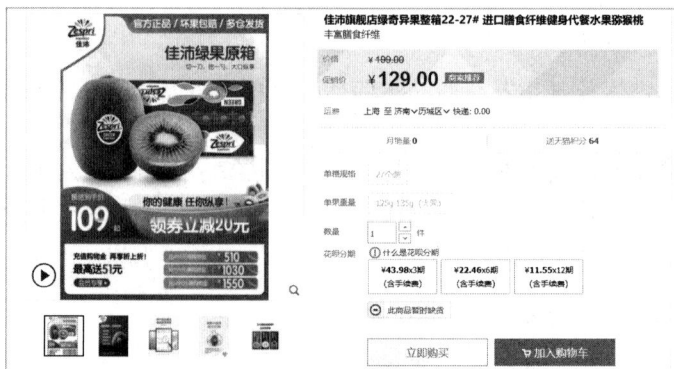

图 5-11　商品展示

任务三 网店 SEM 推广

SEM，是 search engine marketing 的简称，也就是搜索引擎营销。有人说 SEM 和 SEO 只做一个就可以了，但试想一下，如果顾客在搜索你的品牌词时第一个出来的是其他品牌的广告，或是看了我们的 SEM 广告后，下方自然流量位置都是其他品牌的广告，这两种情况不但尴尬，而且还白给别人导了流量，因此，这也再一次说明，SEM 和 SEO 的关系密不可分。

一、什么是淘宝 SEM

SEM 的直接理解为：在如谷歌、百度这样的搜索引擎上，会产生基于关键词的搜索，所有这些基于关键词的搜索结果页面上进行的营销，都可以称作 SEM。在淘宝中 SEM 和直通车、钻展都是竞价排名，都是付费推广的一种，它们在本质上是一样的。

二、SEM 推广优势

SEM 推广，又称 SEM 营销，是一种点击付费的营销推广方式。SEM 推广追求以较低的成本获得更高的访问量，并产生咨询订单。它是一种新的网络营销形式，包括 SEO 优化、付费广告、广告分类、搜索竞价等，但其主要是竞价付费排名。

SEM 推广优势主要体现在以下几个方面。

1. 大流量带来更多曝光

搜索引擎的流量非常大，每天都有数亿用户活跃在搜索引擎中。因此，SEM 推广可以为企业带来更多的流量和曝光，吸引更多的用户关注。

2. 多种交付方式

SEM 推广不仅包括搜索引擎，还包括百度知识、百度贴吧、百度地图等推广方式。这些 SEM 基本上包括了生活中的所有场景，我们可以继续向不同的用户展示我们的产品和服务。

3. 按效果付费

SEM 推广是按点击付费的，显示器不扣除费用。只有当用户对搜索页面的推广信息真正感兴趣时，他们才会点击。如果用户不点击，则不扣除费用。企业可以灵活控制 SEM 推广的资本投资，以 SEM 推广的最佳效果为宜。

4. 准确推荐用户

SEM 推广可以根据用户当前阅读网页中的关键词和最近阅读网页中的关键词停止即时定向发布。历史发布可以准确地向感兴趣的用户推荐企业的产品和服务。

5. 排名见效快

与 SEO 优化相比，SEM 推广更有效。只要 SEM 推广账户有钱，就可以在几分钟内排名到搜索引擎主页，并呈现在用户面前。因此，没有必要担心 SEM 推广几个月都没有效果。

6. 预算灵活可控

SEM 推广可根据企业自身需要安排预算，合理设置 SEM 推广的区域和时间，提前设置预算上限，不用担心超预算，因为灵活可控。

三、直通车的基本认知

在淘宝中，直通车是主要的 SEM 推广，是为淘宝卖家量身定制的，展现免费、点击付费的效果营销工具，主要是为了帮助卖家实现宝贝的精准推广。

(一)什么是直通车

淘宝直通车是淘宝网为广大卖家量身定制的一款推广工具，是按竞价的方式获得商品排名、展现免费而点击付费的推广方式。直通车按推广的关键词将商品展现给买家，以实现商品的精准推广。

在淘宝的发展过程中，直通车扮演着重要角色，其从淘宝网创建初期的不为人所知、不为人所用，变成了现在卖家必用的推广工具。直通车凭借其获取流量精准、点击付费等特点，慢慢发展成了综合的推广平台。当流量红利消逝，网店进入精细化运营时期后，直通车作为一种精准的引流工具，已成为网店运营者开启流量的钥匙。

(二)直通车扣费与排名

直通车是一种展现免费、点击扣费、采用竞价方式获得排名的精准推广工具。

直通车扣费=下一名的出价×(下一名的质量得分÷自己的质量得分)+ 0.01 元

通过扣费公式可以看出，实际扣费与卖家的出价无关，而是与下一名的出价、下一名的质量得分有关。自己的质量得分越高，最后的实际扣费就越低。因此，只要把自己关键词的质量得分提升到最高，就可以减少推广费用。

综合排名=关键词质量得分×出价

因此，商品的排名由关键词质量得分与出价决定。例如，有 A、B、C 三个卖家对同一个关键词进行竞价，出价与质量分如表 5-1 所示。

表 5-1 宝贝的综合提成名

宝贝	出价	质量分	实际扣费	排名
A	3	10	2.01	1
B	2	10	1.01	2
C	1	10		3

A 实际扣费=2×(10÷10)+0.01=2.01，B 实际扣费=1×(10÷10)+0.01=1.01。

A 综合排名为 3×10=30，B 综合排名为 2×10=20，C 综合排名为 1×10=10，因此，A 排名第 1。

需要说明的是，质量得分是搜索推广中衡量关键词与宝贝推广信息和淘宝网用户搜索意向三者之间相关性的综合性指标。其以 10 分制的形式来呈现，分值越高，推广效果越好。质量得分由"创意质量""相关性""买家体验"3 个因素决定。

(三)直通车账户结构

每个天猫卖家只有一个直通车账户，每个直通车账户在一定条件下可以创建多个推广计划，目前，满足近半年消耗达到 15 万且近 30 天消耗达到 5 万的卖家可以开通 50 个计划，满足近半年消耗达到 3000 且近 30 天消耗大于 1500 的卖家可以开通 20 个计划。每个推广计划最多可以推广 500 个宝贝，每个宝贝最多可以设置 200 个关键词，如图 5-12 所示。

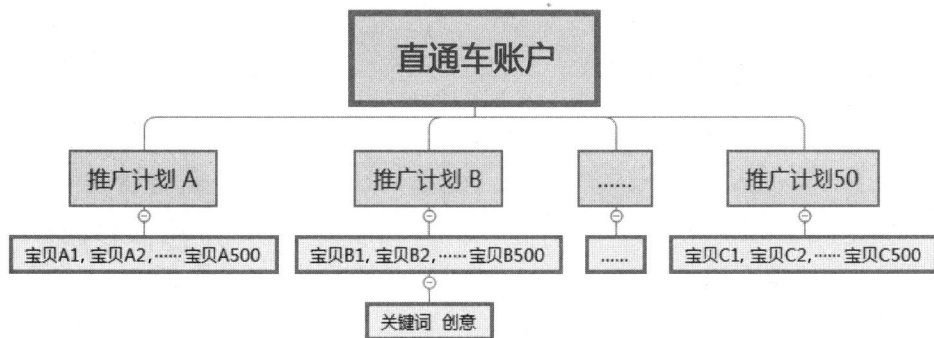

图 5-12　直通车账户结构

(四)直通车展示位

随着直通车逐渐成为卖家引流的必用工具，它的展示位也越来越多。目前，直通车的展示位主要有搜索列表页展示位、天猫页面展示位、移动端展示位、定向推广展示位、淘宝站外展示位等几种。下面主要介绍搜索列表页展示位、移动端展示位、定向推广展示位。

1. 搜索列表页展示位

在搜索框中输入"水果"关键词，搜索结果列表页左侧第 1 排第 1 个位置，带有"掌柜热卖"标签的就是直通车展示位，如图 5-13 所示。

在同一页面下，右侧"掌柜热卖"栏目自上而下的 16 个位置，以及底部的 5 个位置，也都属于直通车推广展示位，如图 5-14 和图 5-15 所示。

从第 2 页开始，直通车展示位数量发生变化，主要体现在搜索结果页的第 1 排，前 3 个位置都变成了直通车展示位，如图 5-16 所示。从第 2 页及以后的搜索页，每个页面的直通车展示位变为了 24 个(第 1 排有 3 个，右侧有 16 个，底部有 5 个)。

图 5-13　搜索列表页展示位

图 5-14　掌柜热卖(1)

图 5-15　掌柜热卖(2)

图 5-16　直通车展示位

如果由类目进入宝贝列表页，即在淘宝首页点击"生鲜"按钮，进入页面后，选择"新鲜水果"类目下的"生鲜水果"选项。其右侧自上而下的 16 个位置，底部的 5 个位置，也是关键词推广展示位，第 1 排没有展示位，如图 5-17 所示。

图 5-17　类目搜索结果展示位

淘宝首页搜索框下面的系统推荐热搜词是根据买家的搜索数量由系统推荐而来的，如图 5-18 所示。点击热词后进入搜索结果页面，右侧自上而下的 16 个位置，以及底部的 5 个位置仍为直通车展示位，但与输入关键词搜索不同的是，第 1 排有 4 个直通车展示位。

图 5-18　首页搜索框

2. 移动端展示位

在移动端搜索结果中，带有"HOT"字样的宝贝是直通车推广的宝贝，也就是直通车的展示位，如图5-19所示。

手机端直通车的推广商品与自然搜索商品的间隔规则如下。

1+6+1+10+1+16+1…，即每隔6个、10个或16个宝贝就有1个展示位。

1的位置代表的是直通车展示位，6、10、16就是间隔自然搜索宝贝的数量。

值得注意的是，这个展示位的排序规则是会发生变化的。在店铺运营的过程中，要经常浏览其位置，观察展示位的变化。

3. 定向推广展示位

定向推广是商家进行"推荐场景营销"的核心工具，覆盖淘宝内外各类推荐场景资源位，精准营销、点击收费。

当用户在淘宝进行购买、收藏、浏览等操作时，都会被淘宝记录，并存入淘宝的数据库，同时通过用户的行为将人群进行划分，根据用户的人群特征将要推广的商品展现给目标人群，从而实现精准营销。定向推广具有覆盖面广和针对性强的特点。

图5-19　移动端展示位

定向推广展示位主要分布在PC端与手机端各个"猜你喜欢"和宝贝购买链路的各个环节上，主要有旺旺买家版每日焦点—热卖、手机淘宝—购后猜你喜欢、手机淘宝—购中猜你喜欢、手机淘宝—首页猜你喜欢、平台营销会场、手机淘宝—淘好物活动、单品—淘宝确认收货页、站内评价成功页面、单品—淘宝订单详情页、淘宝首页—热卖单品精品、淘宝付款成功页、PC站内、手机淘宝消息中心—淘宝活动、手机淘宝—猜你喜欢、购物车—掌柜热卖、淘宝收藏夹—热卖单品、我的淘宝首页—猜你喜欢、我的淘宝—物流详情页、我的淘宝—已买到的宝贝等。

四、直通车推广操作

学习了直通车的推广原理及扣费排名规则和直通车推广的展示位置，下面我们进行直通车实操内容的学习。在直通车推广中，宝贝推广是整个直通车的核心。

(一)加入直通车

1. 确认开通条件

卖家首先到阿里妈妈客服中心(https://help.alimama.com)确认店铺已符合淘宝直通车准入规则(建议加入直通车的准入门槛)。在确认符合直通车准入规则后，在淘宝集市店，登录我的淘宝，点击"千牛卖家中心"，找到营销中心，点击"我要推广"找到淘宝/天猫直通车，点击"立即行动"，进入直通车界面。

在天猫店，登录我的淘宝，点击"千牛卖家中心"，找到营销推广中心，进入"我要推广"页面，找到淘宝/天猫直通车，点击"即刻提升"，进入直通车界面。

2. 预存费用

新用户加入淘宝直通车需要预存费用，且充值金额要大于 500 元，无上限要求，用户所充值的金额全部都是未来可使用的推广费用。提示充值成功之后，表示已开通淘宝直通车服务，如图 5-20 所示。

图 5-20 直通车预存费用

(二)直通车账户首页介绍

直通车账户首页展示直通车推广的整体情况，方便卖家直观预览直通车整体数据，主要有实时数据汇总、直通车各类型计划预览、货品成长、消费者洞察等几个模块。图 5-21 是实时数据汇总，在图中我们可以看到昨日与今日每个时段的直通车花费对比。图 5-22 是直通车各推广类型的花费、投入产出比、展现量、点击率、点击量及平均点击花费的数据预览。图 5-23 是直通车推广的货品成长数据及消费者洞察数据。

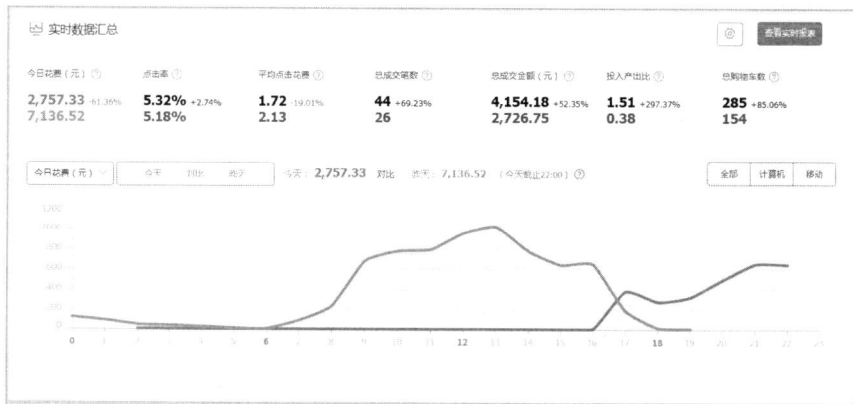

图 5-21 实时数据展示

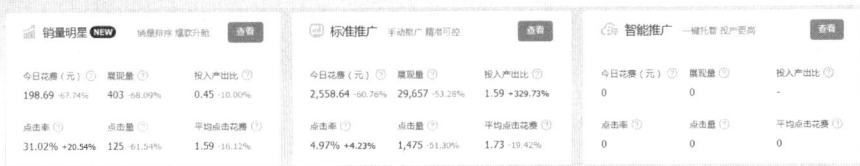

图 5-22　各项数据展示

图 5-23　货品成长数据及消费者洞察数据

(三)宝贝推广流程

点击"新建推广计划"按钮,进行营销场景与推广方式的选择,如图 5-24 所示。下面我们介绍营销场景与推广方式。

1. 营销场景

营销场景的选择是指卖家根据自己的推广目的为推广宝贝选择合适的推广方式,正确选择营销场景有助于获取精准流量,实现直通车推广的目的。

图 5-24　直通车计划新建

日常销售——促进成交是指以提升货品销售为主要目标,选取高精准性和高转化性关键词及人群,辅助对应的出价,提升转化效果。

宝贝测款——均匀快速获取流量是指测款策略帮您快速均衡流量,引入测款宝贝,快速掌握测款数据。

新品推广——潜力明星是指选择潜力明星上车,加速潜力新品成长,优化店铺货品结构,一般用于收藏、加购比较高的商品。

趋势明星——流量洼地是指趋势明星场景提供消费者热搜的洼地流量,可持续追踪趋势热点,提前抢占趋势。

定时上架——促进收藏加购是指淘宝定时上架的商品类型推广,获取推广预热流量及人群。

活动场景——促进活动爆发是指以活动前快速获得较大流量为目标,选取类目和高流量词及对活动的相关兴趣人群,帮您为活动爆发期流量蓄水,一般用于淘抢购、聚划算、"双 11""双 12""618"大促、"38"女王节等活动前大量流量的引入。

自定义场景是指卖家根据推广目的进行营销场景的自定义,如引流、爆款。

2. 推广方式

推广方式是直通车的投放方式,卖家根据其对直通车掌握的程度选择推广方式,直通车新手一般选择"智能推广"方式,有经验的直通车老手一般选择"标准推广——自定义"方式。

智能推广(原批量推广)是指系统借助大数据优势智能托管卖家直通车的推广方式,智能推广设置便捷,但不够精细化,一般都是新手使用或直通车老手用于宝贝测款。

标准推广——系统推荐是指先借鉴直通车系统方案,再手动调整的推广方式,兼顾设置的精细化与便捷性。

标准推广——自定义是自行设置、自行优化的推广方式,对直通车车手要求较高,要求其对店铺经营类目及商品有很深的理解。

卖家要根据推广目的与宝贝的特点,选择营销场景与推广方式。日常销售场景适用于已经上线了一段时间,成交量与转化率还不错的商品,目标就是把这款商品打造成爆款,系统会为推广的商品选取精准性的关键词和人群。宝贝测款场景适用于店铺内几款商品还不能确定哪款能够成为主推,把几款同时上线测试看看效果,宝贝测款较适合于中级以上卖家,测款过程中平台会为产品快速引入均衡流量,测款中的花费也会比较多。活动场景是以活动前快速获得较大流量为目标,选取类目和高流量词及对活动的相关兴趣人群,活动场景推广模式特别适用于"双 11""双 12""618"等这种大型活动期间,推荐日消耗额在 1000 元以上的卖家使用。

3. 投放设置

直通车投放设置主要对推广计划名称、日限额、投放平台、投放地域、投放时间等进行设置。

1) 设置日限额

选择完营销场景及推广方式后,点击"下一步,进入推广设置"按钮,填写推广计划名称,输入推广日限额,计划名称可以是推广商品名称、类目名称、活动名称,计划名称与推广内容对应,方便后期维护。日限额根据场景的不同,可选择"不限"与"有日限额",推荐使用"有日限额"的模式,以便控制成本,除非特别大的商家,像类目前 10 的大卖家可以选择不限额。小卖家日限额稳定款推荐 100~300 元,中卖家日限额稳定款推荐 300~1000 元。

2) 设置投放平台

直通车投放平台是指在什么设备上，哪些渠道上进行投放。它分为计算机设备与移动设备两大类，每种设备又分别分为淘宝站内推广与淘宝站外推广两种投放渠道。淘宝站内是推广必选的平台，淘宝站外是指在与淘宝合作的推广网站上推广。站内推广流量精准，转化率较高；站外推广流量不精准，点击率、转化率较低，从而会降低宝贝权重，影响搜索排名，因此建议关闭站外推广，如图 5-25 所示。

图 5-25　设置投放平台

3) 设置投放地域

直通车是淘宝运营的精准推广工具。人群选择得越精准，直通车投放效果越好。如在制热效果的空调适合北方城市，只有制冷效果的空调适合南方城市，在冬天销售自行车，不能选择北方城市。因此，我们要根据推广商品的特点，选择合适的投放地域，减少无效的点击花费，增加直通车的投入产出比，如图 5-26 所示。

图 5-26　设置地域

在设置投放地域时，要根据直通车下的"流量解析工具"中的行业、店铺经营数据、竞争对手等因素进行设置，在行业与店铺数据中展现指数、点击指数、成交量、转化率等数据低的区域、偏远地区、竞争对手密集的地区一般不投放。

4）设置投放时间

投放时间是指在直通车账户有余额的情况下，直通车推广的有效时间段。投放时间有当前设置、全日制投放、行业模板、自定义模板 4 种方式，如图 5-27 所示。当前设置是卖家自定义设置投放时间。全日制投放是指卖家全天各时段都进行投放，行业模板是指淘宝网根据整体行业情况，统计出来的投放时间折扣。自定义模板是指卖家根据操作经验，总结出的一套设置投放时段比例的数据，并由此制作成的模板，在建立其他计划时，直接引用模板的方式。

图 5-27　投放时间设置

新手在设置投放时间时，建议采用行业模板与数据分析结合的方式设置。选定店铺经营的行业，结合生意参谋流量概况中访客时段的统计数据，在店铺流量较大的时间段可以加入时间折扣，删掉客服不在线以及其他因素不想投入的时间段，最终完成投放时间的设置。

4. 选择推广商品

投放设置完成后，接下来的任务就是选择要推广的宝贝，这是选择直通车推广的重要环节。如果推广宝贝选择得不好，直通车的效果就不会理想。

一般来说，选择推广宝贝有以下 3 种方式。一是进行推广宝贝的数据分析，通过对推广宝贝的点击率、转化率等指标分析，预判直通车推广效果，选择推广宝贝。二是可以选几款宝贝进行测试，找到一款买家认同的商品进行推广。三是根据系统提示的优选宝贝、优选流量与优选转化选择宝贝。

1）选择推广宝贝

一个推广计划可以添加多个推广宝贝，但不同宝贝的属性不同，针对的人群也不同，宝贝之间会形成冲突，因此，建议一个计划添加一个宝贝。

　系统提供了 3 种选择宝贝的方式，分别是"优选宝贝""优选流量""优选转化"。

● 优选宝贝：根据该宝贝历史数据预测为适合推广的宝贝。
● 优选流量：根据该宝贝历史数据预测为在引流方面有潜力宝贝。
● 优选转化：根据该宝贝历史数据预测为在转化方面有潜力宝贝。

2) 创意编辑

添加宝贝之后，我们要为这款宝贝添加创意。宝贝创意是宝贝推广的重要环节之一，创意包括创意图片与创意标题两部分内容。在推广计划中，创意图片先默认使用主图，在推广计划完成后，可以再更改。

在设置创意时，可以开启智能创意。智能创意功能是指卖家同意淘宝网根据卖家在淘宝或天猫平台上及直通车中提交的相关信息，智能生成个性化创意匹配不同的消费者展示，使推广商品展现在对其感兴趣的人群面前，如图 5-28 所示。

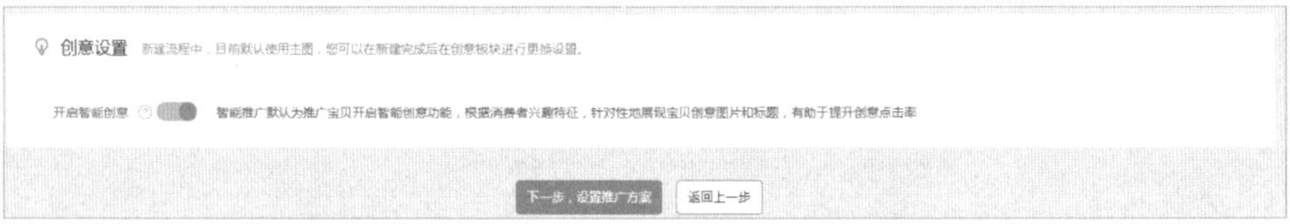

图 5-28　创意设置

直通车的创意直接影响推广商品的点击。创意图片设计要注意以下 3 个问题。一是要满足平台尺寸比例要求，不能失真与变形，图片要美观。二是要突出一个卖点，信息与卖点不宜太多。三是避免"图片党"，不能单纯为了吸引注意，"图片党"会导致买家进入详情页后，发现不是自己想要的商品，此时卖家花了费用反而降低了商品的转化率。图 5-29 是佳沛旗舰店绿奇异果的创意图片。

图 5-29　创意图片

创意标题，即推广标题，创意标题与商品标题不同，创意标题是 40 个字符，即 20 个汉字，建议使用有意义的汉字、字母、数字、符号，避免使用特殊符号，包括但不限于*●▲★㉑╰□※《》等，好的创意标题能提高关键词的质量得分。

创意标题编辑应注意以下几个问题。

(1) 标题应介绍商品，而不是说明店铺。买家看到推广的商品，通常是他们想要搜索某商品，如果标题中出现店铺的信息，买家要么不感兴趣没有点击，要么有点击不成交，使宝贝推广变得不够精准。

(2) 一个广告只突出一种商品卖点。不要罗列很多商品名，且一种商品只突出该商品最重要的卖点。"1 个商品名+1 个卖点"最简洁，字数不足再去补充。

(3) 将文字的信息点归类，并注意断句，让买家能轻松地读懂您的标题。可以适当使用标点符号或空格，让标题读起来更像个通顺的句子，而不是复杂得没有任何停顿的短语。

(4) 根据店铺运营情况写上价格优势、促销优惠等信息，如特价、特惠、清仓特卖、包邮、"热销××件"等。

5. 添加关键词

直通车关键词是买家搜索商品时匹配到的关键词，它的设置直接影响获取流量的精准程度，是直通车设置非常重要的一个环节。

在添加关键词时，最多可以添加 200 个。直通车关键词的添加分为"宝贝推词""优质人群推词"与"搜索关键词"3 种设置方式，如图 5-30 所示。宝贝推词分为潜力词、热搜词、质优词、趋势词、同行词、扩展词、联想词。优质人群推词首先要进行种子人群添加，系统根据种子人群搜索的关键词推荐关键词，卖家根据系统推荐关键词的相关性、展现指数、点击率、点击转化率、竞争热度等指标进行关键词的选择。搜索关键词是卖家根据以往的运营经验，搜索关键词并进行分析进而添加关键词。

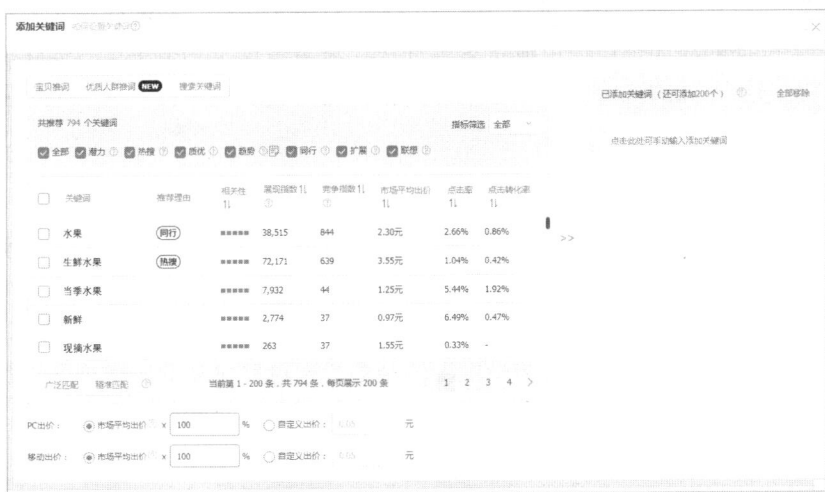

图 5-30　添加关键词

在添加关键词时，卖家可以根据关键词的相关性、展现指数、点击率、点击转化率、市场平均出价、竞争热度等指标筛选推荐的关键词，选择最有利于宝贝推广的关键词，如图 5-31 所示。

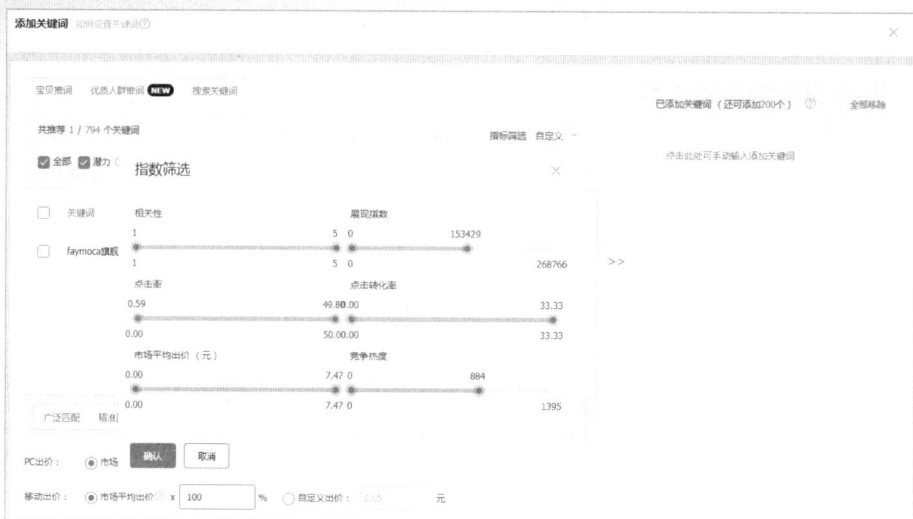

图 5-31　关键词分析

　　选择并添加关键词后，要选择关键词的匹配方式。关键词的匹配方式有广泛匹配与精准匹配两种，广泛匹配的展现范围包含精准匹配。选择一种合适的匹配方式，可以帮助卖家获取更优质的流量，扩展潜在的买家。

　　广泛匹配：当买家搜索词包含了所设关键词或与其相关时，推广宝贝就有机会展现。

　　精确匹配：只有买家搜索词与所设关键词完全相同(或是同义词)时，推广宝贝才有机会展现。

　　新建推广宝贝建议添加关键词为 10～30 个，直通车运行一段时间后，再根据数据调整关键词。关键词的添加也可使用流量智选词包，流量智选工具提供了智能化的动态买词能力，在商家选择不同的流量购买策略下，为推广宝贝自动购买优质的、未触及的流量，是商家高效的流量拓展帮手。

6. 关键词出价

　　当关键词添加完成后，要对关键词进行出价。直通车出价分为自定义出价和市场平均出价两种方式，直通车出价直接关系到直通车花费的多少，因此在既保证推广效果又保证不多花费的情况下，可采用分阶段出价方式。

　　第一阶段用市场平均出价。市场平均出价是系统根据整个行业关键词的出价计算的平均值，让宝贝获得行业平均展现机会，经过 1～2 周得到我们想要的展现指数、点击率、点击转化率等相关数据，如图 5-32 所示。

　　第二阶段是调整出价。根据第一阶段推广获得的展现指数、点击率、点击转化率等数据与关键词分析工具调整关键词出价。

　　在进行关键词出价时可使用智能出价功能。智能出价工具是一款根据出价目标，针对不同质量的流量动态溢价的工具。开启流量智选后，系统将提高高质量流量的溢价，降低低质量流量的溢价。在保障转化效果的前提下，尽量达成您的出价目标。

图 5-32 关键词出价

7. 设置精选人群溢价

精选人群分为系统推荐人群与自定义组合人群两种,如图 5-33 所示。推荐人群设置的主要功能是系统为卖家的宝贝量身定制的系统推荐人群溢价方案,卖家也可以自定义组合人群并进行溢价设置。系统推荐人群是淘宝网根据宝贝属性与顾客特征为推广宝贝匹配出的人群,如图 5-34 所示。

图 5-33 人群设置

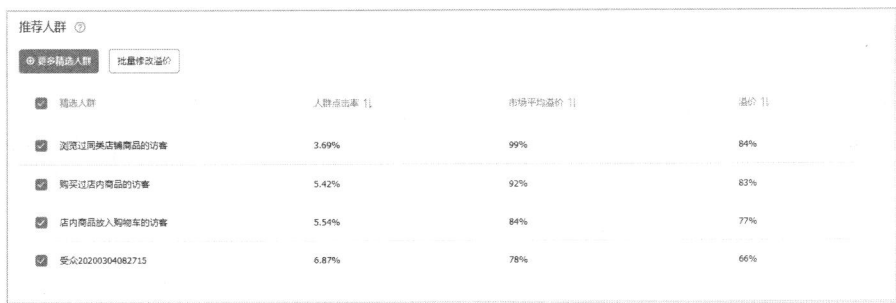

图 5-34 系统推荐人群

自定义组合人群主要有宝贝定向人群、店铺定向人群、行业定向人群、基础属性人群和达摩盘人群等人群的设定。

宝贝定向人群是淘宝系统结合本款宝贝的相关特征和属性,智能挖掘出对宝贝感兴趣的一类人群,主要分为喜欢相似宝贝的访客与喜欢店铺新品的访客两类人群。喜欢相似宝贝的访客是系统通过对该款宝贝产品属性的详细分析,为卖家找到的喜欢同类型商品的消费人群,这部分消费者可能是该款宝贝的高意愿买家。喜欢店铺新品的访客是系统智能挖掘出的对店铺内上架新品感兴趣的人群,这类人群对新品宝贝更容易产生加购、收藏等行为,如图 5-35 所示。

图 5-35 宝贝定向人群

店铺定向人群是系统结合卖家店铺的特征而智能挖掘,以及与卖家的店铺或同类店铺产生过浏览、收藏、加购、购买行为的一类人群。其主要包括浏览过智钻推广的访客、店铺长期价值人群、智能拉新人群、浏览过猜你喜欢的访客、浏览未购买店内商品的访客、店内商品放入购物车的访客等人群,如图 5-36 所示。

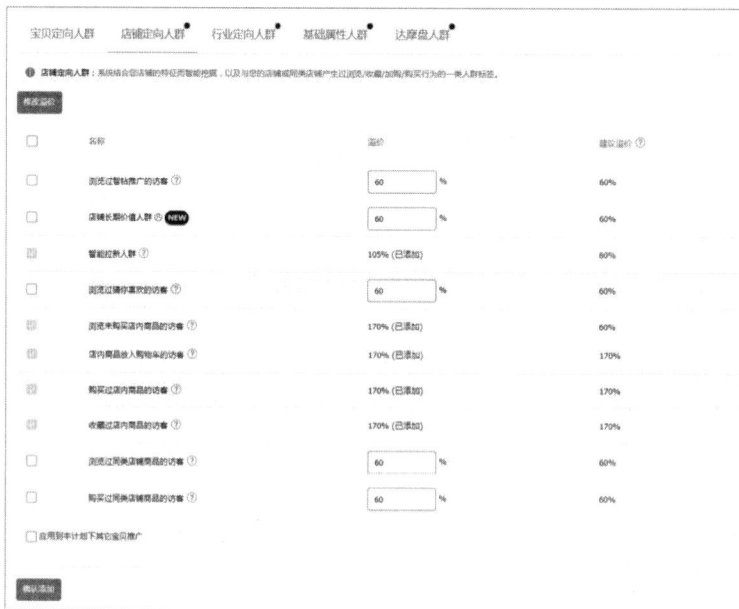

图 5-36 店铺定向人群

基础属性人群是按年龄、性别、职业、所处地理位置、在淘宝平台的购买行为、参加淘宝促销活动等信息进行圈定的人群，它分为人口属性人群、身份属性人群、天气属性人群、淘宝属性人群、节日属性人群。卖家可根据自己商品的特点设定人群，如图 5-37 所示。

图 5-37 基础属性人群

达摩盘是自定义组合圈选的各类人群的工具，它是阿里妈妈基于营销场景打造的数据管理平台，拥有消费行为、兴趣偏好、地理位置等众多数据标签。卖家通过达摩盘可以实现对各类买家的分析，潜力买家的挖掘；通过达摩盘的标签，快速圈定想要购买产品的目标人群，实现对不同人群在各营销渠道的精准营销，如图 5-38 所示。

图 5-38 达摩盘界面

达摩盘圈定的人群可同步到智钻全店/内容/直播/视频、智钻—单品推广、直通车、策略中心(序列化投放)、品牌 Push 渠道、超级推荐等位置。达摩盘圈定的人群同步到直通车后，就可以设置溢价了，如图 5-39 所示。

推荐人群溢价比例为 5%~300%，最低溢价比例为 5%，推荐人群出价=直通车出价×(1+溢价比例)。在设置精选人群溢价时，卖家需要参考人群点击率与市场平均溢价设置推广宝贝的溢价比例，一般来说，设置的溢价比例在市场平均溢价上下浮动，设置溢价后所对应的精准人群更有机会看到推广商品。

图 5-39　人群投放设置

任务四　网店信息流推广

信息流推广作为现在流量非常重要的一个付费来源，许多电商也关注到这部分流量。很多之前做淘宝店铺的商家都过来做信息流推广了，通过信息流进行卖货、带货，因此，衍生出了很多信息流电商新玩法。

一、什么是信息流推广

信息流推广是指信息流优化师根据广告主要求通过媒体平台账户，设置好人群定向，制作好广告类型的素材和文案，然后付费推广给相应的受众，以达到曝光、留电、注册或者付费的目的。消费的金额越多(成本合适的情况)，拿到的曝光、留电、注册或付费等就越多。信息流广告是在社交媒体用户好友动态、资讯媒体和视听媒体内容流中的广告。只要你有手机/电脑，并且能上网，那么你就在接触信息流广告。

二、信息流推广优势

信息流推广是利用网络媒体向用户输送内容的渠道和过程，它是一种推广形式，因原生性强而大受欢迎。它具有以下优势。

1. 捕捉真实意图，精准投放广告

信息流广告推广是建立在对用户基础数据分析的基础上进行的相关产品及服务的匹配，降低了广告对用户的打扰，将打扰转换为用户需求，从而实现精准投放。

2. 提高用户使用体验

信息流广告可以穿插在展现的原生广告中，可以将广告内容化，因此原生性强，干扰程度低是其重要特征。从硬广走向原生资讯，无缝融合内容，让用户在不知不觉中接受了广告的展示。

3. 营销模式创新

信息流可以整合传统模式与新媒体技术的优势，利用一些技术分析用户的兴趣爱好，以实现推广目标。

4. 符合用户获取信息的途径

在信息极度膨胀的时代，很多广告主都会使用 App 来推广广告，从而让用户获取信息的途径更多元化，不再只限定于京东、淘宝、天猫等，买家可能会因为一个微信朋友圈分享、抖音或快手等平台的推荐而消费。

5. 展现形式丰富

信息流广告可以以小图、大图、组合图等多种形式展示出来，丰富了用户的视觉体验，有利于用户的消费选择。

三、电商信息流推广主要方向

现在主流的信息流电商方法分为三种：二类电商、引流电商和直播间引流(抖音直播间 Feed)。对于很多刚接触信息流电商的优化师来说，可能还不知道这三类电商是什么，下面就介绍一下信息流电商的三类新方法。

1. 二类电商信息流推广

二类电商又称为"直营电商"，指通过信息流广告的形式在移动平台上展示，通过直接下单页面销售产品，多以货到付款为支付方式的营销模式。

信息流推广二类电商是指在我们所说的流量平台上，如今日头条、抖音、QQ 浏览器、百度等，依托于媒体资讯流量来展现销售产品。

二类电商的特点：见效快、订单量大、商品周期比较短；即刻花钱，即刻成单，即刻发货，不像传统电商，既要去刷单又要去养店铺，如图 5-40 所示。

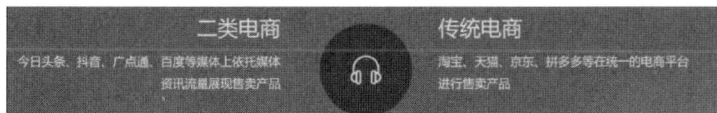

图 5-40 一类电商信息流推广平台

2. 引流电商信息流推广

"引流"从字面上来说就是引导流量，信息流推广引流电商是借助自媒体渠道，通过流量出淘(不只是淘宝，还包括其他电商平台)，为商品引流，打造电商爆品广告样式。

信息流推广引流电商客户：淘宝、京东、天猫、拼多多等第三方线上电商店铺的商家。

信息流推广引流电商需求：把电商平台站外的流量，引入自己的店铺内，如图 5-41 所示。

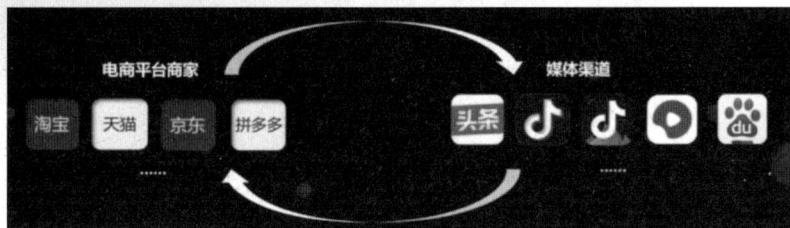

图 5-41　引流电商信息流推广

3. 直播间引流(抖音直播间 Feed) 信息流推广

信息流推广抖音直播间 Feed 是通过巨量引擎(现在快手也有)后台进行付费推广,把流量引导到抖音直播间,进而增加直播间人数,引导用户下单购买商品的推广方式。

抖音直播间 Feed 优势:平常我们直播可能要养一个抖音号,通过积累大量粉丝,让用户进来,去店铺进行购买。那如果没有粉丝或者做视频做得不好怎么办?这时就可以花钱做广告,通过广告引流资源,将用户引流到我们的直播间。

直播间引流不仅是广告引流的资源,还包括自然引流的资源,两部分都非常重要。信息流推广直播间引流具体流程:直播间引流流量—进入直播间—直播间停留—商品购买。

平时我们浏览视频时,正常情况下,如果我们没有关注这个人,是刷不到这个人的直播间的,或者很小概率能刷到他,除非他特别火,人气特别高。但是通过抖音直播间 Feed 广告投放的形式,它上面带有"广告"标签,比如店铺是卖女装的,买家最近看女装的视频比较多,它投放后就会定位到买家这样的人群,那么买家再刷短视频的时候,就会看到它的直播间,进而可以进入它的直播间,通过抖音小店,或者小黄车进行购买。

四、电商信息流推广主要平台

信息流广告投放平台有很多,具体还要根据卖家的行业特点、预算等来具体选择,目前主要电商信息流推广有以下四大主流平台。

1. 巨量引擎

- 渠道特点:高级智能投放渠道,受众广泛,一线、二线、三线、四线城市都有覆盖。
- 平台优势:用户量大,日活跃用户数很高,算法比较成熟。
- 平台缺点:竞争性较大,对素材要求比较高,小预算账户比较难起量。
- 可投放平台:今日头条、西瓜、抖音等。
- 适合行业:不限行业。

巨量引擎官网如图 5-42 所示。

2. 百度

- 渠道特点:中级智能投放渠道,平台本身依赖搜索行为。
- 平台优势:有搜索基础,用户精准度和质量较高。

- 平台缺点：与其他平台相比，流量较少，算法相对较差，对操作技术要求高。
- 可投放平台：手机百度，好看视频，百度贴吧，百青藤。
- 适合行业：中小型企业、ToB 行业，建议小预算账户投放。

图 5-42 巨量引擎官网

百度营销官网如图 5-43 所示。

图 5-43 百度营销官网

3. 腾讯

- 渠道特点：高级智能投放。
- 平台优势：覆盖面比较广，用户黏性大，日活跃用户数高，年轻受众广，适合品牌推广。
- 平台缺点：平台多，用户难以精准定位。
- 可投放平台：微信朋友圈、公众号，小程序，天天快报，QQ 客户端，浏览器等。
- 适合行业：教育、游戏、小说、轻工业等。

腾讯广告官网如图 5-44 所示。

图 5-44　腾讯广告官网

4. 巨量千川

PC 极速版特点：可做视频带货和直播间带货，人工操作减少，系统自动帮忙投放，适合新手商家。

PC 专业版特点：可做视频带货和直播间带货，定向更加精细化，优化师可自主选择各种定向操作。

小店随心推：其实，就是 dou+电商版，可以视频带货，也可以推广直播间带货，抖音手机版即可操作，可以获得更多自然流量，适用零基础的商家。

巨量千川界面如图 5-45 所示。

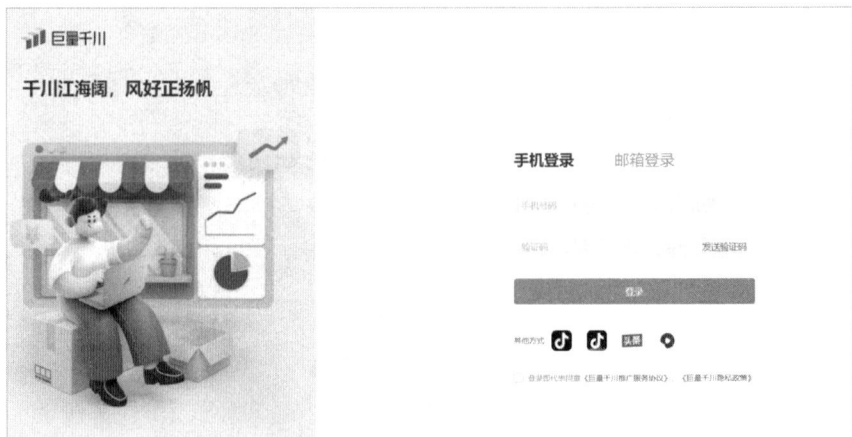

图 5-45　巨量千川界面

课 后 作 业

(1)　了解并学习流量推广的基础知识。

(2)　了解并深度学习宝贝标题的 SEO 优化。

(3)　了解店铺 SEM 推广并尝试进行 SEM 优化。

(4)　在站外软件参考并学习其他商家广告投放的内容。

项目六
短视频与直播推广

【项目导入】

短视频作为内容创作的风口，被大部分创业团队关注。直播也同样发展迅猛，出现了很多直播平台，也出现了很多网络红人。可以说，它们的共同点就是很火爆，也都是视频化的东西。同样地，其入门的门槛都很低，人人都可以做直播，人人也都可以去做短视频。但是它们也有不同的地方：直播是一个短时间聚集流量的内容形式，具有即时性；而短视频更多的是要去做内容，是可以沉淀下来的东西。这两种媒介形式都在几年内获得了突飞猛进的发展，同时也创造了内容创业的"新风口"。如今，短视频与直播相互融合的趋势不断深化，要想在这一行业成功扎根，首先要了解这两种媒介形式各自的特征，然后再找到适合自己的"路子"。

福建省宁德市霞浦县的王某在网店搭建好之后，把网店运营得很好，农产品销售得也很顺畅，但是王某还想挑战一下短视频及直播推广，学习如何拍摄短视频并剪辑，以及怎么直播等，以帮助他更好地卖逆风农产品。下面让我们一起学习这些内容。

【项目分析】

- 了解短视频的特点与类型
- 了解主流短视频平台的各方面知识
- 分析短视频的拍摄与剪辑的方法
- 学习直播的策划及实施流程
- 培养职业教学学习能力，以及学习新知识的能力
- 具备灵活变通的活动能力，协同他人完成实训

任务一　短视频拍摄与剪辑

短视频的本质是将文本语言转换成镜头语言，借助镜头来表达短视频创作者的情感和想法。要想实现这一目的，短视频拍摄和后期编辑这两个步骤缺一不可。掌握好拍摄技巧，可以保证短视频的拍摄效果，给观众带来足够强烈的视觉冲击力，而后期编辑可以让短视频的逻辑更合理，画面更流畅，音质更具有感染力，提升短视频的质量。下面让我们一起了解有关短视频的知识。

一、短视频概述

处于流量与创新红利爆发期的短视频，已成为品牌不容错过的营销"价值高地"，是品牌与用户打造新型社交关系、"融合共创"的绝佳阵地。短视频策划与制作已经成为短视频营销过程的重要组成部分，通过短视频策划与制作，精准定位短视频，挖掘视频特有之标签，注重视频垂直性，保持视频稳定性，做到有的放矢，这样才能在后续的短视频发展和推广中起到事半功倍的作用。

(一)短视频的含义

短视频是一种视频长度以"秒"计数，主要依托于移动智能终端实现快速拍摄和编辑，可以在社交媒体平台实时分享与无缝对接的一种新型视频形式。短视频也是随着新媒体产业的不断发展应运而生的新型互联网内容传播载体。与传统模式视频相比，短视频制作流程简单，用户能很快掌握制作方法，如图 6-1 所示。

图 6-1　短视频

随着短视频平台的普及，越来越多的电商、媒体平台开始转战视频领域，并诞生了一批(如抖音、快手、西瓜视频等)应用程序。这些视频应用不仅具有拍摄与剪辑功能，还支持创作者与微信、QQ、微博实时分享互动，吸引了广大视频爱好者。短视频的时长比传统视频短，基本为 3～5 分钟，最长不会超过 10 分钟。视频的整体节奏快，内容紧凑。

(二)短视频的特点

继文字、图片和传统视频之后，短视频可以更加直接、立体地满足用户的表达、沟通需求，满足用户相互之间展示与分享的诉求。与传统视频相比，短视频主要具有以下 4 个特点。

1. 生产流程简单化，制作门槛低

传统视频的生产与传播成本较高，不利于广泛传播。而短视频则极大降低了生产和传播的门槛，用户可以即时拍摄和上传分享。在目前主流的短视频 App 中，一键添加滤镜

和特效等功能简单易学，使短视频的制作过程变得非常简单，用户只需一部手机就可以完成整个短视频的拍摄、制作和发布流程。

2. 快餐化和碎片化

短视频的时长一般控制在 5 分钟之内，很多只有 15 秒，这符合当下快节奏的生活方式，可以让用户充分利用碎片化时间直观、便捷地获取信息，有效地降低了获取信息的时间成本。

3. 内容个性化和多元化

短视频的表现形式多种多样，符合"90 后"和"00 后"个性化和多元化的内容需求。短视频 App 中自带的多种功能可以让用户充分表达个人的想法和创意，这也让短视频的内容变得更加丰富。

4. 社交属性强

短视频并非传统视频的微缩版，而是社交的延续，是一种信息传递的新方式。用户可以通过短视频 App 拍摄生活片段并分享到社交平台，而且短视频 App 本身也具有点赞、评论、私信、分享等功能。短视频的信息传播力强，范围广，有很强的交互性，因此为用户创作和分享短视频提供了有利条件。

(三)短视频的平台

目前，主流的短视频平台包括抖音、快手、西瓜视频等，2020 年腾讯也推出了微信视频号。

1. 抖音

抖音隶属于北京字节跳动科技有限公司，最开始是一款音乐创意短视频社交软件，上线于 2016 年 9 月，主要用户群体为年轻人群。用户可以通过该平台选择歌曲，拍摄音乐短视频。2017 年 3 月 13 日，某相声演员在微博上转发了一条其模仿者的短视频，短视频上有抖音 Logo，第二天抖音的"百度指数"就上升了 2000 多。截至 2025 年 3 月，抖音日活跃用户数已经突破 10 亿，成为中国最大的短视频平台。

抖音的用户主要分为三类：内容生产者、内容次生产者和内容消费者，其特点和目标如图 6-2 所示。

用户类型	特 点	目 标
内容生产者	专业度高，花精力运营粉丝和社群	打造个人品牌和商业矩阵
内容次生产者	喜欢模仿，渴望表达	满足表达欲，增加知名度
内容消费者	表达意愿低	在碎片化时间娱乐消遣

图 6-2　抖音用户的特点和目标

(1) 抖音采取"霸屏"阅读模式，降低了用户注意力被打断的概率。

(2) 抖音没有时间提示，用户在观看视频时很容易忽略时间的流逝。

(3) 抖音的默认打开方式是进入"推荐"页面，只需用手指在手机屏幕上轻轻一划，就可以播放下一条视频，用户的不确定感更强，这也更吸引用户观看，从而打造沉浸式娱乐体验。

(4) 抖音凭借自身丰富的工程师储备和人工智能实验室的支持，能够基于用户过去的观看行为进行用户画像分析，为其推荐感兴趣的内容，这种个性化推荐机制是抖音的核心竞争力。

抖音还会定期推出视频标签，引领用户参与到同一主题视频的创作中。这些视频标签激发了用户的创作灵感，使其创作出来的内容具有很高的参与感和娱乐性，因此被其他用户分享的概率也极大提升。例如，抖音发起的"twice 问号舞"和"立扫把挑战"就激发了广大用户的创作热情，用户踊跃参与这一主题活动，纷纷大显神通，展示自己创作的作品，如图 6-3 所示。

图 6-3 抖音视频标签

除此之外，很多品牌商也在抖音上发布主题创意活动，邀请用户创作各种具有创意的短视频。通过与抖音上的头部"网红"合作，品牌商可以迅速吸引大量用户参与活动，并轻松地将其转化为潜在客户。

2. 快手

快手是北京快手科技有限公司旗下的短视频软件，其前身是 GIF 快手，创建于 2011 年 3 月，是一款用于制作和分享 GIF 图片的手机应用。2012 年 11 月，快手从纯粹的工具应用转型为短视频社区，定位是记录和分享用户生活的平台。2014 年 11 月，正式更名为快手。截至 2024 年年底，快手日活跃用户数突破 7 亿。

快手主要面向三线、四线城市及广大农村用户群体，并为这些"草根"群体提供了一个直接展示自我的平台，因此在快手上占据主导地位的不是明星和 KOL(Key Opinion Leader，关键意见领袖)，也不是影响力巨大的"网红"，而是普通的"草根"。

因此，在快手的发展过程中，并没有采取以明星为中心的战略，没有将资源向粉丝较多的用户倾斜，也没有设计级别图标对用户进行分类，这样做的目的就是让平台上的所有用户都敢于表达自我，积极地分享生活。

为了方便用户发布更多的"原生态"内容，快手的页面设计以简单、清爽为主，使用户更专注于内容。快手主页上只有 3 个频道，分别为"关注""发现"和"同城"，最上方两侧分别是导航菜单按钮和摄像机图标。点击导航菜单按钮，用户可以使用更多的其他功能，如图 6-4 所示。由于快手在功能设计上做减法，因此将这些功能选项隐藏在主页以外。

图 6-4　快手的页面设计

3. 西瓜视频

西瓜视频是北京字节跳动科技有限公司旗下的个性化推荐短视频平台，由今日头条孵化而来。2016 年 5 月，西瓜视频的前身头条视频正式上线，通过投巨资扶持短视频创作者，经过一年的发展，其用户数量就突破 1 亿，并在 2017 年 6 月 8 日正式更名为西瓜视频。2024 年 1 月，西瓜视频累计用户数超过 3.5 亿，用户日均使用时长超过 80 分钟，视频日均播放量超过 40 亿次。

西瓜视频可以说是视频版的今日头条，拥有众多垂直分类，专业程度较高。该平台采用人工智能技术精准匹配内容与用户兴趣，致力于成为"最懂你"的短视频平台。

在短视频领域，如果说抖音和快手争夺的是竖屏市场，那么西瓜视频争夺的就是横屏市场。横版短视频之所以仍然存在市场，一是因为有大量的专业制作团队依然采取横版构图，从拍摄工具到镜头语言有着一套非常成熟的制作流程。二是因为横版短视频在题材范围、表现方式、叙事能力等方面比竖版短视频更有优势。

西瓜视频还拥有巨大的影视和综艺短视频资源，这些资源主要分为以下三类。

(1) 用户发布的剪辑视频。这类影视和综艺短视频资源大多是由喜爱电影和综艺节目的用户剪辑加工而成的，汇聚了影视和综艺视频中的精彩部分，资源丰富，类型多样。

（2）西瓜视频自制的影视和综艺节目。西瓜视频拥有版权的影视作品和自制的综艺节目视频有很多，可以更好地满足用户对影视和综艺节目的需求。图 6-5 所示为西瓜视频推出的"放映厅"，其中有大量拥有版权的影视和综艺资源。

（3）第三方影视和综艺作品宣发。大量影视和综艺节目制作方会选择西瓜视频作为宣发推广平台，与其联合推出一系列宣发活动，在西瓜视频中放出预告片段。

4. 微信视频号

微信视频号是继微信公众号、小程序后又一款微信生态产品，是腾讯在短视频越来越受到用户欢迎的背景下推出的，就是想要解决腾讯在短视频领域的短板，借助微信生态的巨大力量突围短视频。

在之前的微信生态下，用户也可以在微信朋友圈发布短视频，但仅限于用户的朋友圈好友观看，属于私域流量，而微信视频号则意味着微信平台打通了微信生态

图 6-5　西瓜视频推出的"放映厅"

的社交公域流量；将短视频的扩散形式改为"朋友圈+微信群+个人微信号"的方式，放开了传播限制，让更多的用户可以看到短视频，形成新的流量传播渠道。

微信视频号虽然在短视频市场中失去了时间上的优势，但依托于微信公众号在内容生态中不可替代的优势，坐拥超过 11 亿活跃用户的微信，依然是短视频市场的巨大变量。

二、短视频的拍摄

短视频的出现，成为人们打发碎片时间的新选择，丰富了人们的闲暇时光。与文字和图像相比，视频对于观众的冲击力更大，能够形成的记忆也更深刻，更加便于观众的观看与理解。

短视频的拍摄是一项实操性大于理论性的工作，短视频创作者不仅要选择合适的拍摄工具，还要熟练运用各种拍摄技巧，合理设计景别、光线位置、镜头运动方式和构图方式，其中短视频脚本的写作也因其指导性和统领全局性而显得至关重要。

(一)短视频的拍摄技巧

近年来，短视频行业的发展越来越迅速，各大媒体网站都纷纷推出自己的视频平台，以往只是单纯的图文形式，如今还添加了视频模板。对于一个视频来说，最主要的就是拍摄和后期两个部分，下面我们就以食品为例详细了解一下关于拍摄方面的小技巧。

1. 构图技巧

1）居中构图

在拍摄中，一般比较忌讳把拍摄的主题放在画面的中间占满整个画面，因为居中构图

虽然能着重体现所要刻画的物体，但一旦处理不好会显得画面呆板，无法给人以美感。所以在居中构图时，要注意食物本身的色彩处理及背景的留白与简单布置，如图6-6所示。

2) 水平构图

水平构图的画面能给人以稳定感、宽阔感，它对食物的表现是安静的、平衡的、松弛的，符合人的视觉习惯，如图6-7所示。

图6-6 居中构图　　　　　　图6-7 水平构图

3) 垂直构图

与水平构图相比，垂直构图的画面体现了纵深感和高度感，食物画面展现出来的是一种张力和紧迫感。

4) 三角构图

以食物组成的立体三角或者平面三角，可以是正三角，也可以是斜三角或倒三角。不同的三角形能给人带来不同的视觉感受。三角形构图具有安定、均衡、灵活等特点。

5) 对称构图

对称构图是比较稳定、平衡的画面布局，视觉效果醒目。

6) 对角线构图

对角线构图是指物体在画幅中两对角的连线，是一种导向性很强的构图方式，能带来很强的动态因素，表现食物的错落感与虚实感。

7) 平行构图

画面由多条具有平行线效果的被摄食品组成，这样的视觉效果平静、安静、舒适。

8) "L"形构图

"L"形构图往往出现在画面简洁、元素朴实的照片中，这种构图的张力能给照片带来天马行空的视觉延伸感。

需要特别注意的是，"L"形构图中画面元素常常平均分割，因此在构图时要避免破坏画面的平衡感。"L"形折线的汇聚线位置也要慎重选择，因为它有可能是画面的中心。

9) "U"形构图

"U"形构图与"L"形构图一样，张弛有度，能带来很好的视觉想象空间，尤其在零散食物的拍摄中有更好的效果。

2. 拍摄细节

1) 食材准备

在拍摄短视频前，首先要确保食材过关。也就是说，要上镜的食材必须色彩鲜艳，新鲜干净，能够给人一种视觉上的愉悦感。需要注意的是，有些食材的新鲜度是有一定时间限制的，因此如果视频拍摄的时间过长，很有必要在拍摄现场多准备几份食材。

2) 光线的把握

在拍摄食材时，光线具有魔术般的表现力，生动、自然的光线能够令整个视频锦上添花。一般来讲，当我们在画面中表现固态食材的形状、轮廓时，主要采用逆光和侧逆光的照明方式，因为这样可以使食材显得更加立体，并在食材和环境之间形成易于区分的明暗分界线，如图 6-8 所示。

图 6-8　光线的把握

需要注意的是，并不是每一次拍摄都需要进行照明。在拍摄时，最自然、肉眼最舒服的光线就是最容易被我们忽视的太阳光。因此如果条件允许，利用自然光即可。

3) 适当的运动

与始终静态的拍摄相比，运动能吸引观众的注意力，并能为整个视频画面增添生气和趣味。但是，这种运动不是随意的运动，而是有章法、讲技巧的运动，主要是围着运动的动图，更全面展示细节。

这样具有细节性的呈现形式，往往能够唤起消费者对食物的兴趣，并收获不错的效果。

4) 质感的凸显

拍摄时要尽可能展现食物本身的特性，凸显食物的质感。比如，在拍摄烤肉等肉类食物的视频时，要通过画面来呈现食物浓郁的肉汁酱料及肥厚的口感，使视频能够唤起观众对于肉食的记忆和联想，如图 6-9 所示。

5) 突出食物新鲜

蔬果类颜色鲜艳，需要着重突出新鲜感和艳丽感，可选取黑色作为背景，形成颜色色差，突出颜色。适当的喷水和溅起水花，能让蔬果更具新鲜感和层次感，如图 6-10 所示。

另外，还可以利用镜像，形成对称美。汁水较多的可以选择将内部切开，漏出汁水和果肉，这样能更好地体现水果的质感和新鲜度。

图 6-9　质感的凸显

图 6-10　"溅起水花"的画面

3. 拍摄切忌

(1) 构图太满：如果画面空间拥挤，主题就不会突出，会给人杂乱的感觉；或是主体就占满画面，没有美感可言。

(2) 画面太空：画面富余空间太大，主题被孤单地搁置，图片显得空洞。

(3) 画面太偏：画面物体偏向一侧，严重不稳定。

(4) 画面太沉：画面中的物体太靠下，使画面重心太低，视觉效果不舒适。

(5) 镜头前太空：镜头前空余区域太多，势必导致主题偏于中间位置，这样的构图不可取。

(二)短视频的拍摄设备

"工欲善其事，必先利其器。"短视频的拍摄需要用到各种拍摄设备。要想拍好短视频，挑选合适的拍摄设备是关键。拍摄设备的选择也是一门学问，涉及专业度和预算，不同的团队规模和预算有着不同的选择。

1. 拍摄设备

短视频的拍摄设备主要有手机、微单和单反相机。

1) 手机

目前，人们拍摄短视频用得最多的拍摄设备就是手机，其优势如下。

(1) 轻便灵活，可以随身携带，可以随时拿出来拍摄，以免错过精彩瞬间。

(2) 具有强大的美颜功能，包括美白、磨皮、瘦脸、滤镜等，已经成为人们在日常拍摄中经常使用的设备。

(3) 在手机被充满电的情况下可以连续拍摄几小时，有着极强的续航能力。

(4) 拥有全自动对焦功能，在拍摄时焦点的选择可以交给手机自动处理。

但与专业设备相比，手机有以下劣势。

(1) 镜头能力弱。手机镜头的分辨率与专业设备相比较低，由于手机采用数码变焦功能，会把远处的物体直接放大，或者当拍摄者移动机身取景时，其图像质量会变差。

(2) 成像质量较差。受到体积和成本等因素的制约，手机摄像头的成像芯片质量较差，因此拍摄的短视频画面放大后可能会变得模糊不清，色彩还原度也不高。

(3) 对光线和设备的稳定性要求高。使用手机拍摄短视频，如果在室内或夜晚光线不足时，影像就会模糊不清，且镜头轻微抖动也会造成短视频画面模糊。

2) 微单

如果团队的预算有限，但又想改进短视频的画质，可以考虑使用微单。

3) 单反相机

当团队发展到稳定阶段，面向更广大的用户，甚至承接电商短视频广告时，对画质和后期的要求会越来越高，这时就需要考虑使用更为专业的单反相机来拍摄短视频。

单反相机的成像质量比微单和手机好，使用单反相机拍摄的画面更加清晰。另外，单反相机的镜头样式多，包括定焦镜头、短焦镜头、长焦镜头等，可以满足更多场景的拍摄要求。

2. 灯光设备

摄影是光影的艺术，灯光造就了影像画面的立体感，是影像拍摄中的基本要素。在短视频室内拍摄中，最常用的灯光设备是伞灯和柔光灯。

1) 伞灯

将不同质地和规格的反光伞装在闪光灯上方就成了伞灯，如图 6-11 所示。其特点是发光面积大，光线柔和，反差弱。

图 6-11　伞灯

图 6-12　柔光灯

2) 柔光灯

在闪光灯上加上柔光罩，就成了柔光灯，如图 6-12 所示。柔光灯所发出的光是由闪光灯发出的直射光与反光罩的反射光混合后，再经柔光罩透射扩散而成的，其特点是照明均匀且充足，光线柔和，但方向一般强于伞灯，反差清晰，投影也浓于伞灯，具有良好的层次表现。

与拍摄电影时复杂的灯光布置相比，大部分短视频的拍摄要求并不高，一般"三灯布光法"就可以满足基本的拍摄需求。

● 主灯：主灯是主光，是一个场景中最基本的光源，可以将主体最亮的部位或轮廓打亮。主灯通常放在主体的侧前方，在主体和拍摄设备之间连线45°～90°的范围。

● 辅灯：辅灯是补光，比主光亮度要小，一般放在与主光相反的地方，对未被主光覆盖的主体暗部进行补光提亮。主光与补光的光比(光照强度比例)一般为 2∶1 或 4∶1。

- 轮廓灯：轮廓灯发出的光起到修饰作用，可以打亮人体的头发和肩膀等轮廓，提升画面的层次感和纵深感，一般位于主体后侧，与主光相对。

3. 辅助器材

拍摄短视频的辅助器材有很多，常用的有三脚架、稳定器、滑轨、话筒等。

1）三脚架

三脚架是短视频创作者拍摄短视频时必备的基本工具之一，可以防止因拍摄设备抖动而造成的视频画面模糊。三脚架有很多种，有适合相机使用的，也有适合手机使用的，还有适合放在桌面上使用的短三脚架，如图 6-13 所示。

短视频拍摄画面的比例要求不同，有的需要横屏，有的需要竖屏，若横屏拍摄一次，竖屏拍摄一次，就会费时费力，甚至出现细节差异，这时不妨使用多机位的三脚架同步拍摄，可以极大提升拍摄效率。

2）稳定器

当拍摄人物追逐、骑单车、玩滑板等户外运动画面时，人物的运动速度很快，摄影器材要跟随人物运动。如果拍摄者手持拍摄设备，拍摄的画面会抖动得非常厉害，使观众在观看时很容易头晕、烦躁，甚至会立刻把短视频关掉，以致影响短视频的完播率。如果在拍摄设备上安装稳定器就可以很好地解决这个问题，如图 6-14 所示。

图 6-13 三脚架

手机稳定器

相机稳定器

图 6-14 稳定器

3) 滑轨

如果被拍摄的人物或物品不移动，短视频中长时间呈现的固定画面就会显得很死板。为了实现动态的效果，拍摄者可以使用滑轨让拍摄器材进行平移、前推和后推等操作。镜头前推可以营造一种接近目标的感觉；镜头后推可以营造一种娓娓道来的感觉；镜头平移或者围着目标旋转，可以拍摄出动感的画面，给观众以代入感，使短视频看起来更流畅。滑轨如图 6-15 所示。

图 6-15　滑轨

4) 话筒

在室内拍摄短视频时，拍摄现场比较安静，拍摄距离也较近，所以手机和相机自带的收音设备一般就可以满足收音需求。但是，当拍摄设备距离人物超过 2 米时，人声会与环境噪声混杂在一起，从而影响收音效果，这时就要用到话筒。

(三)短视频的拍摄流程

短视频的拍摄流程如图 6-16 所示。

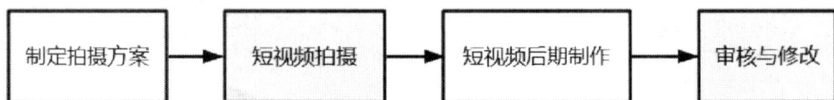

图 6-16　短视频的拍摄流程

1. 制定拍摄方案

可以说，一个视频的拍摄灵魂，就是前期的策划，因为策划承载了我们对所有画面的设想，当有了明确的想法和拍摄主题，才能知道拍什么，怎么拍。如果没有一个明确的主题，胡乱拍摄，最后的结果可能就是，大部分视频素材用不上，而想用的视频素材又没拍到。

因此，在拍摄产品视频前，我们要策划好视频的拍摄方案，方案内容包括：拍摄时长、拍摄风格、拍摄规格、拍摄时间等。不管是自己制作视频还是外包找团队制作视频，制定拍摄方案都是必须要做的一个步骤。制订方案后，就会有一个大概的制作视频要求，便于厘清拍摄思路。

在拍摄短视频之前还要策划好本次拍摄的脚本，脚本作为短视频拍摄的重要依据，要求所有参与短视频拍摄工作的人员的行为、动作都必须根据脚本来开展。脚本在短视频开拍前，就确定了拍摄设备、服装、化妆、道具、环境、角色、场景、旁白等元素。

因此，脚本需要提前统筹安排好每一个人每一步要做的事情，提高大家的工作效率，并保证视频的高质量完成。在脚本里面，我们要对每一个镜头进行细致的设计，用镜头讲故事，用简单的语言把故事展现给观众。

2. 短视频拍摄

方案制订好以后，接下来，我们就要进行短视频的拍摄。拍摄思路就是从大到中、到小，"大"是指大场景、大环境、大空间，如户外场景、室内场景。"中"代表一些近景，如人物、植物、小空间场景等。"小"代表细节、局部，比如要拍农产品，则可以拍外观形态、配料表等。

短视频拍摄还涉及人员、场地、设备三个方面。

一是人员。拍摄短视频首先需要编导负责镜头、指挥等工作，是现场的总导演；其次是摄像负责画面拍摄、声音录制等；最后是模特，如果需要人物出镜、真人口播、剧情片等视频，模特是必不可少的专业人士。

二是场地。想要视频画面有美感，就得将商品和拍摄背景搭配起来，搭建一个好的场景，这样拍摄的短视频才能在众多同类视频中脱颖而出，吸引更多消费者的目光和点击。搭建拍摄场景，是短视频拍摄的一个重要部分，这里还需要考虑到现场光线的影响。

三是设备。拍摄视频需要用到的设备有专业摄像机(像素更好)、灯光设备(包括打灯设备、反光设备等)、收音设备(口播视频需要)、高配置电脑(适合 PR 剪辑、AE 特效等的电脑)。

3. 短视频后期制作

短视频在拍摄好后就需要剪辑，剪辑最常见的工作就是把没用的部分裁剪掉，把不同的片段拼接成一个完整的视频。视频剪辑是一个视频的灵魂，好的后期剪辑能让一个视频更加夺目。后期剪辑的工作内容包括视频素材整理、视频剪接、视频特效、视频花字、视频音乐添加等工作。

在剪辑之前，需要筛选拍摄素材，根据脚本选择相应的素材，并对素材进行简单的排序，再根据视频的风格，选择几个背景音乐备选。做好了前期的准备，再导入软件进行剪辑。后期我们还要制作字幕、配音、特效等，这些都是制作产品视频的基本要求。

4. 审核与修改

无论是给自己拍摄视频还是给客户拍摄视频，视频制作完成后，都是需要给审核人员或者客户审核的，让他们指出有需要修改的地方等，并按要求修改。

三、短视频的剪辑

短视频的前期拍摄工作固然很重要，但如果短视频不经过后期编辑处理，就很难给观众带来强烈的视觉冲击，更谈不上吸引观众的注意。拍摄视频素材之后，要对其进行包装与润色。初期的策划拍摄工作就像写作，需要构想主题，拟定文章框架，并完成全篇写作；而后期制作则是对文章进行润色和完善、排版设计等。

(一)短视频剪辑的技巧

如今短视频已经成为很多人打发时间的重要"神器"，不少小伙伴也都喜欢以这种方式来记录自己的生活。不过，优质的短视频并不是仅仅拍摄就行了，往往还需要经过剪辑之后才能成为点赞数超高的作品。短视频看起来好像很容易做，但是在实际操作的过程中，还是有很多的细节要点需要注意的。下面我们来介绍一下短视频剪辑的技巧。

1. 剪辑的节奏要紧凑

短视频最大的特点就是"短"，需要在最短的时间内传递出最多的信息。因此，短视频的内容不能冗长，不能慢节奏，而是应当紧凑。比如，剪辑影视剧时，可以将不必要的对白剪掉，只需要留下足以影响剧情走向的对白即可。

2. 短视频剪辑的思路要提前想好

无论剪辑何种短视频，在剪辑之前一定要有清晰的剪辑思路。刚开始学习短视频剪辑的时候可以将自己的思路写在纸上，然后按照自己的思路去剪辑，比如，先构思好故事思路，如何运用蒙太奇手法，如何运用分镜手法等。另外，在剪辑的时候还要注意画面的衔接，避免出现两个镜头之间毫无关联，这会让整个视频看上去很奇怪，一般是"动对动、静对静"的剪辑思路比较好。

3. 配音、配乐很重要

很多小伙伴在剪辑短视频的时候，对于后期配音并不怎么用心。但事实上，配音是一定要用心的，而且它很可能会成为该短视频是否优质的关键点。为什么说配音很重要呢？其实我们可以回想一下刷短视频时的场景，当无趣的场景、人物配上有趣的配音时，是不是就更加生动了呢？短视频配音操作界面如图6-17所示。

短视频的配音、配乐是非常重要的，尤其是卡节奏点的音乐配上卡点的视频内容，真的是非常魔性，很容易令人印象深刻。另外，配音、配乐一定要符合整个短视频的基调，不能随便选择，比如古装剧配现代英文歌就会显得非常奇怪。

4. 多角度剪辑

很多刚开始做短视频剪辑的小伙伴经常会犯的一个错误，总是喜欢剪辑同一个角度的镜头，这固然会让剪辑变得更加简单，但是也会让整个短视频看起来非常无趣。因此，一定要注意多角度剪辑，尽量避免重复剪辑，这样才能让观看的人产生更大的兴趣。

5. 添加字幕

字幕可以帮助用户节省时间，尤其是知识分享型的短视频，字幕能让观众更好地理解视频要表达的意思。以剪映 App 自动识别字幕为例，打开剪映—文字—识别字幕即可，如果有字幕没识别正确的地方，还可以进行手动修改。

讯飞快读　　　　　　　讯飞配音

图 6-17　短视频配音

6. 设置参数

关系到后续视频是否清晰的几个参数一定要调整。以剪映 App 为例，打开剪映—剪辑—调节—设置参数，建议将视频分辨率设置为 1080p，亮度、对比度、饱和度、锐化参数根据视频质量调整到最清晰的状态即可。若在同样的环境下拍摄不同的内容，建议将参数记录好，将每次剪辑视频设置成统一参数，如此视频整体性才会比较好。

7. 设计视频封面

视频封面设计要有辨识度，有统一风格，封面+标题决定了 50%的推荐流量，例如，当用户点击进入抖音个人主页时，视频封面更好看的账号，会吸引用户产生多次点击的欲望(播放量)，并且能够提高用户的关注量(粉丝量)。

(二)短视频剪辑常用的工具

短视频的后期编辑处理要用到后期编辑工具，利用它们可以对拍摄的短视频进行剪辑，添加转场、字幕、特效等，凸显短视频的专业性和艺术性。下面介绍几种常用的短视频后期编辑工具。

1. Premiere

Premiere 作为一款流行的 PC 端非线性视频编辑处理工具，在影视后期、广告制作、电视节目制作等领域有着广泛的应用，在短视频编辑与制作领域也是非常重要的工具。Premiere 拥有强大的视频编辑功能，易学且高效，可以发挥用户的创造能力和创作自由度。

2. Audition

Audition 是一款专业级别的 PC 端音频处理工具，提供先进的音频混合、编辑、控制和效果处理等功能，支持 128 条音轨、多种音频特效和多种音频格式，用户使用它可以很方便地对音频文件进行修改与合并，以及创建、混合和设计各种音效。

3. 爱剪辑

爱剪辑是一款简单实用、功能强大的视频剪辑软件，用户利用它可以自由地拼接和剪辑视频，其创新的人性化界面是根据用户的使用习惯、功能需求与审美特点进行设计的。爱剪辑拥有为视频添加字幕、调色、添加相框等齐全的剪辑功能，且具有诸多创新功能和影院级特效。

4. 巧影

巧影作为一款功能全面的短视频处理 App，适用于安卓系统、谷歌 Chrome、OS 系统、iOS 系统，支持多个视频、图片、音频、文字、效果等视频/音频层，同时拥有精准编辑、一键抠图、多层视频、多层混音、潮流素材、关键帧动画、多倍变速、多种屏幕尺寸、超高分辨率输出等功能，用户使用起来十分简便。

5. 剪映

剪映是抖音官方推出的一款移动端视频编辑 App，具有强大的视频剪辑功能，支持视频变速与倒放，用户可以利用它在视频中添加音频、识别字幕、添加贴纸、应用滤镜、使用美颜等，而且它还提供了非常丰富的曲库和贴纸资源等。即使是视频制作的初学者，也能利用这款工具制作自己心仪的视频作品。

6. 快剪辑

快剪辑是 360 旗下的一款功能齐全、操作简单、可以边看边编辑的视频剪辑工具，既有 PC 端快剪辑，也有移动端快剪辑。快剪辑是抖音、快手、哔哩哔哩、微信等平台用户强烈推荐的一款视频剪辑软件，无论是刚入门的新手，还是视频剪辑专家，快剪辑都能帮助其快速制作爆款的短视频作品。

7. VUE

VUE 是 iOS 和 Android 平台上的一款 Vlog 社区与编辑工具，允许用户通过简单的操作实现 Vlog 的拍摄、剪辑、细调和发布，以记录与分享生活，用户还可以在社区直接浏览他人发布的 Vlog，并与其他人互动。

(三)剪映的相关操作

在短视频日益活跃的今天，越来越多的人进入自媒体行业，很多网友都会通过抖音发短视频，因此剪辑视频已经成为制作短视频的必备技能。手机上优秀的视频制作应用程序越来越多，且功能已经十分完善，基本涵盖了后期要用到的所有功能。以下就以抖音官方推出的手机视频剪辑工具——剪映为例，为大家介绍视频后期制作的流程和操作。

1. 添加剪辑素材

在手机应用商店下载并安装剪映。安装完成后打开应用即可进入剪映主界面，如图 6-18

所示。点击"开始创作"按钮即可进入视频剪辑。

进入素材库，将事先拍摄好的视频或图片素材导入时间轴进行编辑，如图 6-19 所示，可导入多个素材进行剪辑操作。

在素材库中选择要导入的剪辑素材，然后点击右下角的"添加"按钮，即可完成素材添加操作。添加的多段素材将按选择顺序排列在时间轴上，如图 6-20 所示。

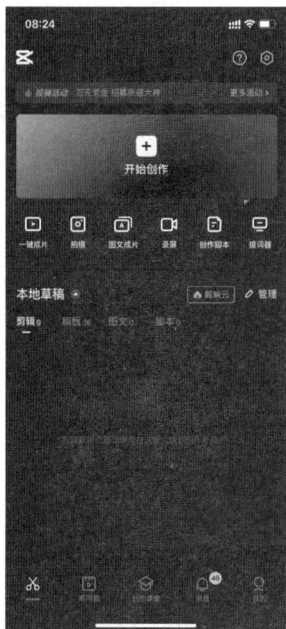

图 6-18　剪映主界面　　　　图 6-19　选择多个素材　　　　图 6-20　时间轴

如果需要继续在时间轴上添加一段新素材，则需要确定要添加素材的时间位置，并将时间轴卡尺移至该时间位置上，最后点击右侧的"+"按钮，进行添加素材。

添加素材的前后顺序为：若卡尺位于某段素材前，则添加的素材在该素材前方。若卡尺位于某段素材后，则添加的素材在该素材后方。

通过此法，可以调整时间轴上素材播放的前后顺序。

2. 添加图层功能——画中画

在剪映中，通过"画中画"功能，可在原视频轨道上新增一层视频轨道。点击软件底端的"画中画"按钮，并从素材库中选择素材进行添加操作，如图 6-21 所示。

图 6-21　选择"画中画"

添加完成后如图 6-22 所示，在背景图(实物为绿色)上新增一个西红柿素材。重复上述操作，可添加多个视频轨道层。

如果要将导入的视频轨道层重新排列层级，可以通过"层级"按钮进行选择排序。但需要注意的是，"层级"按钮只针对添加的画中画图层有效，无法对底层轨道进行层级调整。

3. 调整素材的基本属性

在剪映中可以对一段素材的基本属性进行调整修改，如调整大小、画面裁切、画面旋转及调整位置等。

选中任意一个素材，使用双指在手机画面中拉伸素材，可以直接调整素材画面的大小。通过"编辑"按钮，可对素材进行旋转、镜像、裁剪操作，如图 6-23 所示。

若要对素材进行旋转操作，则需在选定该素材后，在底边工具栏上点击"编辑"按钮。在"编辑"按钮下，选择"旋转"功能，即可将素材进行旋转，可旋转的角度有 0°、90°、180°、270°。

图 6-22　添加"画中画"

图 6-23　"编辑"按钮

若要对素材进行裁剪操作，则点击"裁剪"按钮，可对素材进行自由裁剪操作。确定需要保留的素材内容，并点击右下角"N"按钮，确认裁剪并回到剪辑主画面，即可看到裁剪调整后的效果。

4. 删除素材

在剪辑过程中，如果素材修整后的效果不尽如人意，可以进行删除操作。只需在时间轴上选中需要删除的素材片段，在底端工具栏中便会显示"删除"按钮，点击该按钮即可完成删除素材操作，如图 6-24 所示，并且下一个素材将自动和被删除素材的前一个素材连接。

在剪辑时，若出现误删或剪辑步骤出错等操作，可通过时间轴右上方的"撤回"和"重做"两个按钮进行调整。

图 6-24　删除素材

任务二　直播策划与实施

"直播"一词由来已久，在传统媒体平台就已经出现了基于电视或广播的现场直播形式，如晚会直播、体育比赛直播、新闻直播等。而随着互联网的发展，尤其是智能手机的普及和 5G 网络的发展，直播的概念已经有了新的延伸，越来越多的基于互联网的直播形式开始出现。网络直播的发展速度势不可当，目前，农业作为传统行业，已经利用新媒体平台销售农产品。由于直播卖货可以为农产品更好地打开市场，所以它正逐步成为新的农产品销售模式。

一、直播概述

近年来，电商直播作为一种新兴的网络零售形式，以持续增长的用户数量和迅速扩大的市场规模，为电商产业的持续发展和传统产业的电商化转型带来了新的机遇。

(一)直播的含义

网络直播是指用户在手机或计算机上安装直播软件，利用摄像头进行实时拍摄和呈现，其他用户可以在相应的直播平台直接观看和互动，如图 6-25 所示。

图 6-25　直播

电商直播是运用直播平台对产品或服务进行直播展示的一种营销行为。电商直播的种类很多，既包括直播者利用直播推销产品或服务，也包括直播者在娱乐型社交直播平台上通过直播向其他平台的电商企业引流等。电商直播平台，既包括在传统的电商平台开辟直播区域，如京东直播、淘宝直播等；也包括抖音直播、快手直播、虎牙 TV、斗鱼直播等娱乐型社交直播平台。

(二)直播的特点

直播的特点可以分别从内容与传播两个维度进行分析。

1. 内容维度

在内容维度上，直播具有以下特点。

（1）娱乐化。娱乐化是网络直播最大的特点，无论是秀场直播、游戏直播，还是电商直播，主播选择的直播内容往往都带有娱乐因素，能够让观众感受到快乐。

（2）多样化。如今网络直播进入全民时代，充分挖掘了平时隐藏在人群中的各类主播，且直播内容涵盖秀场、电商、游戏、户外、教学等，可以满足观众多方面的内容需求。

（3）主播明星化。虽然主播与网络直播平台签约后，其身份与其他幕后人员并无差别，但其展现在镜头前的形象和气质一旦吸引观众，俨然就会成为备受推崇的对象。主播的粉丝不仅会对其称赞和打赏，还会在直播开播后的几分钟内通过其他社交平台获知其直播信息，主动进入直播间观看，很多人气高的主播甚至能够达到数十万乃至数百万的"人气值"。

（4）商业化。商业化分为两种情况，一是主播在直播时推销自己或合作的电商店铺，吸引粉丝购物，将粉丝转化为购买力；二是主播鼓励粉丝刷礼物，以换取言语奖励、直播间管理员权限等相应的奖励。

（5）发展"直播+"模式。在网络直播发展初期，其盈利模式单一，主要依靠付费用户。在整体行业逐步成熟的背景下，"直播+"进一步释放了网络直播行业的价值，如"直播+公益""直播+电商""直播+音乐""直播+电竞"等，成为各个平台突破自身发展天花板的重要方式。"直播+"模式推动直播平台向产业链各端渗透，促进平台内容创新和产品创新，在增加用户黏性的同时，其强大的传播能力和即时、互动、透明等特点为其他行业带来了新的增长点。

2. 传播维度

在传播维度上，直播具有以下特点。

（1）时间碎片化。由于网络资费的降低和智能手机的普及，使人们可以随时随地观看直播，尤其是娱乐型的直播内容，观众任何时候观看都可以获取快乐，不拘泥于固定的时间。

（2）持续性。持续性是网络直播"圈粉"的重要特征，粉丝每天都期待主播的直播，一旦主播几天没有直播或者直播时间不规律，粉丝流失的速度就会十分惊人。

（3）即时互动性。直播的双向即时互动性是其他文字、视频交流方式难以匹敌的，在网络直播中，不管主播的名气大小，都会与观众进行实时交流。

（4）形成了弹幕文化。弹幕文化源于"二次元"网站，如今也在网络直播中实现了文化生产消费的有机循环。观众不仅把弹幕作为表达情绪的工具，还形成了一系列独特的弹幕文化，强化了观众的群体认同心理。

（5）分享便捷。观众在享受了网络直播带来的愉悦之后，可以通过发送链接或二维码的形式将直播间的网址链接分享到微信朋友圈、微博等社交平台，被分享者不需要进行额外的操作就可以准确、迅速地进入相应的直播间。

（6）马太效应。在直播平台中，观众并不是被平均分配给每个主播的，而是以一种幂律分布的方式聚集，形成马太效应。知名的主播会占据大部分的观众资源，而不知名主播的观众数量可能不及知名主播的 1%。

(三)直播平台的常见类型

根据直播平台的主打内容来划分，可以分为综合类直播平台、秀场类直播平台、商务类直播平台和教育类直播平台，如图 6-26 所示。

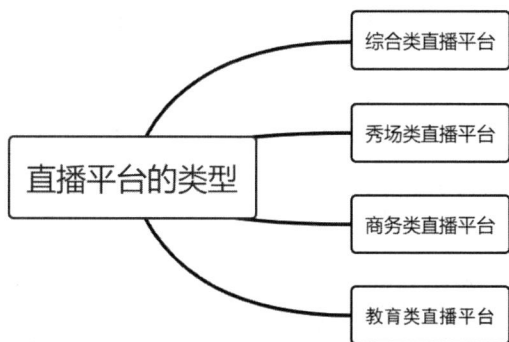

图 6-26　直播平台的类型

1. 综合类直播平台

综合类直播平台通常包含较多的直播类目，用户进入平台后会有多种多样的选择，包括户外直播、校园直播等。目前，属于综合类直播平台的有映客、一直播等。

2. 秀场类直播平台

秀场类直播是主播展示自我才艺的最佳形式，用户在秀场类直播平台浏览不同的直播间，类似于走入不同的演唱会或才艺表演现场。目前，比较有代表性的秀场类直播平台有腾讯 NOW 直播、YY 直播等。

3. 商务类直播平台

商务类直播平台具有更多的商业属性，在这类直播平台上进行直播的企业通常带有一定的营销目的，它们尝试以更低的成本吸引用户并产生交易。目前，最具有代表性的商务类直播平台是淘宝直播，而很多短视频平台(抖音、快手等)也上线了电子商务直播功能。

4. 教育类直播平台

传统的在线教育平台以视频、语音和 PPT 等形式为主，虽然呈现形式多种多样，但互动性不强，无法实现实时答辩和讲解，而教育类直播平台很好地解决了这一问题。目前，比较有代表性的教育类直播平台有腾讯课堂、CCtalk、千聊、作业帮、猿辅导等。

二、直播的相关操作

网络直播的迅速发展催生了一大批直播主播的诞生，作为一种新兴职业，直播主播受到了很多人的追捧，但要成为一个真正受观众欢迎的主播并不是一件简单的事情，更没有捷径。无论从事何种职业，成功的必要条件都是过硬的职业技能和坚持不懈的努力，直播主播也不例外。接下来让我们一起了解直播的相关知识。

(一)直播的技巧

1. 先热场再卖货

许多有经验的主播，为了快速活跃直播间的气氛，一般开始直播时会先做一波抽奖，从而迅速把直播间观众的积极性和热情调动起来。这样可以让用户感觉进直播间，不是来买便宜的东西，而是来占便宜的。主播要理解用户的心理，做直播的时候一定要先把场子热起来，再慢慢让用户进入状态，从而完成转化。

直播过程中也可以不定时发一些红包，刚进来观看的用户不知道什么时候发，就不容易流失。新主播可以用这样的方式积累新粉丝，带动流量，从而达成销量，这种方式是积累粉丝最有效的方法。

2. 形成自己的直播风格

传统的电商平台，像淘宝、京东、唯品会等，都会将商品以图文详情页的形式展现出来，吸引消费者购买，虽然有的店铺也会放一些预制的视频，但是这些都不及主播与你实时沟通介绍产品有吸引力。

因此主播的个人魅力和风格就显得格外重要，一旦受众被主播风格吸引，就可以对主播无形中建立一种信任感，还可以成为粉丝。主播要积极打造个人标签，树立人设清晰的IP形象，让自己的魅力无可替代。

3. 保证直播的时长和频次

保证直播的时长和频次也是对新手主播最基本的要求。现在头部主播也保持了每周直播 4～5 天的频率，每次 4 小时以上。建议新手主播可以每天都开直播，直播的时间要达到 2～4 小时。

每天直播的时间也最好固定在某个时间段，这样可以让用户养成定时观看你直播的习惯。直播时长的积累有助于提升直播间权重，获得更多推荐。

4. 秒杀增加活跃度

直播过程中要活跃气氛，除了抽奖，也可以挑选一些年轻粉丝喜欢的实用性高的小礼品或生活用品，采用"礼品+秒杀"的形式增强直播间的人气。

5. 突出价格优势

直播时可以突出展现直播间产品的价格优势，产品优势+优惠价格+赠品，一轮一轮的优惠惊喜，可以刺激用户消费。另外，在产品众多的情况下也可以按商品单价进行分类：高价、中等、低价。直播时长较长时，哪个时间段放哪个等级产品的节奏和策略就要不一样，提前分类可以让直播流程和节奏更优化。

(二)直播的设备配置

优质的直播效果离不开专业软件、硬件设备的支持。在直播之前，我们需要优选直播设备，并将其调试至最佳状态。根据直播环境的不同，直播可分为室内直播和户外直播两种，这两种直播所需的设备也有所区别。

1. 室内直播的设备选择

通常来说，室内直播所需要的设备主要有以下几种。

1) 单独的房间

做室内直播，首先需要有一个单独的、隔音效果好的房间，以免在直播中受到外界噪声的干扰，以致降低直播的质量。此外，主播还要对房间环境进行适当的布置和装饰，以提升直播画面的视觉效果。

2) 视频摄像头

视频摄像头是形成直播视频的基础设备，目前有带有固定支架的摄像头，也有软管式摄像头，还有可拆卸式摄像头。

带有固定支架的摄像头(见图 6-27)可以独立置于桌面上，或者夹在计算机屏幕上，使用者可以转动摄像头的方向。这种摄像头的优势是比较稳定，有些带有固定支架的摄像头甚至自带防震动装置。

软管式摄像头带有一个能够随意变换、扭曲身形的软管支架，如图 6-28 所示。这种摄像头上的软管能够多角度自由调节，即使被扭成"S""L"等形状后仍可以保持固定，可以帮主播实现多角度的自由拍摄。

图 6-27 带有固定支架的摄像头

图 6-28 软管式摄像头

可拆卸式摄像头是指可以从底盘上拆卸下来的摄像头，如图 6-29 所示。单独的摄像头能够被内嵌、对接卡扣在底盘上，主播可以使用支架或其他工具将其固定在屏幕顶端或其他位置。

3) 耳机

耳机可以让主播在直播时能够听到自己的声音，从而能够很好地控制音调，分辨伴奏等。一般来说，入耳式耳机和头戴式耳机比较常见，如图 6-30 所示。大多数主播会选择使用入耳式耳机，因为这种耳机不仅可以减轻头部被夹的不适感，看上去也比较美观。

图 6-29　可拆卸式摄像头

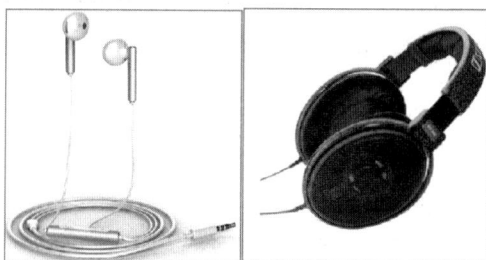

入耳式耳机　　　　头戴式耳机

图 6-30　耳机

4)　话筒

除了视频画面外，直播时的音质也直接影响直播的质量，因此话筒的选择也非常重要。目前，话筒主要分为动圈话筒和电容话筒。

(1)　动圈话筒。动圈话筒(见图 6-31)最大的特点是声音清晰，能够将高音真实地还原。动圈话筒又分为无线动圈话筒和有线动圈话筒。目前大多数的无线动圈话筒支持苹果系统及安卓系统。动圈话筒的不足之处在于其收集声音的饱满度较差。

(2)　电容话筒。电容话筒(见图 6-32)的收音能力极强，音效饱满、圆润，让人听起来非常舒服，不会产生高音尖锐带来的突兀感。如果直播唱歌，就应该配置一个电容话筒。电容话筒的敏感性非常强，容易"喷麦"，因此使用时可以装一个防喷罩。

图 6-31　动圈话筒

图 6-32　电容话筒

5)　声卡

声卡是直播时使用的专业收音和声音增强设备，一台声卡可以连接 4 个设备，分别是电容话筒、伴奏用手机或 Pad、直播用手机和直播用耳机，如图 6-33 所示。

6)　灯光设备

为了调节直播环境中的光线效果，需要配置灯光设备，如图 6-34 所示。对于专业级直播来说，需要配置专业的灯光组合，如柔光灯、无影灯、美颜灯等，以打造更加精致的直播画面。

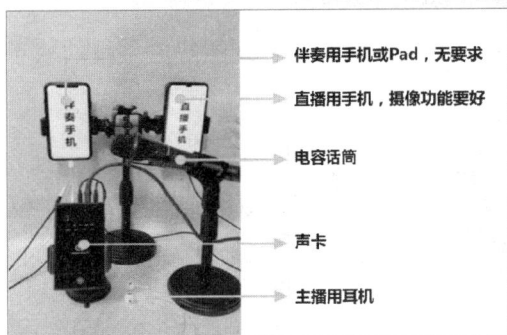

图 6-33　外置声卡

7)　计算机和手机

计算机和手机可以用来查看直播间评论，与粉丝进行互动。主播也可以用手机上的摄像头来拍摄直播画面。若要直播计算机屏幕上的内容，如直播 PPT 课件，可以使用 OBS 视频录制直播软件，如图 6-35 所示；若要直播手机屏幕上的内容，则可以在计算机上安装手机投屏软件，然后再进行直播。

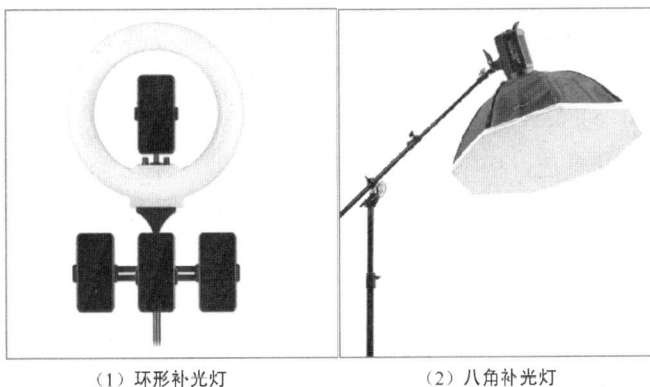

（1）环形补光灯　　　　　　　　（2）八角补光灯

图 6-34　灯光

图 6-35　OBS 视频录制直播软件工作界面

8) 支架

支架用来放置摄像头、手机或话筒，它既能解放主播的双手，也能增加摄像头、手机、话筒的稳定性，如图 6-36 所示。

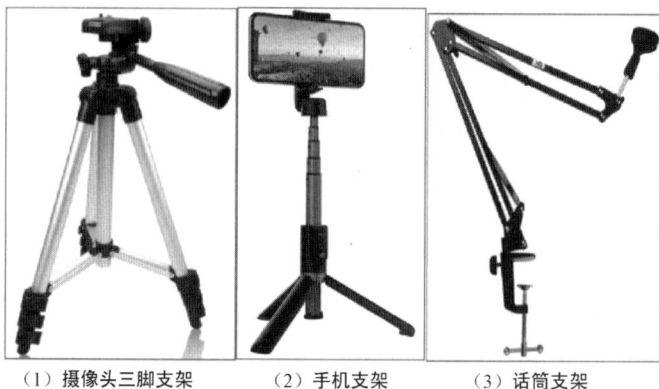

（1）摄像头三脚支架　　　（2）手机支架　　　（3）话筒支架

图 6-36　支架

2. 户外直播的设备选择

现在越来越多的主播选择到户外进行直播，以求给观众带来不一样的视觉体验。户外直播面对的环境更加复杂，需要配置的直播设备主要有以下几种。

1) 手机

手机是户外直播的首选，但不是每款手机都适合做户外直播。进行户外直播的手机，中央处理器(CPU)和摄像头配置要高，只有 CPU 性能够强，才能满足直播过程中的高编码要求，也能解决直播软件的兼容性问题。

2) 上网流量卡

网络是户外直播首先要解决的问题，因为它对直播画面的流畅程度有着非常直接的影响。如果网络状况较差，就会导致直播画面出现卡顿的现象，甚至出现黑屏的情况，会严重影响观众的观看体验。因此，为了保证户外直播的流畅度，主播需要配置信号稳定、流量充足、网速快的上网流量卡。

3) 手持稳定器

在户外做直播，通常需要到处走动，一旦走动，镜头就会出现抖动，这样必定会影响观众的观看体验。虽然一些手机具有防抖功能，但是防抖效果毕竟有限，这时需要主播配置手持稳定器来保证拍摄效果和画面稳定。

4) 运动相机

在户外进行直播时，如果主播不满足于手机平淡的拍摄视角，就可以使用运动相机来拍摄。运动相机(见图 6-37)是一种便携式的小型防尘、防震、防水相机，其体积小巧，佩戴方式多样，拥有广阔的拍摄视角，可以拍摄慢速镜头，并帮主播拍摄一些极限运动的视频。

5) 自拍杆

使用自拍杆能够有效避免"大头"画面的出现，让直播画面的呈现更加完整，更加具有空间感。

自拍杆的种类非常多，例如，带蓝牙的自拍杆，能够多角度自由翻转的自拍杆，以及带美颜补光灯的自拍杆等。就户外直播来说，带美颜补光灯的自拍杆和能够多角度自由翻转的自拍杆更受欢迎，图 6-38 所示为一款多角度自由翻转的蓝牙自拍杆。

图 6-37　运动相机

图 6-38　多角度自由翻转的蓝牙自拍杆

6)　移动电源

很多直播设备都是需要用电的，而户外直播不像室内直播那样充电方便，因此做户外直播需要配备移动电源，以便随时为直播设备补充电量，保证直播的正常进行。

三、直播推广

如今是人人直播的时代，直播的方式非常简单，只需一部手机，就可以开启直播之路。目前，直播带货的营销模式日渐火爆，不仅可以让主播通过直播吸引粉丝打赏，也可以通过带货增加商品的销售量，各实体店纷纷效仿，转型走向线上。流量是一次性的，而粉丝是长久生命周期培育的。如果能将直播中的公域流量引流到私域流量池，就可以更好地去维护粉丝并做产品推广。

(一)淘宝直播间的引流推广

做淘宝直播的目的是给用户观看，而不是让主播孤芳自赏，这就涉及直播引流的问题。通常来说，新开通的淘宝直播间用户量较少，主播在开通之后首先要考虑的问题是如何为直播间引流，让更多的用户观看自己的直播。

1. 站外私域拉新

站外私域拉新是指主播可以在自己的微博、微信公众号、微信朋友圈、抖音等社交账号中分享直播链接或二维码，以吸引用户关注自己的淘宝直播间。

2. 淘宝店铺私域拉新

商家在淘宝直播中控台设置直播卡片后，商家淘宝店铺的首页就会显示店铺的直播状态。如果店铺尚未开播，会显示"开播提醒"；如果店铺正在直播，则会显示"直播中"，如图6-39示。

3. 淘宝店铺私域拉新

为了让主播的优质内容覆盖更多的流量场景，淘宝平台上线了"直播看点"功能。用户在观看使用了"直播看点"功能的直播间直播时，可以根据自己的喜好随时切换该直播间内指定的商品介绍片段，获得更好的观看体验。

正确使用"直播看点"功能的直播内容会被平台推荐到手机淘宝的"所见即所得"模块(该模块是直播频道首页点击率最高的模块)，获得更多的公域曝光，从而吸引更多的用户进行观看，如图6-40示。

图 6-39　店铺首页直播显示　　　图 6-40　淘宝直播模块

4. 开通直播间"权益投放"功能

淘宝直播中的"权益投放"功能支持主播和商家在直播间向用户发放平台红包/店铺优惠券/单品优惠券/淘金币，用户观看直播时可以在直播间内直接领取。主播和商家开通"权益投放"功能后，所设置的平台红包/店铺优惠券/单品优惠券/淘金币等权益会在手机淘宝的淘宝直播内容流和主播或商家的直播间中进行显示，从而吸引用户进入直播间并关注。

(二)淘宝直播封面图设计推广

封面图是直播视频的门面，也是影响直播间流量大小的关键因素之一。在同等排名条件下，封面图越美观、有趣，直播间能够获取的流量就越大。因此，做淘宝直播，封面图的设计至关重要。

主播在设计淘宝直播封面图时，要遵循"清晰、易懂、高品质"的原则。具体来说，淘宝直播封面图的设计需要注意以下几点。

1. 注意固定信息的展现

淘宝直播封面图上会有直播标、观看人数、直播标题、直播间头像、直播间名称、点赞数、官方活动标志等固定信息，主播和商家在设计淘宝直播封面图时，要考虑这些固定信息的展现。如果封面图中有模特的照片，要注意模特照片摆放的位置，如果模特照片的位置把握不好，很可能会被固定信息遮挡住，从而影响封面图的美观。

2. 封面图要保持干净、整洁

淘宝直播封面图一定要清晰，而且要保持干净、整洁(见图 6-41)，不能出现文字信息，直播标题会展现在封面图上，如果封面图上出现其他文字信息，容易与标题内容重复，并会让图片内容显得过于杂乱。

图 6-41　淘宝直播封面

3. 封面图的主题要鲜明

直播封面图的主题要鲜明，要将直播的主题凸显出来，让用户看到直播封面图时，就知道直播的内容是什么，并且决定要不要进入直播间。封面图可以是主播的照片，也叫以是与直播主题相关的内容，要让人一眼就能看懂。

4. 封面图要能展现直播间的特色

不要使用与其他直播间相似甚至相同的图片作为封面图，如果很多直播间的封面图都高度相似甚至一模一样，就容易让用户认为这些直播间的直播内容都是一样的。因此，在设计封面图时要注意展示自己直播间的特色，让人一目了然。

5. 封面图要自然、简洁

直播封面图最好选择一张自然、简洁的图片。为了保证图片的视觉效果，不影响用户的浏览体验，尽量不要使用拼图。一旦使用拼图，就会严重影响封面图的美观程度，导致用户不愿意点进去。

6. 使用名人图片要有授权

如果直播间没有名人参与直播，就不要使用名人的图片作为封面图；如果直播间有名人参与直播，就可以使用名人的照片作为封面图，但必须提供相关的肖像权使用授权证明文件等。

(三)淘宝直播标题优化推广

对于淘宝直播来说，写好直播标题是非常重要的，因为一个具有吸引力的直播标题能够直接提升直播间的点击率，提高直播间的流量。

1. 直播标题的常见类型

根据标题内容的特点不同，可以把淘宝直播标题分为 3 种类型，即内容型标题、活动型标题和福利型标题。

- 内容型标题：主要体现直播中商品的功能和特点，如"今天教你搭配出显瘦夏日装"。
- 活动型标题：在标题中强调直播间的活动力度，如强调直播间的折扣力度、满多少元包邮等，这样有利于吸引一些价格敏感型用户进入直播间。
- 福利型标题：在标题中体现直播间为用户提供的各种福利，如随机抽奖、关注有礼等。

2. 淘宝直播标题的写作技巧

在短、平、快的注意力经济时代，有记忆点、能够激发人们点击欲望的标题更容易脱颖而出。在撰写淘宝直播标题时，可以采用以下技巧。

1) 不能使用违禁词

淘宝直播标题中不能使用违禁词，否则无法通过淘宝平台的审核。这些违禁词主要有以下类型。

- 带有廉价感的词语，如"清仓""工厂""批发""秒杀""甩卖""倒闭"等。
- 绝对化用语，包括但不限于以下词汇："最高级""全网""抄底""全国""全世界""国家级""顶级""第一品牌""绝无仅有""万能""销量冠军""独家""首选""绝对""唯一""巅峰""永不"等。

值得注意的是，"最"字在直播标题中使用的频率较高，如"洁面最关键的一步"，因为这种用法中的"最"没有用于夸大商品，所以是可以使用的。为了形容程度，可以用"超""很""十足"等带有程度副词的词语来替代。

2) 标题要简短明了

有的主播经常把直播标题写得非常长，但事实上这些长标题并不能全部显示出来，而只会显示其中的一部分。同时，长标题也会增加用户阅读和理解的时间，因此直播标题最好写得简短明了，字数以 8～10 个字为宜。

3) 重要词汇放在标题前面

一般来说，标题都是从前往后显示的，也就是说，一个标题最前面的几个字都会被显示出来，而后面的字可能会因为系统原因无法显示。因此，在撰写标题时，最好把比较重要的词汇放在标题的前面，保证它们能被显示出来，这样用户就能看到这些关键词，有兴趣的用户就会进入直播间。

4) 使用具有代表性的词语

主播可以在标题中使用一些具有代表性的词语。对于销售服装的主播来说，可以在标题中使用表示服装风格的词语，如"二次元""汉服""森女系""少女风"等。

5) 使用数字描述

在标题中多使用数字进行描述，用量化的尺度代替抽象的模糊概念，往往更具说服力和号召力，如"你不知道的土豆的 3 种吃法""螺蛳粉的 10 种吃法""教你一分钟画出精致眼妆"等。

6) 使用疑问句式

在标题中，使用疑问句式提出疑问，更能引起用户的好奇心，有兴趣的用户就会进入直播间，如"如何画出减龄妆""新手化妆如何起步""'双 11'买什么最划算"等。

7) 使用带有指向性的词语

在直播标题中，"你"这个词具有很强的邀请性，容易拉近人与人之间的距离。带有"你"字的标题基本写法为"×××手把手/一招/快速教/带/帮/让/为/给你×××"，或者是"×××等你来×××"，如"穿搭秘籍，教你冬季不必裹成熊""舟山海鲜等你来戳""玉兰油帮你变白"等。有时候"来"字也能表示邀请的含义，如"来，和我一起来场美食大冒险"。此外，"这"字也具有较强的指向性，能够拉近人与人之间的距离，如"这样画眼线让你更甜美""这种小家电你值得拥有""你想要的干果都在这里"等。

8) 增加标题的感性色彩

增加标题的感性色彩有利于唤醒用户的某种情绪，从而刺激其进入直播间。主播可以在标题中使用一些修辞手法，给用户带来眼前一亮的感觉，如"深夜食堂挑逗你的味蕾""这种腮红画法让你面若桃花"等。此外，主播还可以在标题中使用一些谐音词，如"春季上新，'美'时'美'刻""海鲜盛宴，开启新'食'代"等。

课 后 作 业

(1) 了解并熟悉短视频的拍摄及剪辑的知识。
(2) 说一说还有哪些短视频的拍摄技巧。
(3) 找到自己感兴趣的剪辑平台，说一说该平台是怎样进行剪辑的。
(4) 了解直播的相关知识并谈一谈你觉得应该如何策划一场直播。
(5) 学习直播的引流推广，说一说你还了解哪些推广方式。

项目七
网店客服与物流

【项目导入】

随着互联网的飞速发展，电子商务蓬勃发展，网销行业也突飞猛进，很多企业都从线下转战到了线上，网店如雨后春笋般涌现，网店之间竞争压力增大，同时对网店的要求也相应增多，凭借网店卖家一个人的单打独斗早已不能适应行业的发展，他们开始四处寻求帮手，于是在电子商务领域兴起了一个极富生命力的新兴行业——网店客服。而在农村电子商务领域，农产品物流也是一个关键点。我国交通运输行业的快速发展，推动了我国农业物流运输的发展。农产品的物流运输是农产品与消费者之间的桥梁。发展农业物流可以间接地提高农产品的价值，进而全面推动我国农村的经济建设和发展，实现振兴乡村的目标。

福建省宁德市霞浦县的王某在掌握了如何进行网店搭建及引流等相关知识后，对这方面内容很感兴趣，并且想继续学习下去，有关网店客服与物流的知识他还没有了解，下面我们一起去了解网店客服和物流的相关知识。

【项目分析】

- 了解电子商务网店客服的有关知识
- 分析电子商务客服的技巧及意义
- 了解农产品物流的有关知识
- 认识农产品的仓储及包装
- 分析农产品的发货渠道
- 提高遵守纪律的自觉性，养成遵守纪律的习惯，加强纪律观念
- 培养学生具备精益求精、科学严谨的工匠精神

任务一　认知电商客服

随着电子商务时代的到来，人们日益喜欢网上购物的方式，个人和企业在网上开店门槛越来越低，越来越多的网店应运而生。网店运营过程中，客服是唯一能够与消费者直接沟通、交互的岗位。售前重销售，售中促订单，售后解难题，因此，客服极其重要，是必不可少的角色。不同电商平台、不同规模、不同产品，网络客服人员的岗位划分方式与工作职责会有所不同，但均涉及售前、售中、售后等工作环节。高水平的网店客服，通过提供高质量服务，能有效提升消费者网络购物满意度，进而提升其对网店的忠诚度，增加复购率，从而从根本上改善网店运营效益。

网店客服，原本是人力资源密集型工作岗位，但随着大数据、人工智能等技术的应用，智能客服工具("阿里店小蜜")出现并发挥越来越重要的作用，它们已经成为改进网店客服质量，提升店铺运营效益的重要工具。

一、了解电商客服

(一)电商客服的基本概念

客服，顾名思义，就是为顾客服务。网店是卖家将自己需要出售的商品展示在页面上，供买家浏览选购，买家通过各种在线支付手段在页面上购买商品的店铺。

我们在日常生活中更多地接触到的是实体店，当我们进入实体店，迎面而来的是热情的导购人员，网店客服的性质与实体店的导购人员相似。但他们也不是完全一样的。其工作的环境、工作的流程存在很大差异。

网店客服是指开设网店这种新型商业活动中，充分利用各种通信工具，并以网上即时通信工具为主，为客户提供相关服务的人员。这种服务形式对网络有较高的依赖性，所提供的服务一般包括：客户答疑、促成订单、店铺推广、完成销售、售后服务等几个方面，如图 7-1 所示。

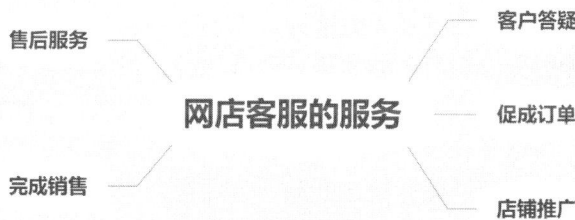

图 7-1　电子商务客服

电商客服是承载着客户投诉、订单业务受理(新增、补单、调换货、撤单等)、通过各种沟通渠道获取参与客户调查、与客户直接联系的一线业务受理人员。作为承上启下的信息传递者，客服还肩负着及时将客户的建议传递给其他部门的重任，如来自客户对产品的建议、线上下单操作修改及反馈等。他们还负责解答客户的疑惑或问题，更好地帮助买家挑选适合的商品，专门负责管理客户对该店铺的投诉方面的问题，以及推广该网店的主营销产品等。

(二)电商客服的分类

一般来说，小规模的网店，往往一人身兼数职，对客服并没有进行细分，但有些较大规模的网店则往往实行较细的分工，对网店客服的分工达到相当细致的程度。具体如下。

(1) 有通过旺旺、电话，解答买家问题的客服。

(2) 有专门的导购客服，帮助买家更好地挑选商品。

(3) 有专门的投诉客服，处理客户投诉。

(4) 有专门的推广客服，负责网店的营销与推广。

(5) 有专门帮店主打包的客服。

电商客服的分类如图 7-2 所示。

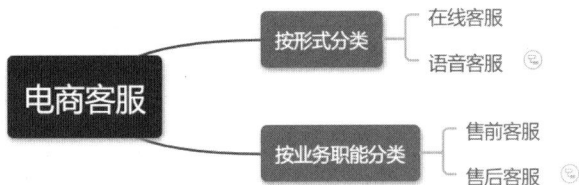

图 7-2 电商客服的分类

首先，按形式可分为在线客服和语音客服两种。独立的 B2C 公司一般不设立在线客服，而 C2C 购物市场则主要以在线客服为主。

在线客服，也称作网上前台，是一种以网站为媒介，向互联网访客与网站内部员工提供即时沟通的页面通信技术。在线客服是网络营销的基础。与语音客服相比，在线客服发展得比较早，最开始是出现在企业网页上，随着微信、微博各种渠道的出现，也同时应用在这些方面。

语音客服是由最开始人工去接电话演变而成的，经过大数据的承载，可通过人工录制好投放，也可以是 TTS 合成，如真人一样发音沟通，可打断对话，通过语音识别搜索词库，给出满意的答案，给人一种更真实的感觉。

其次，按业务职能可分为售前客服和售后客服两种。售前客服主要服务的是还没有购买商品的顾客，目的是刺激客户的购买欲望。前期与客户沟通，了解客户的需求，比如客户需要购买什么东西，用途是什么，喜欢什么类型的，然后根据了解到的情况制定销售策略。在服务中，其要耐心地帮助顾客挑选商品，为顾客介绍、展示商品，详细说明商品的使用方法，解答顾客提出的问题等，尽可能促成订单。

售后客服主要服务的是已经购买了商品的顾客，目的是保证店铺的良好形象。其主要是为顾客解答有关快递、产品质量、产品的安装调试及维修维护等问题，让顾客有一个良好的购物体验，使顾客有二次消费的可能。

(三)电商客服的岗位职责

电商客服的主要工作内容包括解决客人的疑问(关于商品、快递、售后、价格、网站活动、支付方式等)、处理交易中的纠纷、售后服务及订单出现异常或者无货等情况时与客户进行沟通协调等,具体如图 7-3 所示。

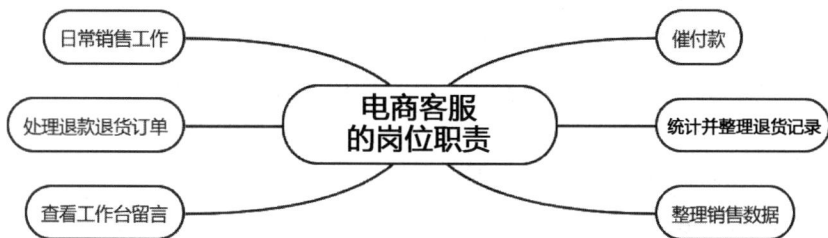

图 7-3 电商客服的岗位职责

(1) 日常销售工作。为顾客导购,负责解答客户咨询,与客户在线交流,了解客户需求,妥善处理客户投诉,保证客户满意,促使买卖的成交。

(2) 处理退款退货订单。跟踪快递寄回卖家订单过程中的疑问解答,催促快递,协调发货等事宜,及时跟进退款订单,将退款速度保持在行业平均水平以上。

(3) 查看工作台留言。有客户留言的话,不管对方是否在线,一定要及时回复,以便客户上线后可以看到。客户留言的问题要及时解决。每天查看评价,针对顾客评价内容中提及的问题及时作出解释。

(4) 催付款。客户拍下商品之后,12 小时内没有付款的,应该及时和客户联系,适当地催单。

(5) 统计并整理退货记录。及时跟进处理退款,汇总售后问题,如物流查询、退换货、产品相关问题等,为顾客提供优质的售后服务,提升店铺形象。

(6) 整理销售数据。负责日常促销活动维护、平台网站(淘宝等)页面维护等。

(四)电商客服的意义

电商客服的意义如图 7-4 所示。

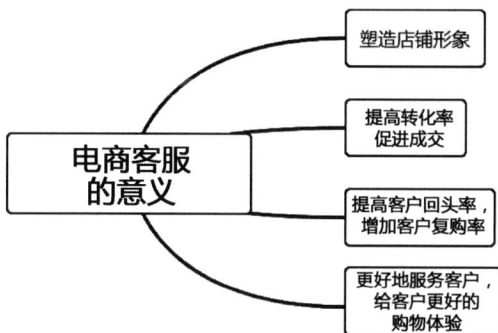

图 7-4 电商客服的意义

1. 塑造店铺形象

对于一个店铺而言，客户看到的商品都是一张张的图片和文字描述，既看不到商家本人，也看不到产品本身，无法了解各种实际情况，因此往往会产生距离感和怀疑感。这个时候，客服就显得尤为重要了。客服是店铺形象的第一窗口。客户通过与客服的交流，可以逐步地了解商家的服务和态度，让店铺在客户心目中逐步树立起良好的形象。

2. 提高转化率，促进成交

很多消费者不是很了解所购买的商品，就会询问客服。这时候客服在线就能够随时回复客户的疑问，打消消费者的疑虑，可以让客户及时了解需要的内容，从而促成交易。通过客服良好的引导与服务，客户可以更加顺利地完成订单。

3. 提高客户回头率，增加客户复购率

当买家在客服的良好服务下，完成了一次良好的交易后，买家不仅了解了卖家的服务态度，也对卖家的商品、物流等有了切身的体会。当买家需要再次购买同样商品的时候，就会倾向于选择他所熟悉和了解的卖家，从而增加了客户再次购买的概率。

4. 更好地服务客户，给客户更好的购物体验

网店客服可以成为客户在网上购物过程中的"保险丝"，客户线上购物出现疑惑和问题的时候，客服的存在可以给客户更好的购物体验。客服可以给客户提供更多的购物建议，他可以更完善地解答客户的疑问，更快速地对客户售后问题给予反馈，从而更好地服务客户。

二、电商客服的现状及发展前景

随着互联网的发展，电子商务行业兴起，电商客服发展前景越来越好，因此社会对电商客服的需求越来越大，电商客服就业率较高，下面就为大家具体介绍电商客服的现状及发展前景。

(一)电商客服的现状

(1) 很多网店的产品都有季节性，在旺季的时候客服不够用，可是淡季的时候又耗费客服成本，因此客服人员是否可伸缩成为网店的一大痛点，然而外包可以解决这个问题。

(2) 有些店铺的规模并不是很大，因此自己培养一个客服团队的可能性不大，其更倾向于随便找一两个人兼任客服。

(3) 小型的网店客服人员比较少，排班比较困难，尤其是晚班非常难安排，遇到节假日的时候店铺也是没有办法安排的。

(4) 客服数量少，很难做到统一管理，因此客服流失率比较大。另外，非专业的客服也不懂淘宝规则，在工作中存在很大的隐患。

(5) 网店的人员流动性大，导致客服的成本上升，反反复复的招聘和培训让店主心力憔悴。

(二)电商客服的发展前景

1. 需求

电子商务会有很多的职位，有普通职位、中高等职位，也会有管理层职位、指导层职位。若是一直处在一般的职位，如在一家企业做了两年的网络客服，那么就可以考虑更换一下企业或者更换一个工作思维模式，更好地让自己在企业内站稳脚跟，有更好的职业规划。

2. 技能

电子商务除了客服以外，还会有不同技能的岗位。因此可以向从事网络的同事多学习，多与别的部门同事学习不同的技能或是个人实践去自学此类技能，提升自己。在公司有岗位调动或是需求时，可以自荐；当然，如果在企业内没有更多、更广的发展前途，可以更换企业寻找更适合自己的职位。

3. 价值

很多时候，领导会要求员工做好本职工作，要履行好自己的岗位职责。这是最基本的，也是每天在从事的，但切记职位价值与个人价值也不可忽略。

从事着简单的工作，让工作不再简单才是企业开始重用一个员工的开始，也是给予一个员工机会的开始。若是只坚守在一线岗位，新员工和老员工都是一样的待遇，无法激励员工。

任务二　电商客服技巧

随着电子商务行业的迅速发展，为了让互联网上的用户和客户有更好的消费体验和消费感觉，电商客服在与网上的买家和客户进行良好的交流沟通的时候最基本的是一定要掌握沟通时候的技巧与最直接有效的沟通方法，结合营销的最基本理念，以及良好的服务态度和高素质的咨询服务技巧，让客户产生信任感，以促进销售增长和利润增长。

一、电商客服应具备的基本素质

一个合格的网店客服必须具备一些基本素质，如心理素质、品格素质、技能素质，以及其他综合素质等，具体如下。

(一)心理素质

客服人员会面对形形色色的消费者，作为网店客服应具备良好的心理素质，因为在客户服务的过程中，客服人员会承受各种压力、挫折，必须要控制好自己的情绪，没有良好的心理素质是不行的。具体如下。

(1) 处变不惊的应变力。

(2) 挫折打击的承受能力。

(3) 情绪的自我掌控及调节能力。

(4) 承受负面情绪的抗压能力。

(5) 积极进取、永不言败的良好心态。

(二)品格素质

1. 要有忍耐与宽容的良好品质

对于顾客，网店客服人员应该耐心地为他们解答疑惑，他们或许会态度不好，但我们要宽容对待，因为忍耐与宽容是网店优秀客服人员的一种美德。

2. 热爱岗位，热爱顾客

一名优秀的网店客服人员应该对其所从事的客户服务岗位充满热爱，爱岗敬业，兢兢业业做好每件事。同时，对消费者也要热情主动，充满激情，让消费者欣然接受服务及产品。

3. 要有谦和的态度

网店客服人员一定要有一个谦和的态度，谦和的服务态度是能够赢得顾客对服务满意度的重要保证。谦虚是做好网店客服工作的要素之一。拥有博爱之心，真诚对待每一个人。

4. 要有良好的自控力

自控力就是控制好自己的情绪。客服作为一个服务工作人员，首先自己要有一个好的心态来面对工作和客户，客服的心情好了也会带动客户的愉快购物。

(三)技能素质

1. 良好的文字语言表达能力

高超的语言沟通技巧和谈判技巧是一名优秀客服人员的重要技能，只有具备这样的素质，才能让客户接受你的产品并在与客户的价格交锋中取胜。

2. 丰富的专业知识经验及熟练的专业技能

网店客服人员对于自己所经营的产品具有一定的专业知识，如果你自己对自己的产品都不了解，又如何保证第一时间回答顾客对产品的疑问呢。只有熟悉产品知识，才能给消费者提供更好的解答，赢得消费者的信任，促成交易。

3. 敏锐的观察力和洞察力

网店客服人员应该具备敏锐的观察力和对客户心理活动的洞察力，思维敏捷，只有这样，才能清楚地知道客户购买心理的变化。了解了客户的心理，才可以有针对性地对其进行引导，最终促成交易。

4. 具备良好的人际关系沟通能力

良好的沟通是促成买家购物的重要步骤之一，和买家在销售的整个过程中保持良好的沟通是保证交易顺利的关键。不管是交易前还是交易后，都要与买家保持良好的沟通，这样不但可以顺利地完成交易，还有可能将新买家吸收为回头客，成为自己店铺的忠实顾客。

5. 具备专业的客户服务电话接听技巧

网店客服人员不仅要掌握网上即时通信工具，很多时候电话沟通也是必不可少的。

(四)其他综合素质

1. 要具有"客户至上"的服务观念

网店客服人员对消费者要热情主动，语气温和。为了展开愉快的沟通，客服人员要营造一个轻松愉快的沟通氛围，多使用语气词和表情调节气氛，主动、及时回复消费者的问题，如图 7-5 所示。

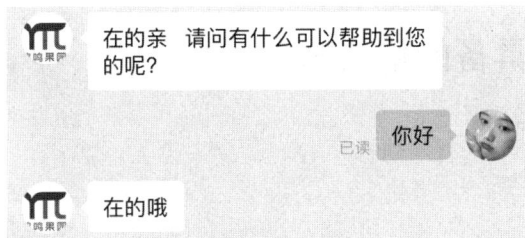

图 7-5 客户至上

2. 要简洁明了地回答消费者

现在大部分消费者不喜欢阅读长篇文字，网店客服人员应该把长句简明扼要地概括成短句，让消费者一目了然，如果可以的话再做必要的补充。

3. 要有对各种问题的分析解决能力

网店客服人员要从消费者的问题分析出消费者最关心的是什么，要透过现象看本质，通过专业的介绍说明从根本上解除消费者的疑虑。另外，还要提前预测消费者想要问的问题，增强沟通效果。

二、电商客服应具备的基本能力

(一)文字表达能力

把问题说清楚！这是作为网店客服的基本能力。如果真正能做到把问题说清楚，那么已经很了不起了，您不妨看看一些网店的宝贝描述、产品说明，仔细分析一下他们有没有把问题说清楚。很多网店对买家希望了解的东西其实都是没有说清楚的。

(二)资料收集能力

收集资料主要有两个方面的价值：一是保存重要的历史资料；二是尽量做到某个重要领域资料的齐全。如果能在自己的工作相关领域收集了大量有价值的资料，那么对于自己卓有成效的工作将是一笔巨大的财富。

(三)自己动手能力

要深入网店客服了解其中的各种问题，仅靠一般的体验是远远不够的，还需要自己动手、亲自参与网店客服过程中的各个方面。很多时候，不自己动手是很难深刻体会一些问题的，有些问题只有自己动手去操作才能发现，并且找到解决的办法。网店客服在学习过程中自己动手的地方越多，对网店客服的理解就会越深刻。

(四)适应变化能力

适应变化能力，也可称之为不断学习的能力。由于互联网环境和技术的发展变化很快，如果几个月不上网，可能就已经不会上网了，对我们的网店客服学习和应用尤其如此。

三、电商客服应具备的相关知识

(一)商品知识方面

1. 商品的专业知识

客服应当对商品的种类、大小、功效、注意事项等都有一定的了解，最好还应当了解行业的有关知识。

2. 商品的周边知识

有的商品可能只适合部分人群，比如老年人不适合吃糖分太高的水果等。这些情况需要我们有一个基本的了解，如图7-6所示。

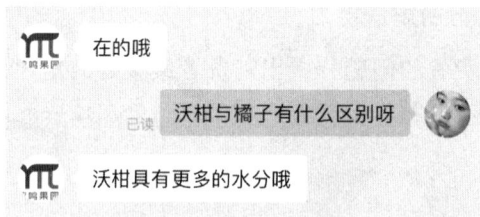

图7-6　商品周边知识

此外，对同类的其他商品也要有一个基本的了解，这样我们在回复客户关于同类商品的差异的时候，就可以更好地回复和解答。

(二)网站交易规则方面

1. 平台规则

任何电商平台都有其相应的规则，如果店铺违反了平台规则，就会被平台降权扣分甚至被封店，作为网店客服人员要想服务好店铺，帮助店主提高店铺业绩，前提就是要清楚地知道并了解平台规则，以免触碰平台规则影响店铺的业绩，因此了解平台规则是网店客服必须掌握的知识。

2. 一般交易规则

网店客服人员应该把自己放在一个商家的角度来了解网店的交易规则，更好地把握自己的交易尺度。有时候，顾客可能第一次在网上交易，不知道该如何进行，这时，我们除了要告诉顾客去查看网店的交易规则，在一些细节上还需要一步步地指导顾客如何操作。

此外，我们还要学会查看交易详情，了解如何付款，修改价格，关闭交易，申请退款等。

3. 支付宝等支付网关的流程和规则

网店客服人员如果了解支付宝及其他网关交易的原则和时间规则，就可以指导客户通过支付网关完成交易，查看交易的状况，更改现在的交易状况等。

(三)付款及物流知识方面

1. 如何付款

现在网上交易一般通过支付宝和银行付款方式交易。

银行付款一般建议同一银行转账，可以网上银行付款，柜台汇款，同城也可以通过ATM 机完成汇款。告知顾客汇款方式的时候，应详细说明是哪种银行卡或者是存折，银行卡或者存折的号码，户主的姓名。

网店客服人员应该建议顾客尽量采用支付宝等网关付款方式完成交易，如果顾客因为各种原因拒绝使用支付宝交易，我们需要判断顾客确实是不方便还是有其他的考虑，如果顾客有其他考虑，应该尽可能打消顾客的顾虑，促成支付宝完成交易；如果顾客确实不方便，我们应该向顾客了解他所熟悉的银行，然后提供给他相应准确的银行账户，并提醒顾客付款后及时通知。

2. 物流知识

(1) 了解不同的物流及其运作方式。
- 一般为邮寄：邮寄分为平邮(国内普通包裹)、快邮(国内快递包裹)和 EMS。
- 快递：快递分为航空快递包裹和汽运快递包裹。
- 货运：货运分汽车运输和铁路运输等。

(2) 了解不同物流的其他重要信息。

了解不同物流方式的价格：如何计价，以及报价的还价空间还有多大等问题。
- 了解不同物流方式的联系方式：在手边准备一份各个物流公司的电话，同时了解如何查询各个物流方式的网点情况。
- 了解不同物流方式的包裹撤回、地址更改、状态查询、保价、问题件退回、代收货款、索赔的处理等。
- 常用网址和信息的掌握：快递公司联系方式、邮政编码、邮费查询、汇款方式、批发方式等。

四、电商客服应具备的工作技巧

网购因为看不到实物，所以给人感觉比较虚幻，为了促成交易，客服必将扮演重要角色，因此客服沟通交谈技巧的运用对促成订单至关重要。电商客服除了具备一定的专业知识、周边知识、行业知识以外，还要具备一些工作方面的技巧，具体如下。

(一)态度方面的技巧

网上购物的顾客很多，有好说话的，也有不好说话的，同时还会出现各种各样的问题，当我们面对顾客的时候，首先就是要有足够的耐心，不管是什么样的顾客，我们都要认真地对待，耐心地解答顾客的疑问，不要觉得顾客麻烦或者顾客态度不好就与其发生不愉快，这些都会影响店铺的形象和口碑，专业的客服也不会出现此类情况。一个好的客服不但代表这家店铺的形象，也应该具备良好的沟通能力，以及好的心态，如图7-7所示。

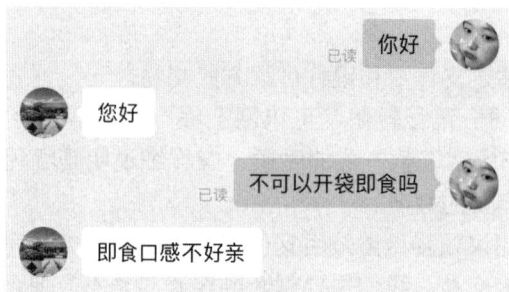

图 7-7　客服态度

1. 树立端正、积极的态度

树立端正、积极的态度对网店客服人员来说是尤为重要的，尤其是当售出的商品出了问题的时候，不管是顾客的问题还是快递公司的问题，都应该及时解决，不能回避、推脱。积极主动与客户进行沟通，尽快了解情况，尽量让顾客觉得他是受尊重、受重视的，并尽快提出解决办法。除了与顾客之间的金钱交易之外，还应该让顾客感觉到购物的满足和乐趣。

2. 要有足够的耐心与热情

我们常常会遇到一些顾客，喜欢打破砂锅问到底。这个时候就需要我们有足够的耐心和热情，细心地回复，从而会给顾客一种信任感，绝不可表现出不耐烦，就算对方不买也要说声"欢迎下次光临"。如果你的服务足够好，这次不成也许还有下次。砍价的客户也是常常会遇到的，砍价是买家的天性，可以理解。在彼此能够接受的范围内可以适当地让一点，如果确实不行就应该婉转地回绝。比如，"真的很抱歉，没能让您满意，我会争取努力改进"或者引导买家换个角度来看这件商品，让她感觉物有所值，就不会太在意价格了。当然，也可以建议顾客先货比三家。总之，要让顾客感觉你是热情真诚的，千万不可以说"我这里不还价""没有"等伤害顾客自尊的话语。

(二)促成交易的技巧

1. 利用"怕买不到"的心理

越是得不到、买不到的东西，人们越想得到它，买到它。你可利用这种"怕买不到"的心理，来促成订单。当对方已经有比较明显的购买意向，但还在最后犹豫的时候，可以用以下说法来促成交易："这款是我们最畅销的了，经常脱销，现在这批又只剩 2 个了，估计不要一两天又会没了，喜欢的话别错过了哦。"或者说："今天是优惠价的截止日，请把握良机，明天你就买不到这种折扣价了。"如图 7-8 所示。

亲亲，你看过的这款商品可放心拼购，如果有坏的我们包赔，喜欢就抓紧下单哟~

水果玉米开袋即食无添加
拼单价
¥10.9　　　　　　　已拼3176件

坏了包赔·全场包邮·7天退换·48小时发货

立即购买

图 7-8　催促订单

2. 利用顾客希望快点拿到商品的心理

大多数顾客希望在付款后尽快拿到商品，因此在顾客已有购买意向，但还在最后犹豫的时候，可以说："如果真的喜欢的话就赶紧拍下吧，快递公司的人再过 10 分钟就要来了，如果现在支付成功的话，马上就能为你寄出了。"这种说法对于可以用网银转账或在线支付的顾客尤为有效。

3. 采用"二选其一"的技巧来促成交易

当顾客一再出现购买信号，却又犹豫不决拿不定主意时，可采用"二选其一"的技巧来促成交易。例如，你可以对他说："请问您需要第 14 款还是第 6 款？"或是说："请问要平邮给您还是快递给您？"，这种"二选其一"的问话技巧，只要准顾客选中一个，其实就是你帮他拿主意，下决心购买了。

4. 帮助准顾客挑选，促成交易

许多准顾客即使有意购买，也不喜欢迅速签下订单，他总要东挑西拣，在产品颜色、规格、式样上不停地打转。这时候你就要改变策略，暂时不谈订单的问题，转而热情地帮对方挑选颜色、规格、式样等，一旦上述问题解决，你的订单也就落实了。

5. 巧妙反问，促成订单

当顾客问到某种产品，但这种产品正好没有时，就要运用反问来促成订单。例如，顾客问："这款有金色的吗？"这时，你不可回答"没有"，而应该反问道："不好意思，我们没有进货，不过我们有黑色、紫色、蓝色的，在这几种颜色里，您比较喜欢哪一种呢？"

6. 积极的推荐，促成交易

当顾客拿不定主意，需要你推荐的时候，你可以尽可能多地推荐符合他的要求的款式，在每个链接后附上推荐的理由，而不要找到一个推荐一个。"这款是刚到的新款，目前市面上还很少见""这款是我们最受欢迎的款式之一""这款是我们最畅销的了，经常脱销"，等等，以此来尽量促成交易，如图7-9所示。

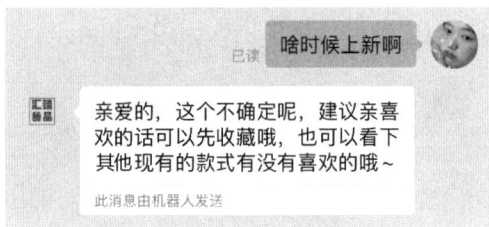

图 7-9　积极推荐

7. 先买一些试用看看

准顾客想要买你的产品，可又对产品没有信心时，在线客服可建议对方先买一些试用看看。只要你对产品有信心，虽然刚开始订单数量有限，然而对方试用满意之后，就可能给你大订单了。这一"试用看看"的技巧也可帮助准顾客下决心购买。

8. 欲擒故纵

有些准顾客天生优柔寡断，他虽然对你的产品有兴趣，可是拖拖拉拉，迟迟不作决定。这时，在线客服不妨故意装作很忙要接待其他顾客，做出无暇顾及他的样子。这种很忙的举动，有时会促使对方下决心。

9. 快刀斩乱麻

在尝试上述几种技巧后，都不能打动对方时，在线客服就得使出撒手锏，快刀斩乱麻，直接要求准顾客签订单。例如，直截了当地对他说："如果您不想错过好东西的话，就快下单吧！"

10. 拜师学艺，态度谦虚

在客服费尽口舌，使出浑身解数都无效，眼看这笔生意做不成时，不妨试试这个方法。例如说："虽然我知道我们的产品绝对适合您，可我的能力太差了，无法说服您，我认输了。不过，请您指出我的不足，让我有一个改进的机会，好吗？"像这种谦卑的话语，不但很容易满足对方的虚荣心，而且会消除彼此之间的对抗情绪。他会一边指点你，一边鼓励你，为了给你打气，有时会给你一张意料之外的订单。

(三)说服客户的技巧

1. 调节气氛，以退为进

在说服客户时，网店客服人员首先应该想方设法调节谈话的气氛。如果你和颜悦色地用提问的方式代替命令，并给人维护自尊和荣誉的机会，气氛就是友好而和谐的，说服也就容易成功；反之，在说服客户时不尊重他人，拿出一副盛气凌人的架势，那么说服多半是要失败的。毕竟人都是有自尊心的，就连三岁孩童也有他们的自尊心，谁都不希望自己被他人不费力地说服而受其支配。

2. 争取同情，以弱克强

渴望同情是人的天性，如果你想说服比较强大的客户时，不妨采用这种争取同情的技巧，从而以弱克强，达到促成交易的目的。

3. 消除防范，以情感化

一般来说，在你和要说服的对象较量时，彼此都会产生一种防范心理，尤其是在紧要关头。这时，要想说服成功，你就要注意消除对方的防范心理。如何消除防范心理呢？从潜意识来说，防范心理的产生是一种自卫，也就是当人们把对方当作假想敌时产生的一种自卫心理，那么消除防范心理的最有效方法就是反复给予暗示，表示自己是朋友而不是敌人。这种暗示可以采用各种方法来进行，例如，嘘寒问暖，给予关心，表示愿意给予帮助，等等。

4. 投其所好，以心换心

站在他人的立场上分析问题，能给他人一种为他着想的感觉，这种投其所好的技巧常常具有极强的说服力。要做到这一点，"知己知彼"十分重要，只有先知彼，而后才能从对方立场上考虑问题。

5. 寻求一致，以短补长

习惯于拒绝他人说服的人，经常处于"不"的心理状态之中，因此自然而然地会呈现僵硬的表情和姿势。对付这种人，如果一开始就提出问题，绝不能打破他"不"的心理。因此，你要努力寻找与对方一致的地方，先让对方赞同你远离主题的意见，从而使其对你的话感兴趣，而后再想办法将你的主题引入，进而最终求得对方的同意。

(四)针对性方面的技巧

任何一种技巧，都不是对所有客户一概而论的，针对不同的客户应该采用不同的沟通技巧，如图 7-10 所示。

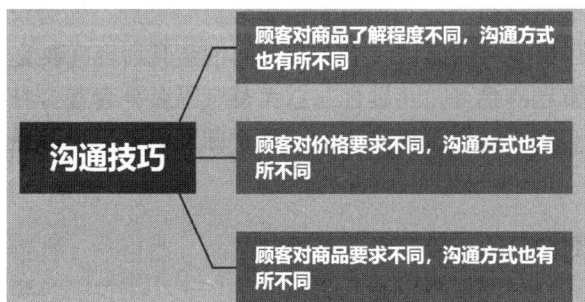

图 7-10 客服的沟通技巧

1. 顾客对商品了解程度不同，沟通方式也有所不同

(1) 对商品缺乏认识，不了解：这类顾客对商品知识缺乏，对客服依赖性强。对于这样的顾客需要我们像对待朋友一样去细心地解答，多从他的角度考虑去给他推荐，并且告诉他你推荐这些商品的原因。对于这样的顾客，你的解释越细致，他就会越信赖你。

(2) 对商品有些了解，但是一知半解：这类顾客对商品了解一些，比较主观，易冲动，不太容易信赖。面对这样的顾客，就要控制情绪，有理、有节、耐心地回答他的问题，向他展示你的专业知识，让他认识到自己的不足，从而增加对你的信赖。

(3) 对商品非常了解：这类顾客知识面广，自信心强，问题往往都能问到点子上。面对这样的顾客，要表示出你对他专业知识的欣赏，表达出"好不容易遇到内行的了"，用便宜的口气和他探讨专业知识，给他来自内行的推荐，告诉他"这个才是最好的，你一看就知道了"，让他感觉到自己真的被当作了内行的朋友，而且你尊重他的知识，你给他的推荐肯定是最好的。

2. 顾客对价格要求不同，沟通方式也有所不同

(1) 有的顾客很大方，说一不二，看见你说不砍价就不与你讨价还价：对待这样的顾客要表达你的感谢，并且主动告诉他我们的优惠措施，我们会赠送什么样的小礼物，这样，让顾客感觉物超所值。

(2) 有的顾客会试探性地询问能不能还价：对待这样的顾客既要坚定地告诉他不能还价，同时也要态度和缓地告诉他我们的价格是物有所值的，并且谢谢他的理解和合作。

(3) 有的顾客就是要讨价还价，不讲价就不高兴：对于这样的顾客，除了要坚定重申我们的原则外，还要有理、有节地拒绝地的要求，不要被他的各种威胁和祈求动摇。适当的时候建议她再看看其他便宜的商品。

3. 顾客对商品要求不同，沟通方式也有所不同

(1) 有的顾客因为买过类似的商品，所以对购买的商品质量有清楚的认识：对于这样的顾客是很好打交道的。

(2) 有的顾客将信将疑，会问：图片和商品是一样的吗？对于这样的顾客要耐心给他们解释，在肯定我们是实物拍摄的同时，要提醒他难免会有色差等，让他有一定的思想准备，不要把商品想象得太过完美。

(3) 还有的顾客非常挑剔，在沟通的时候就可以感觉到，他会反复问：有没有瑕疵？有没有色差？有问题怎么办？怎么找你们等。这时就要意识到这是一个很完美主义的顾客，除了要实事求是介绍商品外，还要把一些可能存在的问题都介绍给他，告诉他没有东西是十全十美的。如果顾客还坚持要完美的商品，就应该委婉地建议他选择实体店去购买需要的商品。

(五)其他方面的小技巧

1. 不依赖机器

其实，很多客服都知道，有些顾客问问题的时候系统可以自行回复顾客，有的顾客问

的问题得到系统的回答之后直接下单了，而有的顾客不确信机器的回答是不是准确，这时还是客服的回答才能让顾客放心。另外，客服对顾客的热情服务，也能提高顾客的购物体验，引导顾客购买，合理推荐也可以增加店铺销量，因此，尽量不要依赖机器的自动回复。

2. 解答顾客的顾虑

顾客在网上购物和在实体店购物肯定是不一样的，没有办法看到质量，没有办法看衣服是否合身，只能看图片购买，因此在购买的时候也会出现各种顾虑，客服能做的就是打消顾客的顾虑，为顾客提出的问题作出最有效的解答，一定要实事求是地回答顾客，客服也要对店铺的产品进行了解和熟知，回复顾客的时候才能响应得更快，不会让顾客等待你的回答，影响顾客的心情，拉近和顾客的距离感，从而更好地销售产品。

3. 坚守诚信

网络购物虽然方便快捷，但唯一的缺陷就是看不到，摸不着。顾客面对网上商品难免会有疑虑和戒心，因此我们必须要用一颗诚挚的心，像对待朋友一样对待顾客，包括诚实地解答顾客的疑问，诚实地告诉顾客商品的优点及缺点，诚实地向顾客推荐适合他的商品。坚守诚信还表现在一旦答应顾客的要求，就应该切实地履行自己的承诺，哪怕自己吃亏，也不能出尔反尔。

4. 多虚心请教，多倾听顾客声音

当顾客上门的时候我们并不能马上判断出顾客的来意及其所需要的物品，因此，需要先问清楚顾客的意图，需要什么商品，是送人还是自用，是送给什么样的人，等等。只有了解清楚了顾客的情况，才能准确地对其进行定位，才能做到只介绍对的，不介绍贵的，以客为尊，满足顾客的需求。

5. 保持相同的谈话方式

对于不同的顾客，我们应该尽量用和他们相同的谈话方式来交谈。如果一个年轻的妈妈给孩子选商品，我们应该站在母亲的立场，考虑孩子的需要，用比较成熟的语气来表述，这样更能得到顾客的信赖。如果你自己表现得更像个孩子，顾客会对你的推荐表示怀疑。

如果你常常使用网络语言，但是在和顾客交流的时候，有时候他对你使用的网络语言不理解，会感觉和你有交流的障碍，而且有的人也不太喜欢网络语言。因此，我们建议大家在和顾客交流的时候，尽量不要使用太多的网络语言。

任务三　认知农产品仓储

农产品的仓储活动是为了保留存货与保存产品，其与运输活动一样，是农产品物流基本价值活动中的重要活动。仓储活动主要通过改变农产品的时间来创造价值，但由于农产品的生化特性，需要在仓储过程中进行冷藏与保鲜等措施，因此农产品仓储活动所创造价值的成本也相对较高。

一、了解农产品仓储

仓储可以分为"仓"与"储","仓"即仓库,指存放物品的场所、建筑物或大型容器、洞穴等特定场所。"储"表示收存、保管以备使用。仓与储合起来指利用仓库对物资进行储存和保管。农产品仓储的定义是利用仓库对农产品进行保存及对其数量、质量进行管理控制的活动。

(一)农产品仓储的基本概念

仓储,又称"仓库储藏"。就是在指定的场所储存物品的行为。其根据市场和客户的要求,为确保物品质量与安全,以及为调节生产、销售和消费活动和确保社会生产、生活的连续性,而在仓库内对原材料等物品进行储存、保管、管理、保养、维护、供给的一系列作业活动。农产品仓储是指通过仓库对农产品进行储存和保管的过程,是农产品离开生产过程,尚未进入流通领域之前,在流通过程中的停留,如图7-11所示。

图 7-11　农产品仓储

农产品仓储包括农产品库存、农产品储备和农产品储存,具体如下。

1. 农产品库存

库存是指仓库中处于暂时停滞状态的物资农产品库存的位置,不是在生产基地里,也不是在加工车间里,更不是在非仓库中的任何位置,而是在仓库中。与其他大宗商品一样,大宗农产品库存的高低会对其现货价格和期货价格产生影响。

2. 农产品储备

储备是一种有目的的储存物资的行动,也是这种有目的的行动和其对象总体的称谓。农产品储备是出于政治、军事的需要或为了防止各类自然灾害,是对农产品进行有计划的战略性仓储。

3. 农产品储存

农产品在没有进入生产加工、消费、运输等活动之前,或在这些活动结束之后,总是要存放起来,这就是储存。

(二)农产品仓储的特点和作用

虽然农产品仓储活动一般不改变农产品本身的功能、性质和使用价值，只是保持和延续其使用价值，但是农产品仓储是农业生产的延续，是农业再生产不可缺少的环节。农产品仓储和农业生产一样创造社会价值，农产品由生产地向消费地转移，是依靠仓储活动来实现的，农产品仓储是农产品物流三大支柱之一，在物流活动中发挥着不可替代的作用，其特点体现在以下几方面。

1. 农产品仓储具有专业性

农产品所具有的生化品质特性，使农产品物流具有很强的专业性。这就要求农产品生产、流通加工、包装方式、储运条件和技术手段具有专业性。同时，农产品物流的设施、设备和仓储、运输技术及管理方法也具有专业性。

2. 农产品仓储具有特殊性

农产品是具有生命的动物性和植物性产品，这样的鲜活产品在物流过程中，对包装、装卸、运输、仓储和防疫等均有特殊的要求。

3. 农产品仓储难度大

农产品生产具有季节性和区域性，因此，要求物流的及时性。同时，要求一些农产品具有较好的贮藏特性和较长的贮运期，以利于扩大农产品市场的供应时间和空间，反映出农产品物流具有难度相对较大、要求相对较高的特点，如图 7-12 所示。

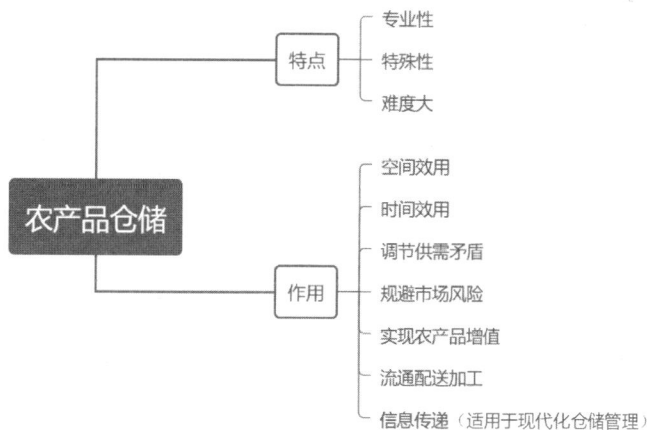

图 7-12　农产品仓储的特点和作用

农产品仓储的采用(见图 7-12)主要体现在以下几方面。

1. 空间效用

农产品生产与消费的矛盾主要表现在生产与消费地理上的分离。农产品的生产主要在农村区域，而消费农产品的人则遍及整体市场。农产品仓储通过选择靠近人们生活区的位置建立仓库，防止人们购买农产品时出现短缺现象，拉近农产品产地与市场的距离，为人们提供满意的仓储服务，体现出明显的空间效用。

2. 时间效用

由于自然条件、作物生长规律等因素的制约，农产品的生产往往具有季节性，而作为人们生活的必需品，人们的需求却是常年的、持续的。为使农产品满足消费者的需求，农产品生产经营者就需要利用仓库储存农产品进行调节，以确保在农产品生产的淡季也能满足人们的日常需求，创造了明显的时间效用。例如，国家的战略粮食储备，就是通过仓库完成的，这就产生了时间效用。许多农产品在进入最终卖场以前，要进行挑选、整理、分装、组配等工作，这也需要农产品仓储来实现农产品在流通中的停留。

3. 调节供需矛盾

生产与消费的矛盾还表现在品种与数量方面。随着社会分工的进一步发展，专业化生产的范围将越来越广，人们都把自己的资源集中到生产效率最高的项目上，人们生产的产品品种越来越集中，农产品生产者必须把农产品放到市场上进行交换来满足自己其他方面的需求，这就要求通过农产品仓储来调解生产与消费方式上的差别，通过仓储这一方式来解决供需矛盾。

4. 规避市场风险

市场经济条件下的农产品价格变幻莫测，经常给农产品生产经营者带来价格风险。为了对市场需求作出有效反应，农产品生产经营者需保持一定的存货来避免缺货损失。另外，为了避免战争、灾荒等意外引起的农产品匮乏，国家也要储备一些生活物资、救灾物资及设备。而大宗农产品的中远期交易市场正是提供给广大生产者、贸易商和原材料需求商规避库存带来的价格风险的场所。

5. 实现农产品增值

农产品仓储活动是农产品在社会再生产过程中必然出现的一种状态，农产品仓储是加快资金周转、节约流通费用、降低物流成本、提高经济效益的有效途径。搞好农产品仓储可以减少农产品在仓储过程中的农产品损耗和劳动消耗，可以加速农产品的流通和资金的周转，从而节省费用，降低物流成本，开拓"第三利润源"，提高物流的社会效益和企业的经济效益。同时，还可以通过农产品的加工等实现增值。

农产品的仓储是农产品增加附加值的重要手段之一。其原因如下。

(1) 由于仓储手段的使用，延长了农产品的使用寿命，从而做到延时或者错时入市销售，提高了市场售价。

(2) 仓储技术的应用，调剂了市场的供应，满足了市场需求，能够避开恶性市场竞争，从而增加农民的收入。

(3) 由于仓储技术的使用，便于异地调运，从而更好地实现了远程创收，增加了农民的收入。

综上所述，仓储技术的学习、革新与应用，是增加农民收入、提升农产品价值的重要手段。

6. 流通配送加工

农产品仓库从贮存、保管货物的中心向流通、销售的中心转变。仓库不仅要有贮存、保管货物的设备，而且要增加分拣、配套、捆装、流通加工、信息处理等设施。这样，既扩大了仓库的经营范围，提高了物资的综合利用率，又方便了消费，提高了服务质量。

7. 信息传递(适用于现代化仓储管理)

农产品仓库功能的改变，导致了仓库对信息传递的要求。在处理仓储活动有关的各项事务时，需要依靠计算机和互联网，通过电子数据交换(EDI) 和条形码等技术来提高仓储物品信息的传递速度，及时而又准确地了解仓储信息，如仓库利用水平、进出库的频率、仓库的运输情况、顾客的需求及仓库人员的配置等。

(三)农产品仓储的问题及解决措施

农产品仓储业的发展面临着专业性农产品仓储企业少，农产品仓储设施设备少且落后，农产品仓储过程中浪费严重，农产品仓储企业利润低、缺乏资金等现实状况。农产品物流难度大。一是包装难，二是运输难，三是仓储难。虽然我国农产品物流活动出现得比较早，但无论是在农产品物流理论研究还是在实际操作上，我国农产品物流的发展都很缓慢。我国农产品仓储行业主要分布于农产品批发市场、农产品物流园区、农产品物流中心等。那么农产品在仓储运输过程中存在哪些问题？应采取怎样的措施呢？如图 7-13 所示。

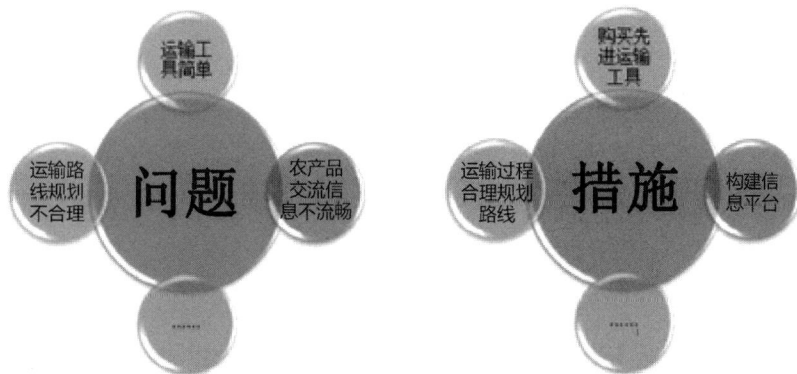

图 7-13 农产品仓储的问题及措施

存在的问题如下。

(1) 运输工具简单，没有好的保护措施，以至于存在遗失、霉变、腐烂等现象。

(2) 运输路线规划不合理，存在迂回运输、对流运输，浪费人力、物力、财力。

(3) 农产品交流信息不流畅，造成产品滞销、生产的东西卖不出去、坏掉、降价出售等，使农户收入减少。

(4) 没有进行深度加工的意识，因而造成仅仅卖了几元产品的价格，高附加值都被商家赚取获利，而农户辛辛苦苦的工作只换来微薄的收入。

(5) 各个省份之间存在市场价格的不均衡政策，难以实现跨地区零税费流通。

(6) 我国农产品仓储整体水平较低，不论是产业链链条还是仓储设施设备，跟与日俱增的市场需求之间还存在着很大差距。

(7) 农产品从生产到零售，中间环节过多，仓储、加工、配送等环节对农产品价格的影响很大。

(8) 中间流通环节过多，使农产品仓储难以形成规模效应。

采取的措施如下。

(1) 购买先进运输工具，如冷库存货、密封技术包装。

(2) 运输过程要合理规划路线，避免对流运输、迂回运输，消除浪费。

(3) 构建信息平台，加强农产品信息交流。

(4) 引导农民技术进步，开发产品深加工(引进企业)。

(5) 政策平等化、打击市场垄断、非法强买强卖行为。

(6) 应加大基础设施建设，建立完善的冷链物流体系。

(7) 着重培育和完善农产品仓储物流主体，提高农产品流通的组织化程度。

(8) 提高农产品加工水平，发展仓储业中物流加工增值服务。

(四)农产品仓储的保管方法及保管措施

农产品保鲜贮藏一般需要放置在仓库里，由于农产品自身的特殊性，这些仓储设施建设和选址都会有严格的要求。农产品仓储的保管方法一般有窑藏储存(贮藏窑)、通风库储存(通风库)、冷藏储存(冷藏存储)、预冷库、气调保鲜储存(气调库)等。

1. 窑藏储存(贮藏窑)

贮藏窑是指室内地平面低于室外地平面的高度超过室内净高1/3的贮藏设施。

贮藏窑的类型：半地下和全地下。通常为砖混结构，保温处理可根据需要选择覆土或贴保温材料。

贮藏窑的优点：利用自然冷源和土地的保温特性，使窑内温度、湿度相对平稳，日常管理简单，不耗电，不占用土地资源。

贮藏窑的缺点：前期降温速度慢，贮藏周期短，与冷库相比贮藏期损耗较大，适用区域有一定的局限性。

贮藏窑的适用区域：北方工程地质条件较好地区可以用来贮藏白菜、马铃薯、甘薯等耐贮性好的水果、蔬菜。

贮藏窑的选址：宜邻近村庄主要道路，利用自然有利地形，有效使用土地，选择地下水位较深、排水条件好、基础设施比较完善的地方，根据贮藏窑规模及运输方式，合理确定贮藏窑出入口位置及装卸场地尺寸，避开有害物质、污染源和不良工程地质条件的区域。

2. 通风库储存(通风库)

通风库是指自然冷源充沛地区，采用较好的保温隔热建筑措施和通风方式，通过适当通风方式换气降温的贮藏设施，如图7-14所示。

图 7-14 通风库

通风库的类型：土建式、组装式。根据屋顶形状可分为拱形屋面、平顶屋面和坡屋面三种。

通风库的优点：降温比贮藏窖快，投资成本及运行成本比冷藏库低。

通风库的缺点：温度易受外界气候影响，昼夜温差明显，管理较为复杂，全年利用率相对较低。

通风库的适用区域：有一定的局限性，适宜马铃薯等大宗耐贮水果、蔬菜的贮藏保鲜。

通风库的选址：选址和贮藏窖类似。宜邻近村庄主要道路，利用自然有利地形，有效使用土地，根据通风库规模及运输方式，合理确定通风库出入口位置及装卸场地尺寸，避开有害物质、污染源和不良工程地质条件的区域。

3. 冷藏储存(冷藏库)

冷藏库是通用型恒温冷库，适于各种水果、蔬菜的预冷、贮藏和保鲜。其由土建基础、钢架工程、屋面工程、保温库体和制冷设备及温控自控系统等组成，地坪可采用冷库底板或混凝土地面加保温层两种做法，如图 7-15 所示。

图 7-15 冷藏库

冷藏库的建设地点：选在地势稍高、具备通水通电条件和交通较为便利的场所，并建设轻钢结构和屋面或搭建风雨棚，可避免风吹雨淋或阳光直射，以保护冷库设施和节约能源。

4. 预冷库

预冷是将收获的新鲜水果和蔬菜在运输、贮藏或加工以前迅速去除田间热和呼吸热的过程，专门用于水果、蔬菜预冷的建筑物称为预冷库。

预冷库的优点：适用范围广，可兼做高温库使用，当蔬菜周转量小时可不用再建贮藏窖，成本较低，单次预冷量大。

预冷库的缺点：与真空预冷设备和水预冷设备相比，预冷时间相对较长，预冷不均匀，预冷时易失水。

预冷库的使用特点：适用于大多数水果、蔬菜的预冷保鲜，但一些冷敏类水果、蔬菜，如鸭梨、皇冠梨、长把梨、甘薯等，这些要求缓慢降温的水果、蔬菜则不能用预冷库快速预冷。

预冷库的选址：与冷藏库的选址相同。

5. 气调保鲜储存(气调库)

气调库是当今较先进的水果、蔬菜保鲜贮藏设施，是采用人工调控气体成分和温度、湿度的保鲜货物的建筑物。

气调库的类型：按建筑形式分为土建式、组装式和夹套式，按气调机制氮方式可分为燃烧式、分子筛式和中空纤维膜分离式。

气调库的优点：贮藏食品原有的新鲜度和风味保持更好，营养成分损失更少，且安全环保、无污染；产品贮藏期和货架期更长；采用气体成分和浓度调节控制技术，可以有效抑制乙烯等催熟成分的生成和作用，抑菌效果更好。

气调库的缺点：在高温库的基础上增加了气密性、气调系统、控制系统、检测系统和加湿设备，造价比普通高温库高。

气调库的适用区域：我国大部分区域，可用于贮藏大多数水果、蔬菜品种，如苹果、猕猴桃、香梨、牛油果、西洋梨、芒果、香菜、西兰花、芹菜等，但对热带水果效果不太明显。

气调库的选址：除满足高温库的要求之外，还应靠近附加值较高的水果、蔬菜品种的产地，且周边空气要清新，能够满足气调库的气源需要。

农产品仓储保管不仅是技术问题，也存在管理问题。保证农产品的质量、数量、包装的完好与否，不仅需要技术措施的保证，也有赖于管理水平的高低。制定必要的管理制度和操作规程并严格执行是各项管理工作的基础。"以防为主，以治为辅，防治结合"是农产品保管工作的方针。

农产品仓储的保管措施如下。

(1) 严格验收入库农产品。

(2) 适当安排储存场所。

(3) 科学堆码苦垫。

(4) 控制好仓库温湿度。

(5) 认真进行农产品在库检查。

(6) 搞好仓储清洁卫生。

二、农产品仓储管理的相关知识

(一)农产品仓储管理的含义及原则

1. 含义

农产品仓储管理，是指对仓储农产品的收发、保鲜、保管等活动的有效控制，对仓库及其库存物品的管理。仓储系统是企业物流系统中不可缺少的子系统。

2. 原则

农产品仓储管理包括仓储管理的效率原则、仓储管理的效益原则、仓储管理的服务原则。

1) 仓储管理的效率原则

仓储的效率体现在仓容利用率、货物周转率、进出库时间、装卸车时间等指标上。企业要尽力实现"多存储、保管好、快进、快出"的高效率仓储。

2) 仓储管理的效益原则

企业经营的目的是追求获得最大化利润，实现利润最大化需要做到经营收入最大化和经营成本最小化。

3) 仓储管理的服务原则

仓储的服务意识、服务水平与成本密切相关，在任何时期仓储企业都会把服务定位策略摆在首位。

(二)农产品仓储管理的流程

1. 检验商品

当供货商将商品运抵至仓库时，担任收货工作的人员必须严格、认真地检查，查看商品外包装是否完好，若出现破损或临近失效期等情况，要拒收此类货物，并及时上报相关主管部门。

确定商品外包装完好后，再依照订货单和送货单来核对商品的品名、等级、规格、数量、单价、合价、有效期等内容，仔细检查商品的外观有无破损和明显的污渍，做到数量、规格、品种都准确无误，质量完好，配套齐全后方可入库保管。

2. 编写货号

每款商品都应设有一个货号，即商品编号。编写货号的目的是方便进行内部管理，在店铺或仓库里找货、盘货都更方便，最简单的编号方法是"商品属性+序列数"，具体做法如下。

(1) 区分商品类别，如苹果、香蕉、玉米等。

(2) 写出每一类别名称对应的汉语拼音，确定商品属性的缩写字母，如苹果可以缩写为"PG"等。

(3) 每类的数字编号可以是两位数、三位数或多位数，具体视该类商品的数量而定。

企业如果销售的是品牌商品，厂家一般都有标准的货号，我们就不需要再编写货号了，只需要原样登记即可。但是，要学会辨认厂家编写的货号，因为货号其实就是商品的一个简短说明。

3. 入库登记

商品验收无误并编写货号以后，即可登记入库，要详细记录商品的名称、数量、规格、入库时间、凭证号码、送货单位和验收情况等，做到账、货、标牌相符。

商品入库以后，还要按照不同的商品属性、规格、大小等进行分类，然后分别放入货架的相应位置储存。在储存时要注意做好防潮处理，以保证仓库货物的安全。

做入库登记时要保证商品的数量准确，价格无误。在商品出库时，为了防止出库货物出现差错，必须严格遵守出库制度，做到凭发货单发货，无发货单不发货。

任务四　了解农产品包装

我们总能看到农贸市场里到处都是水果、蔬菜，农民低价出售，销售情况却不容乐观，农产品很容易变质、滞销。然而，在大城市的果蔬超市里，摆放在水果、蔬菜架上的精心包装的水果、蔬菜却十分昂贵，而且非常畅销。由此可以得出，农产品包装设计肩负着无声推销员的重任。

包装是农产品质量安全监管的必要手段。农产品包装物、标识上标明了农产品的品名、产地、生产者、生产日期、保质期、产品质量等级等内容，提供了农产品的详细信息和责任主体，在农产品质量安全监管中可以依据包装、标识的内容进行监督检查和有效追溯。因此农产品的包装显得尤为重要，下面就让我们一起了解一下农产品包装的有关知识。

一、农产品包装概述

(一)农产品包装的含义

农产品包装是对即将进入或已经进入流通领域的农产品或农产品加工品采用一定的容器或材料加以保护和装饰。农产品包装是农产品商品流通的重要条件。在流通过程中，粮食、肉类、蛋类、水果、茶叶、蜂蜜等农产品，不加包装则无法运输、贮存、保管和销售，送达消费者手中，也不便于包装机械的运用，实现农产品包装的工厂化、自动化。

因此现代市场营销要求，农产品包装是特定品种、数量、规格、用途等的农产品包装，每个包装单位的大小、轻重、材料、方式等，应按照目标顾客需求、包装原则、包装技术要求进行，以保护农产品，减少损耗，便于运输，节省劳动力，提高仓储容量，保持农产品卫生，便于消费者识别和选购，美化商品，扩大销售，提高农产品市场营销效率。

(二)农产品包装的必要性

产品的包装是品牌理念、产品特性、消费心理的综合反映，一款好的包装，会直接影响到消费者的购买行为。我国虽然是一个农业大国，但是大多数人还是缺乏对农产品品牌包装的重视，认为农产品本来就是低档的产品，不需要包装得那么精美，土特产只能走低价位。这种观点是完全错误的，通过一些案例我们就能发现，产品包装对产品的销售会产生巨大的影响。

随着生活水平的提高，人们在购买商品时更加注重心理需求上的满足。现在同质化水平越来越高，产品的性能、价格、质量、种类的差异越来越小，因此包装就成了区分产品的重要影响因素。这对于农产品来说也是一样的，要想让消费者优先选购你的产品，就得让消费者看到你产品的独特之处。一个设计精良、富有美感、具有特色的产品包装，会在众多的商品中脱颖而出，用独特的魅力吸引消费者的注意力，并且给消费者留下深刻的印象，从而达到吸引消费者购买的目的，如图 7-16 所示。

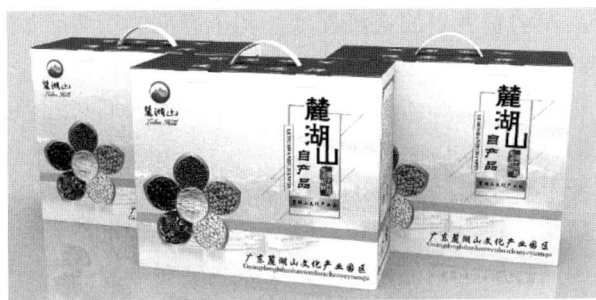

图 7-16　农产品包装

我们都知道产品包装设计对于产品及品牌的发展来说是非常重要的，并且经营者也越来越注意日常用品的包装设计，但对于农产品包装方面倒是鲜有人注意到，就目前而言，农产品包装设计还是非常有必要的。一个成功的农产品包装设计会直接影响产品的销量及品牌形象。

(三)农产品包装的优点、缺点及措施

农产品包装的优点、缺点及措施如图 7-17 所示。

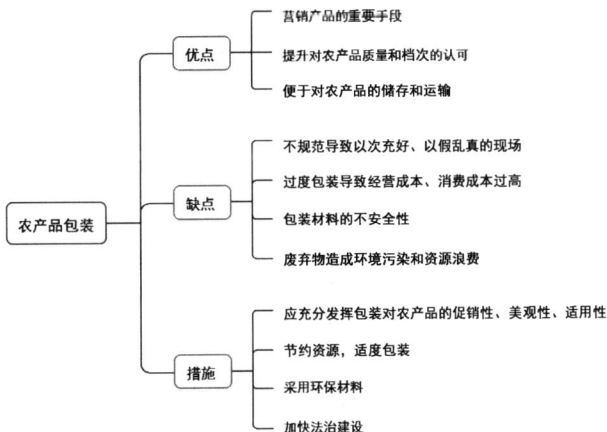

图 7-17　农产品包装的优点、缺点及解决措施

1. 农产品包装的优点

1) 农产品包装是营销产品的重要手段

俗话说，人靠衣服马靠鞍。优秀的产品缺乏正确的营销手段，很难取得销售成功。农产品给消费者的印象通常是低档的商品，一些农产品销售者也这样认为，因此他们一般不注重农产品的包装。权威资料显示，有 50%～60%的消费者是受包装影响而产生购买欲望的。如果对农产品进行精包装，不但能刺激消费者的消费欲望，还能够提升农产品的档次，从而提高产品的价格，赚取更多的利润。

2) 农产品包装能提升消费者对农产品质量和档次的认可

产品包装直接针对产品。既是农产品质量的有机组成部分，又能起到品牌商标、广告宣传等作用。产品外包装的品牌标识是产品和企业无形的广告宣传，有助于提升企业和产品的知名度，提升产品在消费者中的认可程度，利于产品的销售，如金华火腿、富士苹果等品牌凭借优质的产品和精美的包装赢得消费者的好评。现代社会，人们越来越重视饮食健康，绿色果蔬、有机食品等农产品的销量与日俱增，而人们对此类产品的识别和质量好坏往往是通过包装上的各种认证标识来确定的。

3) 农产品包装便于对农产品的储存和运输

农产品中水果、蔬菜、粮食等多为季节性商品，肉类、水产类为不易保鲜、不易存活的商品，因此农产品的储存和运输尤为重要。商品包装在从商品生产领域转入流通和消费领域的整个过程中起着非常重要的作用。优质的外包装不仅具有美观性，还能保护产品不受外界环境的影响，保持品质和营养，如从美国引进的 MAP 鲜肉包装膜，具有降低整个商品成本、降低物流费用、延长鲜肉保质期等作用。

2. 农产品包装的缺点

1) 农产品包装不规范导致以次充好、以假乱真的现象

精美的包装能够刺激消费者的购买欲望。不法商贩正是抓住消费者这一消费心理，对普通甚至劣质农产品进行精美包装，以与实际不符的价格销售给消费者，获取高额利润，对消费者造成欺诈行为。

2) 农产品过度包装导致经营成本、消费成本过高

在包装设计时，往往会出现包装与内装物品价值不相符的过度包装现象。经营者利用夸大包装装饰功能的方法从消费者身上取得更多的利润，迫使消费者支付额外的巨额包装费。在短期内，企业盈利可能会有明显上涨，但从长远来看，不利于企业的可持续发展，扰乱市场经济秩序。伴随着商品过度包装愈演愈烈之势，市场上出现了严重的价格浮高现象。价格浮高反过来刺激了商品过度包装，如此恶性循环，严重干扰了社会主义市场经济的健康、有序发展。商品过度包装助长了奢侈浪费、畸形消费等不正之风，不利于建设节约型社会，与发展循环经济的宗旨相悖。

3) 农产品包装材料的不安全性

随着包装行业的发展，包装材料的种类与包装的工艺手法也在不断增加。面对五花八门、各式各样的包装，人们选择产品时对包装的考虑也越来越多。尤其是农产品这类食品的包装安全性受到人们更多的重视。一些不法商家，为了追求暴利，不考虑消费者的健康

安全，使用一些低成本的商品包装。有些包装不能隔绝不卫生因素的污染，有些包装会与商品成分发生化学反应形成有毒物质，对消费者人身安全造成伤害。聚氯乙烯是一种制作塑料包装的材料，但多数聚氯乙烯是有毒的，不能用于包装农副产品，但其价格低廉，因此很多商家用聚氯乙烯塑料包装农副产品，却不考虑后果，给消费者造成伤害。

4) 农产品包装废弃物造成环境污染和资源浪费

农副产品的包装大部分是以纸箱和塑料制品为主，其中纸箱浪费了大量的木材，已造成森林水土流失，会对环境造成严重破坏，浪费大量资源。包装工业的原材料如纸张、橡胶、玻璃、钢铁、塑料等，所使用的原生材料均源于木材、石油、钢铁等，这些都是我国的紧缺资源。

3. 解决农产品包装的措施

1) 应充分发挥包装对农产品的促销性、美观性、适用性等作用

20 年前消费者购买农副产品是直接从农民手中购买或自己收获，但如今可供选择的购物场所覆盖了从便利店、超市、自由市场、百货公司到网络。消费者对农产品的选择更从简单的满足其食用功能，到包括对味道、颜色、营养价值、保质期、美观性、趣味性、安全性等各方面的要求。因此，农产品的包装应兼具科学性、保护性、方便性、现实性、美观性等优点。

2) 节约资源，适度包装

在提升我国农产品的消费档次，兼顾高档农产品包装的精美性和新颖性的同时，注意节约成本，避免过度包装，造成资源的浪费，将低碳消费理念引入对农产品的包装行业中，符合建设资源节约型社会的要求。

3) 对农产品包装时采用环保材料

针对我国农产品包装易污染环境的问题，应充分发挥商品包装的环境友好性原则，严格要求在包装设计时，尽量选取可回收、可再生或可降解的包装材料。

4) 加快法治建设

加快建立健全有关农产品包装的国家标准和法律法规，将包装设计和生产引入法治轨道；从源头上制止过度包装、欺骗性包装和有害性包装的泛滥。

对于农产品的包装利弊共存。好的方面要大力发展，不足的方面要努力改进，"去其糟粕，取其精华"。一方面，应从源头做起，加强对行业的监管和引导，制定相关法规，将使用环保、节约型农产品包装纳入法治轨道。另一方面，加强社会主义物质文明，提倡建设资源节约型社会和环境友好型社会，引导消费者购买和使用适度包装、环保包装的农产品，从根本上杜绝厂家从事过度的、污染环境的和有害的包装的生产。总之，我国农产品包装行业健康、有序的发展需要全体社会成员自觉主动地去提倡和支持。

二、农产品包装设计的相关知识

相对于工业品包装的快速发展，知识经济时代，农产品包装发展滞后，极大地影响了销售，制约了农业和农村经济的发展。完善农产品小包装设计，需要在材料的选择、设计方法上充分考虑农副产品的特性与性能、市场倾向、消费者的消费心理等因素，促使包装

与产品完美结合，促进产品的销售。

农产品包装的设计，应以保护农产品质量、减少中间损耗和流通环节为前提，不仅便于储运，节省人力、物力、财力，还能提高仓储容量，保证农产品卫生和新鲜程度，美化商品，提升形象，便于消费者甄别和选购，形成自己独特的包装风格。

(一)农产品包装设计的五大发展趋势

独特的农产品包装设计是体现企业文化内涵、品牌形象及服务理念的一个必要手段，改进产品设计是大势所趋，是提高农产品档次和价值、开拓国内外市场、提高农业经济效益的有效措施。

1. 数字包装印刷

研究数据表明，2016 年是数字包装印刷发展具有转折点的一年，数字印刷将不再仅仅运用于品牌产品的私人订制、限量订制化，而将因其经济实惠、更新上市周期短等优势站上主流包装市场的舞台。数字包装印刷技术的发展，为品牌创造了前所未有地近距离亲密接近消费者的机会。

2. 绿色环保生态化包装

当产品的价格与产品质量对等时，绿色环保与可重复使用性将会成为影响消费者购买欲的决定因素。因此，品牌不能低估此因素对于其品牌竞争力与营销战略的影响。

3. 包装精简化、透明化

将包装精简化透明化是未来产品包装的趋势，毕竟能让消费者清晰看见产品状况的外包装与干净简洁、重点信息标注清晰、有条理的标签最能赢得消费者的青睐与信任，如图 7-18 所示。

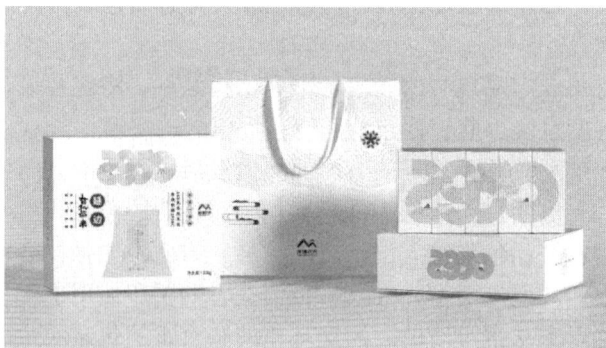

图 7-18　农产品包装的精简性

4. 包装设计与移动设备结合

当人们越来越离不开手机等电子移动设备时，产品包装设计在信息传达与品牌宣传上也越来越依托人们日常不离手的电子产品，这不仅使产品宣传变得更加便捷、高效，还极大地增强了品牌与消费者之间亲密的互动性。

5. 包装尺寸多样化与情景化

包装设计尺寸会更多元化，不仅应该提供多样化的、更为消费者使用体验考虑的、不同尺寸的包装方案，更应该设身处地地为消费者考虑到包装尺寸与使用场景的便捷性、舒适度的匹配性。包装的设计尺寸更加重视迎合消费者的消费需求与习惯，并灵活根据使用场景作出调整，成为包装设计的新趋势。

农产品的包装设计不应该只是机械地将包装做出来，而是应该包含视觉包装和心理包装，它不仅应该获得消费者视觉上的认可，也应该获得消费者心理上的认可。

(二)农产品包装设计的技巧

作为品牌和产品的宣传媒介，农产品包装不仅可以提升农产品价值，吸引消费者注意，也是企业不可忽视的营销战略之一。农产品包装设计的技巧包括以下几个方面。

1. 农产品包装的外观方面

要针对不同消费者的特点进行不同的包装设计。比如，青少年市场以动感、新潮和活力包装为主打，而要以可爱的包装进入儿童市场。

2. 农产品包装的结构方面

结构方面从原始的笼统、明晰走向现代气息的分解、模糊。把平面设计和立体设计有机地结合起来，使产品包装各部分都具有朦胧、张弛有度等反常、清新的结构特点，形成一种全新的视觉感官。

3. 农产品包装的色彩方面

色彩方面要注意颜色的深浅对比、对比对比等。调和色与冷暖色对比，自然柔美与高纯艳丽刺激色的重叠并行，使色彩产生明暗有序的渐变和无序变化，以表现出小包装所具有的生动活泼、戏剧性。比如，化妆品的小包装设计通常使用饱和度较高的颜色，甜点一般用橙黄色和奶油色作点缀，给人一种香甜酥软的感觉，从而引起人们的食欲，如图 7-19 所示。

图 7-19　农产品包装的色彩

4. 农产品包装的材料方面

材料方面要追求绿色包装，实现产品小包装的生态化，同时要提高小包装的强度，使小包装更耐用，在包装上增强竞争力和推广优势。比如，纸制小包装代替塑料小包装，更加环保，再生性能更强。

5. 农产品包装的文化内涵方面

在文化内涵方面要设计突出农产品包装的特色元素。各种农产品都有其生长的历史、生长情况，以及与之相关的人文习俗、神话传说等，因此在设计小包装时要恰如其分地运用这些特殊元素，使其有别于其他同类产品，消费者通过将产品与特殊背景有效连接起来，容易快速建立概念，留下深刻印象。

(三)农产品包装设计的策略

消费者在接触商品时，最直观的感受就是包装，因此农产品包装设计不应该只起辅助作用，如何吸引消费者的注意，抓住消费者的心理，赢得消费者的青睐，从而促进农产品的良好销售，是农产品包装设计的关键。

农产品包装设计是为了产品的整体形成而进行的创意工作过程，是保护、传播、宣传、促销的一种手段，这也是各类商家精心设计产品包装的一个重要因素。

1. 文化战略

所谓文化包装设计，就是把传统文化与现代文化很好地结合在一起，根据消费者的心理和心理需求，在消费者心中追求高档文化。在包装设计上，两者巧妙结合，有效衬托出农产品品牌的文化气息。随着消费需求的增长，消费者购物时不仅要考虑商品的价值，还要考虑产品本身的文化氛围，尤其是农产品具有明显的区域性。考虑农产品的原产地特征，在包装设计上要突出地方文化气息。在产品包装文化内涵的基础上，着重突出产品形象和企业文化。

2. 绿色战略

伴随着无公害绿色健康产品的宣传口号，人们对健康食品的概念也越来越重视，因此，在包装设计中，不仅要强调绿色健康，更要突出保护自然环境、有益身体健康等元素。

3. 简单战略

农产品包装形象主要描述农产品的人工生成过程及自然环境，例如，山下的农田景观，水稻在自然状态下生长、不除草、不使用农药，等等。通过这些形象，通过与环境共生的生活方式传达自然农场的理念，创造健康的作物及反映最天然、最原始的农产品，如图 7-20 所示。

图 7-20　农产品的包装简单

4. 形象策略

突出农产品形象，是指在包装上通过多种表现方式突出该农产品是什么、有什么功能、内部成分、结构如何等形象要素的表现方式。这一策略着重于展示农产品的直观形象。随着购买过程中自主选择空间的不断增大，新产品不断涌现，厂商很难将所有产品的全部信息都详细地向消费者介绍，这种包装策略通过在包装上再现产品品质、功能、色彩、美感等，有助于商品充分地传达自身信息，给选购者直观印象，真实可信，以产品本身的魅力吸引消费者，缩短消费者选择的过程。

5. 用途和使用方法策略

突出农产品用途和使用方法的策略是通过包装的文字、图形及其组合告诉消费者，该农产品是什么样的产品，有什么特别之处，在哪种场合使用，如何使用最佳，使用后的效果是什么。这种包装给人们简明易懂的启示，让人一看就懂，一用就会，并有知识性和趣味性，比较受消费者欢迎。

6. 企业形象策略

企业形象对产品营销具有四两拨千斤的作用，因此，很多企业从产品经营之初就注重企业形象的展示与美誉度的积淀。运用这种包装策略的企业文化积淀比较深厚。有的企业挖掘企业文化透彻，并且能与开发的农产品有机地融合起来进行宣传，达到了既展示企业文化，介绍其产品，给消费者留下深刻印象，又有利于促销的目的。

7. 特殊要素策略

任何一种农产品都有一定的特殊背景，例如，历史、地理背景，人文习俗背景，神话传说或自然景观背景，等等，包装设计中恰如其分地运用这些特殊要素，能使其有效地区别同类产品，同时使消费者将产品与背景进行有效连接，迅速建立概念。这种包装策略运作得好，会给人以联想的感觉，有利于激发人们的购买欲望，扩大销路。

包装设计的一项重要任务就是更好地符合消费者的生理与心理需要，通过更人性化的包装设计让人们生活更舒适、更富有色彩。因此在农产品的包装上，选择不同的包装策略将获得不同的包装效果。

(四)农产品包装设计的注意事项

在市场同质化越来越严重的情况下，农产品不仅要和本地区的产品竞争，还要和全国甚至是全世界的农产品品牌进行竞争，想要在竞争如此激烈的市场中占据一席之地，打造品牌差异化，在农产品包装上要注意以下问题。

1. 从农产品 Logo 及 IP 形象中提取元素

我们可以看到，现有很多品牌都在做自己的 IP 形象，它能给人以积极形象与美好寓意，从这种意义上来说，包装已经不仅仅是单纯的包装了，它更是对品牌的再次宣传，是和农产品结合起来的特定的包装设计。

2. 打造生态化绿色包装

人们对于农产品的要求是绿色健康，农产品的包装也要符合生态环保，符合农产品的价值需求。包装绿色健康，是农产品包装设计的一个加分项，如图 7-21 所示。

图 7-21　农产品包装的生态化

3. 从产品内容及视觉上增加仪式感

就现在而言，我们在选择农产品时，不仅仅只是在"吃"上，也就是说，我们不单单是为了吃才去买，我们还会去考虑其仪式感、价值感等因素，增加农产品的价值，让人们在消费的同时，产生心灵上的满足。

4. 打造地方特色元素设计

我们常见的大米，会因其产地气候及生长周期的不同，其口感等也会有很大的区别，因此在进行农产品的包装设计时，可以加入地域文化，让人一眼就能够知道这是哪个地域的品牌，从而提升品牌的知名度，提升消费者的信任度，如图 7-22 所示。

5. 增加创意性和趣味性

在注重实用性的时候，也要增加创意性，同时还可以增加一定的趣味性，让消费者与产品有效互动。人们在购买的同时，会在某种程度上增加愉悦感。有设计感的包装，会更容易被消费者接纳。

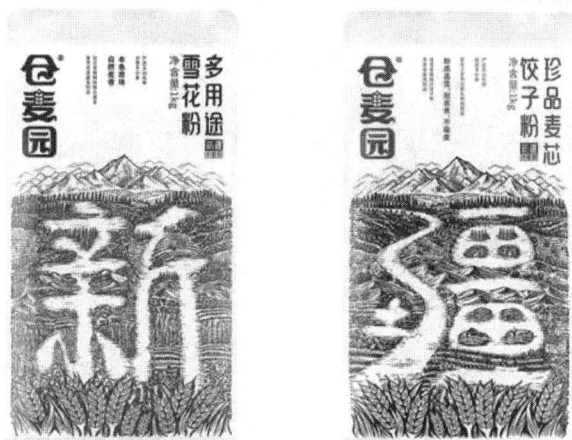

图 7-22　农产品包装的地方特色

(五)农产品包装设计的意义

当你提到农产品时，你不得不提到农产品包装设计，因为包装设计可以给农产品加分。农产品包装设计有以下几个方面的意义。

1. 增加农产品的销售

"好看的皮囊千篇一律，有趣的灵魂万里挑一"，但真的是这样吗？人们往往先看外表。农产品只有在外包装上胜出，才能在销售上领先，脱颖而出。因此，农产品包装设计公司有必要将农产品从"村姑"转变为"靓女"，以保证农产品的销量，使农产品销售到更大的市场。

2. 增加农民收入

随着农产品销量的增加，农民的收入自然会增加。对于农民来说，他们的产品是他们努力培育的结果，也是他们参与市场经济的砝码和工具。然而，为了跟上市场趋势，有必要开展农产品包装设计。如果农产品的包装设计做得到位，农产品的销售就会扩大，农民的收入就会增加。

3. 保证农产品质量

包装设计对农产品来说，不仅是为了让它们看起来更好，也是为了更好地保护它们，让农产品在销售过程中穿上"防护服"，避免在销售、装卸、运输过程中磕碰，不仅影响销量，还会降低消费者的使用体验，同时容易导致农产品变质。因此，农产品包装设计也是为了保证农产品的质量，如图 7-23 所示。

农产品包装设计的重要性不言而喻，就像人们夏天需要穿凉爽的短裤，冬天需要穿暖和的棉袄。农产品也应该每季度包装和保护，这样它们可以摆脱土壤和土气，走向更广阔的市场和接触更多的群体，也可以更好地造福农民。

图 7-23　农产品包装

任务五　农村电商物流

近年来，随着电子商务与物流协同发展的逐步深入，不仅促进了农村电商快速发展，同时也推动了物流的转型升级。随着农村网民数量的增多和网络购物、移动电商的普及，农村电商网络零售额和农产品网络零售额呈现快速增长的态势，与之对应的农村电商物流迎来了发展的良机。农村电商物流不断加快"工业品下乡、农产品进城"的趋势，也为农产品生产及销售提供了纽带性支持，在精准脱贫、乡村振兴和提升农业竞争力等方面，发挥着越来越重要的作用。

农产品像水中顽石般兀自挺立，一方面，背靠产值达数万亿元的第一产业，农产品电商的前景值得期待；另一方面，即便是阿里巴巴、京东这样的电商巨头，在这个领域的发展步伐依然谨慎。传统的农产品流通模式环节多，效率低，相比之下，尽管当前农产品电商的物流成本很高，却依然具有强大的吸引力和生命力。而突破物流瓶颈，不但攸关农产品电商模式的最终成败，而且对整个农产品流通机制的变革乃至"三农"问题的解决，都有着重要意义。

一、了解农村电商物流

农产品不同于其他产品，是有生命的动物性和植物性产品，其体积大，需求量多，生产具有很强的季节性和地域性，尤其是诸如水果、蔬菜等鲜活农产品，其水分含量高，保鲜保质期短，易腐烂变质，上市的集中性和需求的分散性之间存在矛盾。这些自然属性决定了农产品物流具有不同于一般产品物流的特殊性，特别是对于鲜活农产品，若要保持其固有的属性和口味，必须有保鲜、冷藏、冷冻等先进的冷链物流设备，更需要环节少、通畅、快捷的物流渠道，以保证产品采摘收获后及时送至加工企业，及时运达销售地，送到消费者手中。

(一)农村电商物流的发展现状

1. 农村经济发展总体水平低，农村物流发展缓慢

农村物流的发展水平受农村经济发展水平的制约。目前我国农村发展势头良好，农村税费改革使农民受益很大，但与城市相比，农村经济依然落后，农民收入低，农村市场相对城市市场发展滞后，这必然使农村物流供给及需求水平低，物流业发展缓慢。

同时，农村物流发展缓慢还与广大农村地区物流意识差、物流知识薄弱、对物流重视不够有着直接关系。

2. 农产品具有易腐性、季节性，农村物流经营难度大

与工业品相比，农产品具有生物属性，容易腐烂变质。农产品是自然的产物，具有季节性和周期性。农产品的自然属性对其运输、包装、加工等提出了特殊的也是更高的要求，经营农产品物流风险较大。

3. 农村生产组织水平低，物流需求分散，物流供给能力不足

在我国，农业生产基本是以农户为单位，生产规模小，分工不细，收入有限，对物流需求不足且分散。而物流的供给需要在科学技术的推动下实现规模经济。目前无论是农村生产组织、流通组织还是物流企业都存在规模小、管理水平低、技术条件差等问题，制约了物流的供给水平。

4. 物流基础设施落后，物流技术装备落后，物流运作成本高

物流的运输、包装、装卸搬运、流通加工、信息处理等每一项功能的实施，都与物流的基础设施和物流技术水平有关。农村道路状况差，物流运费就高；没有公共的信息平台，物流信息就难以处理和发挥作用；没有科学的冷藏设备，鲜活农产品就难以运输、加工等实现其价值；没有科学的工艺和技术，农产品就难以实现加工增值。

5. 物流政策不到位甚至空白，物流作业不规范，物流交易成本高

影响物流交易合约顺利形成和履行的因素很多，其中政策和信用是主要的。现在农村地区的物流政策供给不足，有的地方还是空白，这样物流作业就难以规范，物流需求者对物流企业缺乏信任，对物流外包的结果难以预期，因此物流合约难以达成。没有政策的支持，物流业也难以发展壮大，进而难以适应农村经济发展的需要。

(二)农产品的物流渠道

1. 生产者直销渠道

生产者直销渠道是农产品生产者直接将农产品出售给最终消费者，即农产品生产者→零售市场→农产品消费者。其一般分为两种情况：一是农产品产地距离最终消费者比较近，比如城郊，生产者可以将其产品直接送到消费者手中或在当地的自由市场设摊自售；二是生产者与大宗农产品消费团体签订合同，按合同销售。

2. 产地批发直销渠道

产地批发直销渠道是：农产品生产者→产地批发市场→农产品消费者。也就是农产品生产者一般就近将农产品出售给当地批发商，然后当地批发商通过集货将产品销售给消费者，通过这一渠道的消费者一般都是团体或大宗农产品消费者。

3. 产地批发市场+销地零售市场渠道

与产地批发市场+销地零售市场渠道不同的是，产地批发市场+销地零售市场渠道在产地批发市场与最终消费者之间多了一个销地零售市场，即农产品生产者→产地批发市场→销地零售市场→农产品消费者。

产地批发商将产品销售给零售市场的主体，如超市、专卖店、连锁店或是在城镇的农贸市场中自行设摊零售。在这一渠道中农产品生产者和最终消费者之间几乎没有直接的物流链接。

4. 产地批发市场+销地批发市场+销地零售市场渠道

产地批发市场+销地批发市场+销地零售市场渠道，产地批发商不需面对诸多最终消费者，只需将产品出售给销地批发商，由销地批发商负责组织销地的零售事务，地域之间的分工进一步细化，但流通环节亦随之增多。其过程是：农产品生产者→产地批发市场→销地批发市场→销地零售市场→农产品消费者。

5. 产地批发市场+各级中间批发商+销地批发市场+销地零售市场渠道

产地批发市场+各级中间批发商+销地批发市场+销地零售市场渠道为：农产品生产者→产地批发市场→各级中间批发商→销地批发市场→销地零售市场→农产品消费者。这一渠道由于其信息不对称、地区市场封锁、交通运输不便或不畅甚至支付手段落后等，导致产品流通环节增多。

(三)农产品物流模式及利弊

1. 直销型物流模式

直销型物流模式是最原始和最初级的物流形式，由农户或农产品基地自营配送，将农产品送到批发市场或用户手中。这种形式的流通适用于流通范围较小、流通数量较少的状况，目前在大流通的格局下，已经不适应经济社会发展的需要。

2. 契约型物流模式

契约型物流模式是公司与农户或合作社之间通过契约形式加以联接，农户提供农产品，由合作社或加工企业负责进入市场。这是当前在城郊比较普遍的农产品物流模式。

契约型物流模式有4种形式：一是"农户+运销企业"；二是"农户+加工企业"；三是"公司+农户+保险"；四是"公司+合作社"。

(1) 优势：一是对加工企业、大型连锁超市和农贸市场的批发商来说，克服了原料来源不稳定的问题，使公司拥有一部分稳定的原料来源，提高了资源控制能力和生产稳定性；二是为农户销售产品找到了相对稳定的渠道；三是提高了对产品质量的控制力度。

(2) 缺陷：一是农户同企业谈判中始终处于弱势地位，农民的利益容易受到侵害；二是企业直接面对分散的农户，在上游配送环节，市场交易费用仍然很高，配送成本居高不下；三是公司或企业与农户之间的利益连接关系非常松散，常常会出现违约现象。

3. 联盟型物流模式

联盟型物流模式的主导者是农产品批发市场，参与者是农产品生产者、批发商、零售商、运输商、加工保鲜企业等，他们通过利益联结和优势互补形成了战略联盟。

(1) 优势：首先，能够带动各方参与，连接了生产者、批发商、零售商、运输商、加工保鲜企业等；其次，节省了交易成本，各参与方在合作与竞争中不断发展自己的优势，专业化分工趋势逐渐明显，提高了交易效率，降低了交易成本；最后，是为物流主体建立了公共交易平台，使交易双方有了更多的可选择性。

(2) 缺陷：一方面，各参与方由于处于一个战略联盟下，随着交易量的扩大，管理效率比较低；另一方面，中间批发商仍然会对直接生产者和消费者进行信息封锁。

4. 第三方物流模式

随着市场化程度的提高，渐渐出现了专门从事农产品储运和流通加工的中间组织，它们不从事任何直接的农产品生产和销售活动，而是专门承担连接农产品从生产到流通的系统服务，这就是第三方物流。

优势：促进了流通与生产的分工合作，降低了流通成本，提高了流通效率，有利于实现物流标准化。第三物流模式是我国农产品物流发展的方向，但这一模式目前还处于起步阶段，涉及范围有限，而且其对管理人员素质要求非常高。

(四)如何做好农产品物流运输

农产品配送公司的运转流程就是物流通过农产品产后加工、包装、贮存、运送和配送等环节，节约流转费用，提高流转效率，降低不必要的损耗，做到农产品保值、增值，如图 7-24 所示。

图 7-24 农产品物流运输

1. 了解每种农产品的特性

要做好农产品配送，首先就要对每种农产品的特性有所了解，这样才能更好地在农产品配送的过程中，保持农产品的新鲜。

2. 将农产品分类

每种农产品的保质期是不一样的，因此在很多时候，不同种类的农产品是不可以在一起进行配送运输的，将农产品分类，这样在配送途中会更加方便。当然，假如时间短的话，也可以不必考虑这个问题。

3. 不同的农产品选用不同的包装

很多农产品在配送途中很容易就会被磕坏或者因为包装不得当而坏掉，所以不同的农产品应当采取不同的包装，特别是一些比较贵重的农产品。

4. 和供应商保持良好关系

在做农产品配送时，和供应商保持良好关系是非常重要的，这样不仅可以合作愉快，而且如果长期合作，就可以避免四处找货源。

5. 可以对农产品物流运送人员定时进行培训

应该不断提高员工对农产品配送运输知识的了解程度，定时进行员工培训，这样才不会被社会筛选，或者说被这个职业筛选，并且这样一来，做好农产品配送公司的物流运输就指日可待了。

二、农产品物流的启示

(一)加大基础设施投入，推进农产品冷链物流建设

目前我国专业的农产品物流尤其是冷链物流的发展仍处于起步阶段，规模化、系统化的物流体系尚未形成，与发展现代农产品流通、满足居民消费需求，尤其是发展农产品电商相比仍有较大差距。尽管当前物流企业对冷链建设的热情很高，各大物流公司之间开始自发进行跨区域的冷链业务合作，但由于冷链物流投资巨大，加上我国幅员辽阔，要想尽快建立起覆盖全国的冷链物流体系任务依然艰巨，政府亟须加大投资力度。

(二)全面优化农产品物流网络

当前我国农产品物流网络尚缺乏系统的规划，没有很好地对运输路线、工具及时间的选择进行优化处理，导致农产品供应链中物流成本较高，同时损耗也较高。农产品电商则进一步对物流网络提出了更高的要求，需要从供应链管理的思维出发，优化农产品物流路径和节点设计，并对农产品供应链中的加工、包装、库存、配送等环节统一制定符合现代物流技术的标准，有效提高物流效率，降低农产品电商的物流成本。

(三)鼓励市场继续探索创新

当前，不少企业对农产品电商开展了积极的探索，例如，顺丰优选借助顺丰速递在快递行业的经验和网络优势，推出了生鲜电商业务；菜鸟物流则通过整合冷链公路货运、冷链中转中心、落地配公司等多种物流资源，形成新型"二段式配送"物流模式，有效地控

制了成本。这些企业的自发探索是农产品电商得以发展的原动力，政府应对其进行积极鼓励，出台税收、金融方面的专门扶持政策。同时，农产品电商这一新生事物的发展还离不开消费者的积极支持。目前从事配送的冷藏车平均一次提货、送货的单数还很少，分摊下来成本较高，只有在广大消费者的积极参与下，农产品电商才能实现规模效益，整个行业才能早日走出"赔本赚吆喝"的阶段。

(四)充分发挥政府在农产品物流渠道建设中的作用

农产品物流作为农村经济发展新的利润增长点，各级政府应在促进农产品物流发展中发挥重要作用。

1. 强化政府财政支农行为

加大财政对农产品物流的支持力度，积极鼓励和引导多渠道资金投入，加快农产品物流基础设施建设，尤其要加快乡村道路建设，提高其通达率和道路等级。此外，要加大对农业合作经济组织和农产品物流企业的支持力度，给予税收减免、政策优惠、专项资金支持、信贷支持等，例如，让其货运车辆享受和公交车一样的财政补贴，以降低物流成本在农产品零售价中的比重。

2. 制定相关政策和法规

针对不断出现的"物流最后一公里"难题，建立、健全农产品物流配套政策，借鉴国外的一些方法，对农产品尤其是鲜活农产品配送车取消限行，或者是降低其获得通行证门槛，允许这些配送车借用公交快车道等，让货运车不再被"路难行、车难停、货难进"等"最后一公里"出现的各种问题困扰。各项相关配套政策的出台，使农产品物流突破"物流围城"，提高物流效率，拥有一条真正的"绿色通道"，让"最后一公里物价坐上直升机"的现象少发生、不发生。

(五)尽可能减少物流环节

只有缩短冗长的物流环节，才能真正让利给农民和消费者。减少流通环节的主要做法就是让农户尽可能地直接与终端零售机构建立合作关系，得到更多实惠。而要真正做到这一点，需要农户实现标准化生产，保证产品质量，能够按照终端销售机构的要求组织生产；这就要求农户具有一定的生产规模，能够保证完成和终端销售机构所签订的契约；而这又要求农户必须组织起来，实行规模化生产。为此，必须重视农民专业合作社或农业合作经济组织的作用，让它们承担起组织分散农户的责任，争取为农户的生产和销售做出更大的贡献。

(六)加快农产品冷链物流的发展

新鲜是鲜活农产品的生命和价值所在，但鲜活农产品含水量高，保鲜期短，极易腐烂变质，极大限制了运输半径和交易时间，因此对运输效率和流通保鲜条件提出了很高的要求。为保证农产品的生命和价值，需要适应生鲜食品生产的发展趋势，配套发展运输、仓储、销售不中断的"冷链化"物流，加快冷藏仓库的技术改造、经营管理与全方位服务工作，提高冷藏仓库的利用率和社会服务面。鉴于冷链物流对鲜活农产品的重要性，应采取积极、有效的政策措施促进冷链物流快速、健康、良性发展，从而有效保证鲜活农产品质量，努力提高农产品物流效率，防止农产品在物流环节变质和污染，最大限度地减少其在运输、仓储、销售过程中的损耗，有效降低流通成本。

(七)提高农产品物流的信息化水平

信息化是农产品物流的灵魂，如果没有信息化体系的支撑，农产品物流活动将无法完成。为此，必须充分利用不断出现的新信息技术成果，加强和完善农产品物流信息化体系建设。

(1) 在现有的信息化建设基础上，进一步完善信息基础设施，尽最大可能为农民利用网络获取有关信息提供方便，保证农村与外界信息通道的畅通，实现信息对称。

(2) 建立农产品市场预测预报体系，收集、汇总来自农业、贸易、气象、供需、交通、统计等相关部门的农业信息，并及时发布分析和预测结果，让农民掌握市场动态，以减少其生产和销售的盲目性与不确定性。

(3) 引进先进的信息管理技术和设备，如委托软件研制机构开发适合农产品物流独特要求的管理软件。通过信息化体系的建设，最终形成一个上联国家政府部门，下联各省(市、区)、县、村农产品物流主体的信息网络，实现对农产品生产收购、加工储存和流通运输等物流各环节的有效控制和全程管理，使农产品物流各区段的效益实现最优。

(八)加快农产品第三方物流的发展

根据我国的实际情况，应大力发展第三方农产品物流。积极培育第三方农产品物流企业，是减少农产品物流环节的重要途径之一。第三方物流模式具有专业化程度高、信息集中、流通环节少、成本低、配送效率高、物流规模大等优点。发展第三方农产品物流，一方面，可以减少农产品流通中诸多不必要的中间环节，降低物流成本，将农产品从农户或农产品加工企业那里直接送到零售商的货架上甚至消费者手中，让广大农产品消费者能够以最快的速度得到物美价廉的农产品，早日实现"早晨菜园子、上午菜篮子、中午菜盘子"的愿望；另一方面，可以根据零售商的信息反馈，对农户或农产品加工企业发放订单，减少农业生产的盲目性，实现"订单农业"，做到"以需定供"。

三、农产品的发货渠道及销售渠道

在国家政策的号召与支持下，农村地区巨大而有潜力的电商物流市场吸引了众多电商与物流企业在农村布局，积极探索切实可行的农村电商物流模式。

(一)农产品的发货渠道

1. 邮局

邮局的邮费单价按照标准统一制定，不能讨价还价。与市场中的各种快递公司相比，邮局安全保障性能较强，对邮寄物品属性有严格要求。邮局也推出了适应市场的不同服务类型，包括平邮、快递包裹、EMS 等，如图 7-25 所示。

图 7-25 农产品邮局发货

1) 平邮

平邮价格实惠，0.5 千克以内的起步价为 5 元，其中包括了 3 元的挂号费，但运输时间一般为全国 7 天至 30 天，一般不会用来运输农产品。平邮并不会送货上门，邮递员会事先将通知单发送至家庭信箱或门卫，用户需要凭通知单和收件人身份证去指定邮局领取包裹。

商家可以在网上买到打折的邮票和包裹单，一般有 7 折优惠甚至 5 折优惠。邮局的工作人员会向你推荐包裹单、快邮、保险保价之类的产品，商家根据自己情况选择接受或者拒绝。

2) 快递包裹

快递包裹是中国邮政为适应社会经济发展，满足顾客需求，于 2001 年 8 月 1 日在全国范围内开办的一项新业务，它以快于普通包裹的速度、低于特快专递包裹的资费，为物品运输提供了一种全新的选择。

3) EMS

EMS 是中国邮政提供的特快专递服务，EMS 业务包括国内所有市县，延伸全亚洲各地区，主要是采取空运方式，加快递送速度，根据地区远近，一般 1～8 天到达。该业务在海关、航空等部门均享有优先处理权，它以高速度、高质量为用户传递国际国内紧急信函、文件资料、金融票据、商品货样等各类文件资料和物品。

与平邮和快递包裹相比，EMS 寄送速度最快，货物丢失损坏率一直维持在 1%以下，安全性较高，而且为了保证服务质量，法定节假日均保持营业，天天配送(农村地区节假日除外)。但是 EMS 收费贵，包裹重量在 0.5 千克内收费 20 元，超过部分每递增 0.5 千克按所在地区不同收费标准不同，而且部分地区派送物件之前不会联系收货人，有可能导致收货人不在收货地点，耽误货物接收。

2. 快递公司

目前国内市场上除了邮政快递之外还有很多快递公司为人所熟知，如圆通快递、顺丰快递、申通快递等。一般储存天数较多的农产品可以用此快递公司，其主要有以下特点。

(1) 快递公司为地方承包制，物流费由当地公司制定，可以还价，且价格适中。

(2) 快递公司主要邮寄中小型商品，且直接交付给接收人，能够提供货到付款服务。

(3) 快递公司人员素质参差不齐、管理监察制度尚不完善，致使各个快递公司之间的安全保障和服务质量有很大差别。

3. 物流托运

物流托运主要为大型货物或整体数量较多的货物提供运输服务。托运前，货物必须严格按照合同中的有关条款进行包装并标记。

1) 汽车托运

汽车托运运费可以到付，也可以现付。货物到了之后可能会再向收货方收取一定的卸货费。汽车托运一般不需要保价，当然，有条件的话也可以选择进行保价，保价费一般为货物价值的 4‰ 左右。

2) 铁路托运

铁路托运一般价格较低，速度较快，但是只能选择火车到达的地方。火车站有货物运输费用价格表。包装完好的货品，一般不打开检查。价格比较高的物品，一般需要拿传真件和身份证提货，运费需现付。

3) 物流公司

物流公司的代表有远洋、华宇等，与托运站点对点的模式相比，物流公司可以转运到一个城市中的几个地点，增加了很大的便利性。但是物流公司的物流速度慢，中转次数多，因此对于配送货物的包装要求较高，以免造成货物破损。

(二)农产品的销售渠道

绝大多数农产品购销体制已经放开，农产品总量供大于求，许多地区出现农产品销售难的情况，因此，选择合适的农产品销售渠道能让农产品卖得更好。下面就来分析各种农产品销售渠道，如图 7-26 所示。

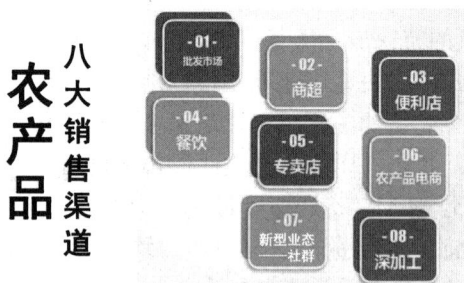

图 7-26　农产品销售渠道

1. 批发市场

批发市场的模式非常简单，从产地流转到集散地，然后再到农贸市场、餐饮店，最后到消费者的手中。该渠道以大宗农产品为主，如白菜、大蒜、茄子、西瓜、苹果等，交易具有显著的季节性，所供应产品一般以当季蔬菜、水果为主。批发市场的模式又能细分为两种，一种是把自己种植、养殖基地的农产品，直接拉到批发市场，批发给摊位小贩。另一种就是自己在批发市场租个摊位，批发出售自己基地的农产品。不可否认的是，批发现在仍然是农产品一个主渠道和基础渠道。

2. 商超

超市具有规模化、连锁化、集约化的特征，基本分布在各个社区附近，更接近终端消费者，比较适合品牌类产品的销售，除了包装食品之外，包括一些保留原生态的农产品也会重视这个渠道和做一些品牌，那么像米、面、油等已非常成熟，超市成为这些农产品的主要消费渠道。商超虽然有这样一个好处，但是同样也有一些弊端，就是进入门槛比较高，对不论是企业还是商铺的运营主体的运营能力和组织能力考验非常大，会很容易陷入隐性亏损。

3. 便利店

近年来，便利店渠道开始快速增长。在快速消费品的基础上，大量便利店开始为社区居民提供包括生鲜、餐饮、居家等一系列的生活综合服务，生鲜、餐饮也成为便利店的重要利润来源。

4. 餐饮

餐饮是农产品非常大众的一个销售渠道，饭店、餐馆、酒店、食堂每天的需求量虽然有限，但是店家数量多。所以在谈好合作后，可以每天从种植基地运送蔬菜到饭店和餐馆，价格比菜市场零售价低，薄利多销，渠道稳定。

5. 专卖店

专卖店成就了一些品牌。专卖店的特点是什么呢？兼具销售、品牌展示和消费者凝聚等几个功能。比如比较成功的壹号土猪，它用 5 年时间开了 500 多家门店，有的是独立的门店，有的是店中店，销售额达 5 个亿元，壹号土猪成了一个品牌。

6. 农产品电商

农产品电商是大家普遍关注的一个渠道，也可以说，电商是我们渠道的下一个发展方向。通过电商售卖农产品的模式主要有 B2C 和 C2C。B2C 是企业面向消费者，这个平台受到了销售者和企业的广泛关注，但实际上其盈利有一定的难度。另一种是 C2C 模式，作为农户来说，自己在网络平台上开店，给消费者提供服务，实际上是小农经营方式的网络化体现，也很难解决农产品的标准化、品牌化问题，投诉率相对比较高。

电商线上和线下体验的结合，有可能解决农产品的营销问题。很多网店老板是从农产品种植基地直接发货，省去了批发商和零售商的渠道费用，同时确保了农产品的新鲜程度，因此非常受消费者的喜爱。

7. 新型业态——社群

社群这个渠道重视圈子营销，能够留住用户。其首先是顺利通过成本期。其次是能不能有真正好的产品，往往企业在开发会员的时候有很多产品，在有了会员之后因为服务质量下降，带来投诉和退出的比例增加。再次是怎么提升客户的黏性我们知道，管人是最难的事，而管人心是难上加难。最后是大部分会员制的产品价格普遍偏高，因为会员数量有限。

8. 深加工

把农产品加工后，再结合以上几个渠道进行销售。农村的豆角、大蒜、竹笋、大白菜腌制后就成为餐桌上美味的小菜。另外，农村的辣椒可以加工成辣椒酱、剁椒、辣椒面等，红薯可以加工成蜜饯、红薯饼、粉丝等。

(三)农产品的销售模式

1. 农产品+可视农业

"可视农业"主要是指依靠互联网、物联网、云计算、雷达技术及现代视频技术将农作物或牲畜生长呈现在公众面前，让消费者放心购买优质产品的一种模式。

2. 农产品+餐饮

把餐饮店、餐饮体验当作渠道或者平台，之后把农产品的体验、农产品消费、农产品互动嫁接在餐饮店里，从而破解农产品销售与推广困局。采用"农产品+餐饮"营销模式要思考吃、玩、学如何平衡，如图 7-27 所示。

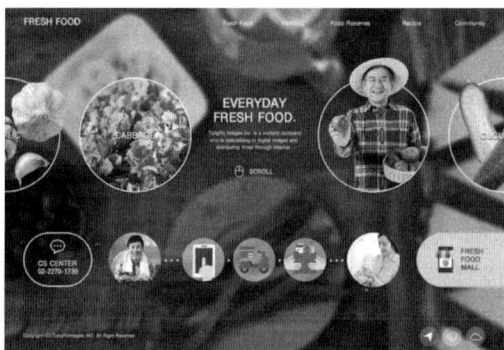

图 7-27　农产品+餐饮

3. 农产品+网络直播

农产品+网络直播能解决信任问题，但网络直播也要考虑网络主播的知名度，最好是企业创始人或者明星。另外，服务要跟上，尤其是用户下单后要提供安全、快速商品配送服务，如图 7-28 所示。

图 7-28　农产品+网络直播

4. 农产品+众筹

通过众筹平台来销售农产品，已经成为新农人常用的手段。其中，农产品+众筹可以解决农产品的滞销及农产品传播等问题。

(四)如何选择农产品的销售渠道

选择正确的销售渠道，要考虑农产品经营者的主观条件和客观条件等诸多因素，其中关键的因素是目标市场的状况、产品的特点和经营者本身的资源状况。

1. 考虑目标市场的状况

1) 目标市场的类型

农产品市场和工业品市场是两类不同的目标市场。一般客户在销售农产品时，应适当考虑农产品不耐储存的特点，尽量减少流通环节。

2) 潜在顾客数量

如果潜在顾客的数量相对较少，经营者可以考虑使用推销人员直接推销；相反，如果潜在顾客数量较多，就必须考虑使用中间商进行广泛的销售活动。

3) 市场分布状况

目标市场如果比较集中，经营者一般可采用直接销售的方式；如果分散，则使用中间商。

4) 市场容量大小

对于一次性购买数量很大的用户，可直接供货；对于订单较小的用户，可以通过中间商进行销售。

2. 考虑产品的特点

1) 价格

价格越高，越宜于选择短渠道模式，因为多一次中间转手，就要加上一定的中间商利润，会影响销路。一些价格较高的产品，最好是经营者用推销员直销。

2) 产品耐久性

易腐产品或式样容易过时的产品，周转要快，渠道越短越好；而比较耐久的产品，则可以采用比较长的渠道销售。

3) 产品技术性质

一般技术性较高的产品，或售后技术服务非常重要的产品，经营者应尽量缩短渠道。高技术的耐用消费品，如需通过中间商销售，必须设立修理服务中心，防止其因无力承担维修服务影响销售。

4) 产品的体积、重量

体积大、重量也大的商品，宜短渠道销售，以减少流通费用。

3. 考虑经营者本身的资源状况

1) 经营者的规模和声誉

实力很强、市场声誉高的经营者，一般利用少环节或直销渠道；而资金和条件有限的经营者,多数要依靠中间高的力量。

2) 管理能力

管理先进的企业,可以直接派出推销人员或自己设立销售网点,使渠道缩短;缺乏销售经验和能力的农产品经营者,则可依赖中间商。

3) 控制销售渠道的愿望

有些知名品牌,为了维护产品的声誉,控制产品的售价,宁愿花费较高的直接推销费用,采取短渠道销售;有的经营者只求卖出产品,不想控制销售渠道,大多依赖中间商销售。

4) 成本和效益

经营者可供选择的营销渠道很多,但在选择的过程中,要考虑成本和效益的情况,注意选择低成本、效益好的方案,以利于提高其利润水平与竞争能力。

(五)农产品的批发配送渠道

在生活中,有很多农产品批发市场推出了配送渠道,既方便了商家和消费者的利益,还给自己的批发行业带来了更大的商机。一般的农产品批发中心,会成立专门的分拣中心及配送团队,真正为农产品的批发和配送提供一站式服务。那么农产品批发配送渠道有哪些呢?

市面上的很多农产品批发配送中心主要有 4 个配送渠道,分别是农超渠道、农社渠道、农贸渠道及农家渠道,下面来详细讲述一下这 4 个渠道的特点。

1. 农超渠道

农超渠道主要是指农户和超市、市场等地方签订合同,通过从生产地直接运送农产品到销售点,实现生产—运输—销售一体化的新型流通方式,最新鲜的农产品可以直接进入超市搭建的平台,这个渠道的建立令不少农民可以直接获利,要比批发商在中间吃一笔差价获得的利润更多,也可以实现和超市共赢的局面,如图 7-29 所示。

图 7-29　农超渠道

2. 农社渠道

农社渠道是指农户面对社区的消费者直接提供农产品的供应,可以让优质的农产品直接进入消费者的家,这种新型的渠道模式能够让消费者选择的农产品种类更多,更加激发消费者的购买欲望。只不过有一点不足之处就是，消费者很难找到合适的农户，因此能够搭建一个社区销售平台是非常重要的，只有有了这个平台，才能让消费者和农户真正对上话，让双方都可以获得一定的利润。

3. 农贸渠道

农贸渠道目前还在发展阶段，毕竟农户和农贸市场的对接还不完善，这是为什么呢？因为想要完成农户和农贸市场的对接，需要一个非常大的信息平台及物流配送中心，这两点目前只有大型的批发商及物流公司才能拥有，而普通的农户没有那么大的能量，可以一次性运输那么多的货物，因此，这个渠道短时间内应该不会成为主流渠道。专家分析，大概还要经过 10 年的发展期，才有可能完善农贸渠道，真正让农户和农贸市场取得阶段性的联系。

4. 农家渠道

农家渠道也是刚刚兴起的一种模式，主要针对高精尖的家庭，配送的农产品也比较精细，以净菜、有机蔬菜、有机农产品为主，实现消费者对于精致生活的需求，也满足农户对于菜品的二次加工，以获得更高的利润。

上述 4 个农产品批发配送渠道是市面上比较流行的，虽然最后的农家渠道目前还没有推广开来，不过随着消费者的生活日益精细化，这个渠道也会慢慢走进消费者的家庭。

课 后 作 业

(1) 熟悉并学习电商客服及物流的有关知识。
(2) 了解电商客服的技巧，谈一谈你对这些技巧的看法，可以给予补充。
(3) 了解农产品的贮藏方法，想一想还可以有哪些贮藏方法。
(4) 学习农产品的包装设计，谈一谈农产品的包装还可以有哪些改进。
(5) 找到自己喜欢的农产品物流配送方式，并说一说原因。
(6) 预测未来农产品有关包装、物流方面的趋势，并谈一谈从中得到什么启示。

参 考 文 献

[1] 陈晓玲，彭建华，李志勇. 农产品电商运营的发展与策略[J]. 农村经济，2017(3)：9-15.

[2] 张永胜，李强. 农产品电商推广策略研究[J]. 经济与管理，2018(5)：149-155.

[3] 李涛，张宝峰. 农产品电商网站用户口碑传播影响因素研究[J]. 价值工程，2019(10)：7-12.

[4] 朱晓峰，刘威. 农产品电商品牌推广策略研究[J]. 企业改革与管理，2017(3)：92-96.

[5] 程瑞波，刘振国. 农产品电商营销策略研究[J]. 现代商业，2018(4)：68-70.

[6] 李子昊，李晓峰. 农产品电商发展路径分析[J]. 中国农村经济，2019(3)：71-74.

[7] 陈继红，刘维. 农产品电商发展的 SWOT 分析[J]. 商业研究，2018(5)：95-98.

[8] 张学林，张伟. 农产品电商平台品牌形象塑造策略研究[J]. 经济管理，2017(3)：60-64.

[9] 王玉霞，张琳. 农产品电商平台用户满意度研究[J]. 中国农村经济，2019(6)：49-53.

[10] 邹永华，杨志勇. 农产品电商平台推广策略研究[J]. 中国农村经济，2018(7)：68-72.

[11] 顾江涛，刘晓红. 农产品电商运营管理策略研究[J]. 现代市场，2017(4)：61-63.

[12] 周兵，李琳. 农产品电商平台营销策略研究[J]. 经济与管理，2018(1)：113-117.

[13] 刘云，周宏. 农产品电商平台服务质量影响因素研究[J]. 中国农村经济，2019(9)：43-48.

[14] 王瑞，杨岩. 农产品电商平台发展的机遇与挑战[J]. 现代商业，2017(6)：82-84.

[15] 刘欣欣，李光. 农产品电商平台的品牌建设策略研究[J]. 商业经济，2018(3)：103-106.

[16] 陈功. 电子商务[M]. 北京：清华大学出版社，2009.

[17] 杨立新. 电商之道：互联网+时代的新型商业模式[M]. 北京：机械工业出版社，2018.

[18] 王振宇. 电商运营实战[M]. 北京：人民邮电出版社，2019.

[19] 赵晓阳. 电商创新：新零售时代的商业变革[M]. 北京：电子工业出版社，2017.

[20] 宋继龙. 电子商务与物流管理[M]. 北京：机械工业出版社，2017.